社交礼仪与交往艺术
（修订版）

主　编　张　彤
副主编　郝凌霞　王桂英
参　编　赵晶晶　李　洋　李　红
　　　　于　妍　李　黎　张亚楠
　　　　张　楠　薛　颖
主　审　李开广

北京理工大学出版社
BEIJING INSTITUTE OF TECHNOLOGY PRESS

版权专有　侵权必究

图书在版编目（CIP）数据

社交礼仪与交往艺术／张彤主编．—2 版（修订本）．—北京：北京理工大学出版社，2017.5（2020.9 重印）

ISBN 978-7-5682-4032-1

Ⅰ．①社…　Ⅱ．①张…　Ⅲ．①社交礼仪-高等职业教育-教材　Ⅳ．①C912

中国版本图书馆 CIP 数据核字（2017）第 103021 号

出版发行／北京理工大学出版社有限责任公司

社　　址／北京市海淀区中关村南大街 5 号

邮　　编／100081

电　　话／（010）68914775（总编室）
　　　　　（010）82562903（教材售后服务热线）
　　　　　（010）68948351（其他图书服务热线）

网　　址／http：//www.bitpress.com.cn

经　　销／全国各地新华书店

印　　刷／三河市天利华印刷装订有限公司

开　　本／787 毫米×1092 毫米　1/16

印　　张／13.25　　　　　　　　　　　　责任编辑／武丽娟

字　　数／264 千字　　　　　　　　　　　文案编辑／武丽娟

版　　次／2017 年 5 月第 2 版　2020 年 9 月第 7 次印刷　　责任校对／周瑞江

定　　价／35.00 元　　　　　　　　　　　责任印制／施胜娟

图书出现印装质量问题，请拨打售后服务热线，本社负责调换

前　言

中国是文明古国、礼仪之邦，继承和发扬民族优良传统是每一个教育工作者应尽的责任。社交礼仪是人们进行社会交往活动的重要指导，是社会道德文化的外在表现。社会生活中礼仪渗透在各个方面，它直接地反映着一个国家的国民素质。社交礼仪教育不仅是素质教育的需要，而且是社会文明进步的需求。知书达礼，以礼待人，是当代大学生必须具备的基本素质。对大学生进行社交礼仪教育，具有跨时代、跨世纪的特殊意义。

本书是结合大学生基本素质现状及课程教学的需要而编写的。目的在于加强大学生文明礼仪教育，帮助大学生全面、快捷地掌握社会交往中必备的礼仪知识与技巧；体会礼仪内涵，提高人文素质；增强职业礼仪和社会交往能力，能够在各种场合举止得体、行为规范；进而使他们能够为推进社会主义精神文明建设、构建和谐社会做出贡献。

本书的特点为实用、新颖、全面、通俗易懂。为了增加教材的实用性，编写人员经过多次交流与研究，在风格体例上做了一些尝试，遵循高职教育的特点；在教学过程中，注重理论学习与实践教学相结合，文明礼仪与就业能力相统一。全书以社交礼仪的日常规范为主线，按照社交礼仪的内容设计项目，对常见的社交礼仪知识的细节与技巧进行了介绍，并加入了实训项目，具有一定的指导性和操作性。

本书由保定职业技术学院张彤担任主编；郝凌霞、王桂英担任副主编；赵晶晶、李洋、李红、于妍、李黎、张亚楠、张楠、薛颖等教师参加编写。各项目的分配为：概述由王桂英编写，项目一由张亚楠编写，项目二由郝凌霞编写,项目三由李黎编写,项目四由李红编写,项目五由张彤、薛颖共同编写,项目六由张彤、赵晶晶共同编写,项目七由于妍编写,项目八由李洋、张楠编写。全书由主编统稿,由保定职业技术学院李开广教授担任本书的主审。

在本书的编写过程中,我们参考了许多专家、学者的论述,采纳了一些有启发性的观点并参考了一些有价值的资料。但由于作者精力、水平有限,书中难免存在不足之处,敬请专家及广大读者提出宝贵意见,我们会及时修正。

目　录

礼仪概述 ………………………………………………………………（ 1 ）
项目一　仪表礼仪 ……………………………………………………（ 15 ）
　　任务一　仪容修饰 ………………………………………………（ 15 ）
　　任务二　服饰佩戴 ………………………………………………（ 21 ）
　　任务三　仪态礼仪 ………………………………………………（ 30 ）
项目二　会面礼仪 ……………………………………………………（ 38 ）
　　任务一　称呼与问候礼仪 ………………………………………（ 38 ）
　　任务二　握手与鞠躬礼仪 ………………………………………（ 44 ）
　　任务三　介绍与名片礼仪 ………………………………………（ 49 ）
　　任务四　电话与微信礼仪 ………………………………………（ 56 ）
项目三　拜访与接待礼仪 ……………………………………………（ 64 ）
　　任务一　拜访礼仪 ………………………………………………（ 64 ）
　　任务二　接待礼仪 ………………………………………………（ 70 ）
　　任务三　交谈礼仪 ………………………………………………（ 75 ）
项目四　聚会礼仪 ……………………………………………………（ 83 ）
　　任务一　中餐宴会礼仪 …………………………………………（ 83 ）
　　任务二　西餐宴会礼仪 …………………………………………（ 90 ）
　　任务三　自助餐礼仪 ……………………………………………（ 96 ）
　　任务四　舞会礼仪 ………………………………………………（101）

项目五　会议礼仪 (107)

- 任务一　会议筹备工作礼仪 (107)
- 任务二　会议座次排序 (110)
- 任务三　会议中服务礼仪 (113)
- 任务四　参加会议人员礼仪 (117)
- 任务五　各种类型会议礼仪 (120)

项目六　商务礼仪 (129)

- 任务一　商业洽谈礼仪 (129)
- 任务二　销售礼仪 (137)
- 任务三　签字仪式礼仪 (143)
- 任务四　庆典仪式礼仪 (148)
- 任务五　商务剪彩礼仪 (153)

项目七　公共礼仪 (157)

- 任务一　公共场所礼仪 (157)
- 任务二　校园礼仪 (164)
- 任务三　行走礼仪 (170)
- 任务四　乘坐交通工具礼仪 (174)

项目八　面试礼仪 (183)

- 任务一　面试前的礼仪准备 (183)
- 任务二　面试中的现场礼仪 (190)
- 任务三　面试结束后的礼仪 (198)

参考文献 (203)

礼 仪 概 述

礼仪是人们步入文明社会的"通行证"。它体现了一个国家、一个民族、一个地区的道德风尚和人们的精神面貌，是社会文明的标志。中国作为东方文明古国和东方文化的发源地，素有"礼仪之邦"的美誉。人们数千年来对文明的不懈追求，形成了丰富多彩的东方礼仪文化。

在中国走向世界的今天，礼仪更成为人们社会生活中不可或缺的内容。礼仪修养是现代文明人必备的基本素质，也是社会交往的重要条件。

一、礼仪的起源与发展

人类学、考古学、历史学的研究表明，礼仪文化源远流长，它伴随着人类的诞生而产生，伴随着人类的发展而走向成熟。

（一）礼仪的起源

1. 从理论上说，礼仪产生于社会生活

人类为了生存和发展，必须与大自然抗争，必须以群居的形式相互依存。在群体生活中，男女有别，老少有异，人们逐步积累和约定出一系列的"人伦秩序"，这就是最初的礼。

人对欲望的追求是人的本能，人们在追寻实现欲望的过程中，难免会发生矛盾和冲突。为了避免这些矛盾和冲突，就需要为"止欲制乱"而制礼，按照一定的规则和顺序妥善处理矛盾。

2. 从仪式上看，礼仪起源于原始祭祀活动

早期的人类对于自然界中的许多现象如电闪雷鸣、洪涝灾害等无法解释，从而产生了恐惧和敬畏的心理，希望通过以祭天、敬神为主要内容的祭祀活动来表达对神灵的恭敬与顺从。

这些祭祀活动的规范和制度在历史发展中逐步完善，正式形成了祭祀礼仪。进入文明社会后，祭祀礼仪扩展成了社会各个领域中的各种礼仪。

（二）中华礼仪的发展

中国自古就以礼仪之邦闻名于世，中华礼仪在其传承沿袭的过程中不断发生着变革。漫长的礼仪发展史大致可以分为以下几个时期：

1. 礼仪的起源时期：夏朝以前（公元前 21 世纪以前）

礼仪起源于原始社会，在原始社会中晚期（约旧石器时代）出现了早期礼仪的萌芽。整个原始社会是礼仪的萌芽时期，礼仪较为简单和虔诚，还不具有阶级性。内容包括：制定了明确血缘关系的婚嫁礼仪、区别部族内部尊卑等级的礼制、为祭天敬神而确定的一些祭典仪式、在人们的相互交往中表示礼节和表示恭敬的动作。

2. 礼仪的形成时期：夏、商、西周三代（公元前21世纪—前771年）

人类进入奴隶社会后，统治阶级为了巩固自己的统治地位把原始的宗教礼仪发展成了符合奴隶社会政治需要的礼制，礼被打上了阶级的烙印。在这个阶段，中国第一次形成了比较完整的国家礼仪与制度。如"五礼"就是一整套涉及社会生活各方面的礼仪规范和行为标准。古代的礼制典籍亦多修撰于这一时期，如周代的《周礼》《仪礼》《礼记》是我国最早的礼仪学专著。在汉代以后2 000多年的历史中，它们一直是国家制定礼仪制度的经典著作，被称为礼经。

3. 礼仪的变革时期：春秋战国时期（公元前771—前221年）

这一时期，学术界形成了百家争鸣的局面，以孔子、孟子、荀子为代表的诸子百家对礼教进行了研究并促进了礼仪的发展，对礼仪的起源、本质和功能进行了系统阐述，第一次在理论上全面而深刻地论述了社会等级秩序的划分及其意义。

孔子对礼仪非常重视，把"礼"看成是治国、安邦、平定天下的基础。他认为"不学礼，无以立""质胜文则野，文胜质则史。文质彬彬，然后君子"。他要求人们用礼的规范来约束自己的行为，要做到"非礼勿视，非礼勿听，非礼勿言，非礼勿动"。倡导"仁者爱人"，强调人要有同情心，人与人之间要相互关心，彼此尊重。

孟子把礼解释为对尊长和宾客严肃而有礼貌，即"恭敬之心，礼也"，并把"礼"看做是人的善性的发端之一。

荀子把"礼"作为人生哲学思想的核心，把"礼"看做是做人的根本目的和最高理想，"礼者，人道之极也"。他认为"礼"既是目标、理想，又是行为过程。"人无礼则不生，事无礼则不成，国无礼则不宁。"

管仲把"礼"看做是人生的指导思想和维持国家的第一支柱，认为"礼"会关系到国家的生死存亡。

4. 强化时期：秦汉到清末（公元前221—公元1911年）

在我国长达2 000多年的封建社会里，尽管在不同的朝代，礼仪文化具有不同的社会政治、经济、文化特征，却有一个共同点，就是一直被统治阶级所利用，礼仪是维护封建社会等级秩序的工具。这一时期礼仪的重要特点是尊君抑臣、尊夫抑妇、尊父抑子、尊神抑人。在漫长的历史演变过程中，它逐渐变为妨碍人类个性自由发展、阻挠人类平等交往，桎梏思想自由的精神枷锁。

纵观封建社会的礼仪，内容大致涉及国家政治的礼制和家庭伦理的礼制两类。这一时期的礼仪构成了中华传统礼仪的主体。

5. 现代礼仪的发展

辛亥革命以后，受西方资产阶级"自由、平等、民主、博爱"等思想的影响，中国的传统礼仪规范与制度，受到了强烈冲击。五四新文化运动对腐朽、落后的礼教进行了清算，符合时代要求的礼仪被继承、完善、流传，那些繁文缛节逐渐被抛弃，同时中国还接受了一些国际上通用的礼仪形式。新的礼仪标准与价值观念得到推广和传播。新中国成立后，逐渐确立了以平等相处、友好往来、相互帮助、团结友爱为主要原则的具有中国特色的新型社会关系和人际关系。改革开放以来，随着中国与世界的交往日趋频繁，西方一些先进的礼仪、礼节陆续传入我国，同我国的传统礼仪一道融入了社会生活的各个方面，构成了社会主义礼仪的基本框架。许多礼仪从内容到形式都在不断变革，现代礼仪进入了全新的发展时期。大量的礼仪书籍相继出版，各行各业的礼仪规范纷纷出台，礼仪讲座、礼仪培训日趋红火。人们学习礼仪知识的热情空前高涨。讲文明、讲礼貌蔚然成风。今后，随着社会的进步、科技的发展和国际往来的增多，礼仪必将得到新的完善和发展。

二、礼仪的含义

"礼之名，起于事神。"《说文解字》解释："礼，履也，所以事神致福也。""礼"字的本意是敬神，是向神表示敬意的活动，后来由祈神转为敬人。礼的活动都有一定的礼节、仪式。凡是把内心的尊敬之情，通过美好的礼节、仪式等表达出来的行为就是礼仪。

社交礼仪是人们在各种社会交往中，约定俗成的、应当共同遵守的律己敬人的行为规范和准则，是交往的艺术。

现代社交礼仪的内涵极为丰富，具体表现为礼貌、礼节、仪式等。

1. 礼貌

礼貌是指人们在社会交往过程中表示敬重、友好的言谈和行为，是一个人在待人接物时的外在表现。

礼貌包括礼貌语言和礼貌行为两个部分。礼貌语言是一种有声的语言，要求人们说话和气，言谈得体，不讲脏话和粗话；礼貌行为是一种无声的语言，需要通过人们的仪容、仪表、仪态来体现。礼貌侧重表现人的品质和修养，是一个人的道德品质修养最简单、最直接的体现，也是人类文明行为最基本的要求。

交往时讲究礼貌，有助于人们建立相互尊重和友好合作的新型关系，缓解并避免某些不必要的冲突。在现代社会，使用礼貌用语，对他人态度和蔼，举止适度，彬彬有礼，相互尊重已成为日常的行为规范。礼貌是礼仪的基本内容，是礼仪的重要表现，是礼仪的内在原则规范，是文明社会的起码要求。

2. 礼节

礼节是指人们在社会交际过程中，相互表示问候、致意、迎送、祝颂、尊敬、慰问、哀悼等意愿的惯用形式，是与对他人态度的外在表现有关的行为规则，是礼貌在语言、行为、仪表等方面的具体表现方式。

礼节往往是从向他人表示敬意的仪式方面表现出来的，像点头致敬、鞠躬、握手、吻手和接吻等均属于礼节的形式。礼节是礼貌的具体表现方式，它渗透在社会生活的各个方面，是约定俗成的"法"。

礼貌与礼节是相辅相成的，没有礼节，就无所谓礼貌。有了礼貌，就必然伴随着具体的礼节行为。礼节在社会实践中进一步程式化、规范化，就形成了仪式。

3. 仪式

仪式是指在一定场合举行的具有专门程序的、规范化的活动，是礼节进一步规范的表现。人们在社会交往过程中或是在组织开展各项专题活动过程中，常常要举办各种仪式，从而体现出对某人或某事的重视等。如结婚仪式、开业仪式、签字仪式、颁奖仪式、欢迎仪式等。

仪式是一种重大的礼节。在中国古代，仪式的应用范围很广。凡是重大的活动，如帝王上朝、官员升堂或出行，以及祭祀鬼神、庆祝节日等，都要举行各种仪式。人们通过仪式，可以表达一定的思想、情感或愿望。

在现代礼仪中，仪式主要应用于重大的庆祝活动以及国际交往等；人与人之间交往的礼节，有越来越简化、灵活、实用的趋势。这是人与人之间关系趋向平等的体现，也是社会文明进步的体现。

总之，礼貌、礼节、仪式都是礼仪的具体表现形式，它们是相互联系的。礼貌是礼仪的基础和内在原则规范，是礼节的规范和要求；礼节是礼仪的基本组成部分，是礼貌的惯用形式和具体体现；礼仪是对礼貌、礼节、仪式的统称，在层次上高于礼貌、礼节和仪式，其内涵更深、更广，是表示礼貌与敬意而举行的隆重仪式和程序，是通过礼貌、礼节、仪式体现出来的。从本质上讲，它们都是为了表示尊敬、友好。

三、礼仪的特征

礼仪是人们在漫长的社会实践中逐步形成、演变和发展的行为规范体系，是一种治人之道，属于一种社会管理活动；它具有规范性、文明性、普遍性、差异性、发展性、传承性等鲜明的特征。

（一）规范性

礼仪是在社会实践中，特别是在人际交往过程中形成的待人接物的行为规范，这种规范是约定俗成的。就像使用不同语言的人为了互相沟通和理解，必须寻求一种共同的语言一样，人们也需要寻求一套大家都认可的表示尊敬他人和自尊的礼仪规范。这种礼仪可以细化到日常生活和职业活动的方方面面，规范着人们的思想理念、言辞话语、行为举止，使人们减少摩擦、增进感情。任何不符合这种规范的做法，都将被视为无礼。因此，任何人要想在交际场合受到欢迎，都必须遵守礼仪规范，并表现得彬彬有礼。

（二）文明性

礼仪是人类文明的结晶，是现代文明的重要组成部分。人类从降世那天起就开始了对文明的追求，例如亚当夏娃用树叶遮身便是文明之举。人类从茹毛饮血到共享狩猎成果，从盲目迷信、敬畏鬼神到崇尚科学、论证无神，从战争到和平……尤其是文字的发明，使人类能够运用语言文字来表达文明、宣传文明、建设文明。文明的宗旨是尊重，包括对人和对己的尊重，这种尊重总是同人们的生活方式有机、自然、和谐地融合在一起的，成为人们日常生活、工作中的行为规范。这种行为规范包含着个人的文明素养，比如待人接物热情周到、彬彬有礼；人们彼此间互帮互助、彼此尊重、和睦相处，体现出了人们在日常生活中的文明、友好；注重个人卫生，穿着适合得体，见人总是微笑着问候致意，礼貌交谈，使用文明用语，都体现出了人们的品行修养。总之，礼仪是人们内在涵养与外在文明表现的综合体现。

（三）普遍性

古今中外，从个人到国家，礼仪无时不在，无处不在。凡是有人类生活的地方，就存在着各种各样的礼仪规范。远古时期，人类为了求生存要祭神明以求保护，这种礼仪形式至今在一些偏僻地区依然存在，如在春节时，家家户户要摆起烛台祭祖，祭天神、地神和灶神，以求来年风调雨顺，阖家幸福。这实际上是人类一种美好愿望的寄托。

现代社交礼仪的内容已渗透到了社会的方方面面，从政治、经济、文化领域，到人们的日常生活，礼仪活动无处不在。大到一个国家的国庆庆典，小到一个公司的开张志禧，再到人们日常生活中的接待、见面、谈话、宴请等，均需要讲究礼仪规范，遵守一定的礼仪行为准则。比如最简单的问候语"你好""再见"等，这几乎是全世界通用的一种问候礼节，具有绝对的普遍性。

（四）差异性

礼仪作为一种约定俗成的行为规范，它的运用要受到时间、地点和环境的约束；同一礼仪会因时间、地点或对象的变化而有所不同。这就是礼仪差异性的体现。

礼仪的差异性首先表现为民族差异性。各民族的习俗礼仪都凝结着本民族、本地区人民的文化情结，人们严格遵循，苦心维护，难以改变。在不同的国家，礼仪的表达方式更是不同。比如在人们常见的国际交往礼仪中，见面礼节就各不相同，有握手礼、点头礼、亲吻礼、鞠躬礼、合十礼、拱手礼、脱帽礼、问候礼、碰鼻礼等。

礼仪的差异性也表现在地域差异上。有些礼仪表达的方式和内容，在甲地与乙地可能会截然不同。"十里不同风，百里不同俗"。

礼仪的差异性还表现在礼仪的等级差别上。对不同身份地位的对象应施以不同的礼仪。比如宴会之间就会因招待对象的身份地位高低不同而在规格上有很大差别。

（五）发展性

每一种礼仪都有其产生、形成、演变、发展的过程，并不存在僵死不变的永恒模式。

随着时间的推移、时代的前进、社会的进步，礼仪在不断发展、丰富和完善。礼仪总是体现着时代要求和时代精神，因此会随着时代的发展而产生差异。世界各国都很重视礼仪改革，现代礼仪发展变化的趋势使礼仪活动更加文明、简洁和实用。如现代人所拍发的礼仪电报、电视点歌祝寿贺喜等礼仪形式就是由于时代进步产生的新生事物。

随着国家对外交往的扩大，各国的政治、经济、思想、文化等诸种因素的互相渗透，传统礼仪被赋予了许多新鲜的内容。西方礼仪文化被引入中国，使中华礼仪在保持传统民族特色的基础上，发生了更文明、更简洁、更实用的变化。礼仪规范更加国际化，礼仪也向着符合国际惯例的方向变革与发展。

（六）传承性

礼仪是一个民族或一定地域的人们在长期的历史发展过程中逐渐形成并世代相传的传统文化的重要组成部分。

礼仪形成本身是个动态发展的过程，是在风俗和传统变化中形成的行为规范。任何国家的礼仪都具有自己鲜明的民族特色，任何国家的当代礼仪都是在本国古代礼仪的基础上继承、发展起来的。离开了对本国、本民族以往的礼仪成果的扬弃，就不可能形成当代礼仪。作为人类文明的一种积累，礼仪将人们在交际应酬之中的习惯做法固定下来，流传下去，并逐渐形成了自己的民族特色，这不是一种短暂的社会现象，而且不会因为社会制度的更替而消失。对于以往的礼仪遗产，正确的态度不应当是食古不化，全盘沿用，而应当是扬弃地继承，才能更好地发展。

四、礼仪的作用

1. 规范交往行为

在社会生活中，礼仪是人们相互交往的行为准则，制约着人们的态度和动机，规范着人们的行为方式，维护着社会的正常秩序，在社会交往中发挥着巨大的作用。任何人，不论身份高低、职位大小、财富多寡，只有他的行为符合礼仪要求，才能被人们认可，反之就会受到否定甚至指责。只有讲究礼仪，在社会交往中对他人以礼相待，才能赢得对方的好感与尊重，使彼此的交往产生良好的效果。反之，言语不当，举止失范，就会失礼于人，被对方厌恶和反感，就必然会影响交往的正常进行，甚至带来事业上的损失。

不同国家、民族、行业的礼节仪式都有其独特性，当我们进入不同地域或不同领域时，必须先了解那里的礼仪习俗和行为规范，并按照这些习俗和规范来约束自己的言行。

2. 协调人际关系

礼仪以建立和谐的人际关系为目的，具有协调人际关系的作用。从一定意义上说，礼仪是人际关系和谐发展的调节器；人们在交往时按礼仪规范去做，可以使个人在交际活动中充满自信，胸有成竹，处变不惊；也能够帮助人们规范彼此的交际活动，更好地向交往对象表达尊重、敬佩、友好与善意，增进彼此的了解与信任，建立友好合作的关系。一般来说，人们受到尊重、礼遇、赞同和帮助就会产生吸引心理，形成友谊关系，反之会产生敌对、抵触与反感，甚至憎恶的心理。

在现代生活中，人们的关系错综复杂，会突然发生冲突，甚至会导致有的人采取极端行为。礼仪有利于使发生冲突的人保持冷静，缓解已经激化的矛盾。如果人们都能够自觉主动地遵守礼仪规范，按照礼仪规范约束自己，就可以使彼此的感情得以沟通，建立起相互尊重、彼此信任、友好合作的关系，进而造就和谐、完善的人际关系，从而有利于各种事业的发展。

3. 提高自身修养

礼仪是一种高尚、美好的行为方式，它可以净化人的心灵，陶冶人的情操，提高人的品位和修养。一个人讲究礼仪，会使自己变得心胸豁达、谦虚诚恳、遵守纪律、乐于助人。在礼仪的熏陶下，人们的修养会自觉地提高，会匡正缺点，完善个人形象，使自己成为一个道德高尚的人。

在人际交往中，礼仪往往是衡量一个人文明程度的准绳。它不仅反映着一个人的交际技巧与应变能力，而且反映着一个人的气质风度、阅历见识、道德情操、精神风貌。因此，在这个意义上，完全可以说礼仪即教养，有道德才能高尚，有教养才能文明。这也就是说，通过一个人对礼仪运用的情况，可以察知其教养的高低、文明的程度和道德的水准。

4. 塑造良好形象

讲究礼仪有助于塑造良好的个人形象和组织形象。无论是一个国家、一个民族、一个组织乃至个体，只要与外界交往，就需要思考一个问题以什么形象出现。所谓形象，就是双方在对方心目中形成的综合化、系统化的印象。一个人的音容笑貌、言行举止、着装打扮乃至气质修养，都是形象的构成要素，而礼仪在这些方面都有详尽的规范。因此，学习礼仪，运用礼仪，有益于人们更规范地维护个人形象，更充分地展示个人的良好教养与优雅的风度。

良好的组织形象是任何组织追求的目标。良好组织形象的塑造处处都需要礼仪。人们往往会从某一个职工，某一件小事上，衡量一个企业的可信程度、服务质量和管理水平。讲究礼仪有利于树立良好组织形象，提高企业服务的水平和信誉，使企业在竞争中处于优势地位。

5. 建设精神文明

世界各国和各民族都十分重视交往时的礼节礼貌，把它视为一个国家和民族文明程度的重要载体和标志。正如古人所云："礼义廉耻，国之四维"，礼仪是立国的精神要素之本。讲究礼节礼仪，注重文明礼貌，有利于促进社会主义精神文明建设，提高中华民族的整体素质，构建一个和谐的社会环境，促进各项事业的发展。

礼仪作为衡量社会文明进步的尺度，体现着人们的道德理想和精神追求，代表着人们的社会价值观和健康的生活方式，是形成相互尊重的人文氛围、推动精神文明建设的有效保证。一位哲人说过："一个没有社会公德的民族是个危险的民族，而一个拥有良好社会公德的民族是一个充满希望的民族。"遵守礼仪，应用礼仪，有助于净化社会的空气，提升个人乃至全社会的精神文明。

6. 促进国际交流

随着我国改革开放的深入和社会主义市场经济体制的确立，我国经济发展要和国际接轨。提倡讲究礼仪礼节，做到文明礼貌，并提高中华民族整体的文明礼貌素质，会构造一个和谐的社会环境和人际关系，吸引更多的外资投入，促进国际贸易往来，从而推动经济建设的发展。

尊重国际礼仪和交际礼节，尊重各国人民的风俗习惯，是我国对外活动的一贯做法。它反映了我国维护世界和平、加强国际友好合作的真诚希望。

五、社交礼仪的原则和惯例

（一）社交礼仪的原则

各种社会交际往来活动自始至终都有一些普遍性、共同性、指导性的规律可循，这就是礼仪的原则。遵守现代礼仪是现代人实现自身价值的重要手段和途径，是人类精神文明的重要体现。在现代社会人们只有讲究礼仪，才能建立起良好的合作关系，才能得到帮助并被群体接纳；个人的能力、才华、业绩、成就和形象，才能得到社会的认可和好评。

1. 平等原则

礼仪所涉及的平等，主要是指道德和人格的平等。平等是人与人之间建立良好关系的前提和必要条件，是现代礼仪的首要原则。

每个人的人格都是平等的，应该受到尊重，任何人都没有凌驾于他人之上的特权。在与人交往时要做到：不傲慢骄狂，不自以为是，不目空无人，不以貌取人，不以势压人，待人彬彬有礼、热情大方、平等谦虚，对任何交往对象都一视同仁，给予同等程度的礼遇，不看客施礼、厚此薄彼；不低三下四、曲意逢迎、轻浮谄谀；要不卑不亢，既表现出对对方的尊重，又不卑躬屈膝。

2. 尊重原则

相互尊重是礼仪的基本原则，是礼仪的灵魂，是礼仪的重点和核心。古人云："恭敬之心，礼之端也。"

在社会交往中，尊重是相互的。人与人之间的和谐关系，只有在相互尊重的过程中才能逐步建立起来。在交际活动中，要与交往对象互谦互让，互尊互敬，友好相待；对交往对象要重视、恭敬。要常存敬人之心，处处不可失敬于人，不可伤害他人的个人尊严，更不能侮辱对方的人格。可以说，掌握了敬人的原则就等于掌握了礼仪的灵魂。

尊重原则还包括尊重习俗禁忌。《礼记》中说："入境而问禁，入国而问俗，入门而问讳。"

3. 诚信原则

在社交中要赢得对方的信任、尊重，必须真诚、讲信用。

真诚是对人对事的一种实事求是的态度，是待人真心真意的友善表现，要求人们在交往中应该发自内心地尊重别人，表里如一。不对别人说谎，不虚伪，不侮辱他人。

信用即讲信誉。孔子说："民无信不立，与朋友交，言而有信。"在社交场合，尤其要讲究信用，要守时守约。与人约定好时间的约会、会见、会谈、会议等，绝不应拖延迟到；与人签订的协议、约定和口头答应的事，要说到做到，言必信，行必果。所以在社交场合，如果没有十分的把握就不要轻易许诺他人，许诺做不到，反而会落个不守信的恶名，永远失信于人。

4. 宽容原则

一般来说，交往双方的心理总存在一定的距离与不相容的心理状态，这种差异会在交往者之间产生思想隔膜，甚至会使双方关系僵化。要想缩小这种心理上的差异，使人与人之间能多一份和谐、一份信赖，就必须时刻心怀宽容。

宽容就是宽宏大量，能容忍他人的个性、行为，甚至原谅他人的过失。不处处苛求别人，在与人交往时严于律己，宽以待人，对别人的困难和要求要多体谅、多理解，不要求全责备、斤斤计较。在与人相处时，要学会为他人着想，善解人意；要心胸开阔、光明磊落、宽宏大量，不能小肚鸡肠、咄咄逼人；语言要平和，态度要亲切，待人要真诚，要允许他人有自由的空间、独立的人格、独特的思考，允许他人有与自己不同的判断，对于不合自己心意的行为要能够耐心容忍，容忍别人的不同见解，不苛求别人与自己完全保持一致。

5. 自律原则

古人云："己所不欲，勿施于人。"自律是对待自己的要求，是礼仪的基础和出发点。其中最重要的就是要自我要求、自我约束、自我控制、自我对照、自我反省、自我检验。

礼仪规范是为了维护社会生活的稳定而形成的。社会上的每个成员不论身份高低、职位大小、财富多寡，都有自觉遵守礼仪的义务，都要用礼仪去规范自己的一言一行、一举一动，都必须无条件地遵守礼仪。如果违背了礼仪规范，会受到社会舆论的谴责，交际也就难以成功。

6. 适度原则

适度原则是指人们在运用礼仪时，要具体情况具体分析，因人、因事、因时、因地恰如其分。既要合乎礼仪规范，又要把握分寸，适度得体，避免过犹不及。分寸感是礼仪实践的最高技巧，适度才会使人感到真诚，适度才能使人感到平等。如果做过了头，就会让人怀疑另有目的；如果做得不到位，又会使人感到缺乏敬人的诚意。

遵循适度的原则主要有以下方面的要求：

（1）感情适度。与人交往，要不卑不亢，彬彬有礼，热情大方，不要轻浮。

（2）谈吐适度。与人交往，要热忱友好，不要虚伪客套；要坦率真诚，不要言过其实。

（3）举止适度。与人交往，要优雅得体，不要矫揉造作；要尊重习俗，不要粗俗无理。

（4）装扮适度。衣着打扮要与本人身份、地位、条件、所处环境、时节相适应。

（5）距离适度。与人交往时，要保持适度的距离，不要过于亲近。

（二）国际交际惯例

基本的国际惯例是对外交往中必须依照遵循的规矩。特别是在涉外活动中遵守国际惯例，不仅是为了体现其自身的良好教养，而且是为了确保自己所参与的涉外活动得以顺利地进行。

国际社会的交际惯例主要有下述几项：

1. 热情有度

热情有度，即对待对方既要表现得热情友好，又要把握好对待对方热情友好的具体分寸。切勿使自己对待对方的热情友好程度超出了对方所能接受的界限，而令对方感到不快，甚至会给对方添麻烦。

交往中需要把握好的热情有度之中的"度"，具体体现在下面三个方面：关心有度、批评有度、交往有度。

2. 尊重隐私

所谓尊重隐私，主要是提倡在国际交往中主动尊重每一位交往对象的个人隐私，不询问他人的秘密，不打探其不愿公开的私人事宜。目前，在国际社会中，是否尊重隐私已成为一个人在待人接物方面有无个人教养的基本标志。

在涉外交往中，尊重隐私具体表现为人们在交谈中的"八不问"：不问收入支出，不问年龄大小，不问恋爱婚姻，不问身体健康，不问家庭住址，不问个人经历，不问信仰政见，不问所忙何事。

3. 信守约定

在国际社会里，人们十分重视交往对象的信誉，讲究"言必信，行必果"。信守约定，就是与此相关的一条重要的国际惯例。它的含义是指人们在国际交往中，必须严肃认真地遵守自己的所有正式承诺，说话必须算数，许诺必须兑现，约会必须如约而至。在一切与时间有关的约定中，必须一丝不苟。只有这样，才能取信于人。信守约定，对基层公民而言，主要有两个方面的问题应予重视：慎重许诺，严守约定。

4. 女士优先

女士优先，是国际社会尤其是西方国家所通行的交际惯例之一。它是指在一切社会场合中,每一名有教养的成年男子都要积极主动地用实际行动去表示自己对女士的尊敬之意,并应想方设法地在具体行动上为女士排忧解难。外国人普遍认为,一名男子如果不践行"女士优先"的惯例,便是没有教养的。

在社交场合,"女士优先"主要表现:尊重女士,照顾女士,关心女士,保护女士。

六、大学生学习社交礼仪的意义和方法

(一) 学习社交礼仪的意义

身居礼仪之邦,应为礼仪之民。知书明礼,以礼待人,应是当代大学生的基本素养。对大学生进行社交礼仪教育和大学生主动自觉地学习礼仪、运用礼仪具有特殊意义。

1. 有利于大学生与他人建立良好的人际关系,形成和谐的心理氛围,促进身心健康

任何社会的交际活动都离不开礼仪,而且人类越进步,社会生活越社会化,人们也就越需要礼仪来调节社会生活。礼仪是人际交往的前提条件,是开启交际生活大门的钥匙。

良好的人际交往有助于大学生提高自信和自尊,降低挫折感,缓解内心的冲突和苦闷,宣泄愤怒、压抑和痛苦,减少孤独、寂寞、空虚等。这些都十分有益于大学生的身心健康,能够最大限度地避免不良情绪的产生,也能使不良情绪得到有效的排遣。

同时,社交礼仪本身就是一种特殊的语言,大学生掌握了社交礼仪的基本知识,能够顺利地开启各种交际活动的大门并建立起和谐融洽的人际关系。这不仅是形成良好的社会心理氛围的主要途径,而且对大学生个体而言,具有极其重要的心理保健功能。

2. 有利于促进大学生的社会化,提高其社会心理承受力

人在社会化过程中,需要学习的东西很多,而社交礼仪教育是一个人在社会化过程中需要学习的必不可少的重要内容。任何一个生活在某一礼仪习俗和规范环境中的人,都会自觉或不自觉地受到该礼仪的约束。自觉地接受社会礼仪约束的人,就被人们视为"成熟的人""符合社会要求的人"。反之,一个人如果不能遵守社会生活中的礼仪要求,就会被视为"幼稚""异类",就会受到人们的排斥,社会就会以道德和舆论的手段来对他加以约束。

大学生堪称"准社会人",有一种强烈的走向社会的需要,但又普遍存在一些心理困惑,比如,如何进行自我形象设计、如何参与面试、如何尽快地适应社会生活;走上工作岗位后如何与领导、同事打交道,如何建立良好的人际关系等。大学生通过社交礼仪的学习,可以掌握符合社会要求的各种行为规范,不仅可以满足大学生走向社会的需要,更好地促进大学生社会化;而且可以培养大学生适应社会生活的能力,提高其社会心理的承受力。

3. 有利于提高大学生的思想道德素质

目前，在不少高校中存在着这样的现象：学生学的是高层次的道德规范，实际行为却往往达不到基础道德的水平。这与社交礼仪教育的缺乏是分不开的。

社交礼仪是一门具有较强的实践性和实用性的学科。对大学生进行系统的礼仪教育可以丰富他们的礼仪知识，让他们明确掌握符合社会主义道德要求的礼仪规范，并指导他们在实际生活中按照社交礼仪规范来约束自己的行为，真正做到"诚于中而行于外，慧于心而秀于言"，把内在的道德品质和外在的礼仪形式有机地统一起来，成为名副其实的有较高道德素质的现代文明人。

4. 有利于提高大学生的人文素质

文化素质教育主要是指通过人文学科来塑造和培养大学生的内在品格和修养，也就是塑造大学生具有高尚的精神境界和高品位的文化境界。社交礼仪的教育和学习能更直接地教会大学生如何与他人相处、做现代的文明人。

5. 有利于强化大学生的文明行为，提高文明素质，促进社会主义精神文明建设

社交礼仪教育是社会主义精神文明教育体系中最基础的内容。普及并应用礼仪知识，是加强社会主义精神文明建设的需要。

通过社交礼仪教育和学习，让大学生明确言谈、举止、仪表和服饰能反映出一个人的思想修养、文明程度和精神面貌。然而每个人的文明程度不仅关系到自己的形象，同时也会影响整个学校的精神面貌乃至整个社会的精神文明。

通过学习社交礼仪，能够提高大学生的礼仪修养，培养大学生社会交往的实际能力，养成良好的礼仪习惯，具备基本的文明教养。人人讲礼仪，社会将充满和谐与温馨。由此可见，社交礼仪的根本目的是要教育、引导全体公民自觉遵循社会主义道德规范以及相应的社交礼仪形式，提高人们的文明意识，使人们养成文明的行为习惯，促使形成良好的社会风尚，使人与人之间、人与社会之间达到高度和谐与有序，从而推进整个社会精神文明程度的提高。

（二）学习社交礼仪的方法

礼仪是由一系列的规范、程序、活动所构成的。若要让礼仪的知识服务于社会，服务于自身，灵活掌握并科学运用，必须全面地、系统地、认真地学好礼仪这门学科。

1. 丰富内涵

孔子《论语·雍也》篇中说："质胜文则野，文胜质则史。文质彬彬，然后君子。"英国哲学家培根说："行为举止是心灵的外衣。"道德和文化修养高的人，往往知书达礼，注意自己的行为适度，不违反礼仪规范。

一个人自身道德修养和文化层次的提高，是学好礼仪的关键。学习礼仪要与学习其他科目相结合，要多读书，多学习，不断丰富自己的内涵。在日常生活中要注意自己的仪表言行，使自己有高雅的气质、潇洒的风度。

2. 注重实践

礼仪是一门应用科学，学习礼仪要学以致用、学用结合，不能停留在礼仪教程条文上，应该将理论与实践紧密结合，使礼仪知识融入学习、生活中。从日常生活的点滴做起，坚持知行统一，一边学习礼仪知识，一边将所学到的知识应用到实践中去。

学习礼仪要注重实践，将礼仪知识运用于实践，不断地在实践中丰富礼仪知识。一个人的礼仪只能在言行中才能反映出来，不说不动就不能评价某个人有没有礼仪，每个人都要在理解礼仪要求的基础上，敢于在日常的言行中、平时的待人接物中展现自己文明有礼的形象。有的人缺乏自信，在公共场合或遇到不很熟悉的人时，自身的礼仪规范就无法发挥；在熟悉的人面前又不好意思运用礼仪，怕人笑话。树立信心，应用得体的礼仪言行，也是塑造自我良好形象的方式，要敢于展示一个有礼、自信、文明的自我。

3. 重复渐进

礼仪的习得，不仅指对礼仪的学习与练习，还包括将所习之礼培养成一种习性，非一朝一夕的事情。

学习礼仪不可能一蹴而就，不可贪多务得，细大不捐，应当有主有次，抓住重点。先从与自己生活最密切的地方开始一点一点地做起，往往可以事半功倍。学习礼仪是一个循序渐进不断反复的过程，必须树立长久的习礼意识，处处留心，时时经意，坚持长期实践。对一些规范、要求，只有反复运用、重复体验，才能真正掌握。只要有提高礼仪修养的决心和持之以恒的毅力，就能够成为一个彬彬有礼的人。

4. 自我监督

古人强调提高个人修养要注意反躬自省，"吾日三省吾身"。学习礼仪，也应进行自我监督，既要严格要求自己，又要时时处处注意自我检查。这样，将有助于自己发现缺点，找出不足，将学习、运用礼仪真正变为个人的自觉行动和习惯做法。

"勿以善小而不为，勿以恶小而为之。""天下大事必成于细，天下难事必成于毅。"从具体、琐碎的小事做起，一点一滴地养成；从大处着眼，小处着手；寓礼仪于细微之中，逐渐成习。

5. 灵活运用

礼仪规范是具体的、严肃的，但它不是教条，更不是束缚人们行为的繁文缛节。学习礼仪不能脱离实际，不能守着条条框框不放，要根据时间、地点、对象等具体情况，灵活运用。如在漆黑的夜晚走路时也要讲女士优先，让女士走在前面，这就太可笑了。

灵活不仅仅表现在该不该运用"礼"，更表现在什么情况下运用什么"礼"。不同国家、不同民族、不同地区、不同人对于行为规范都有自己的理解，绝不能生搬硬套，毫无区别地运用"礼"。只有通过学习礼仪才不会令人啼笑皆非。

七、复习思考题

1. 礼仪的含义和特征是什么？
2. 社交礼仪的原则和作用有哪些？
3. 怎样学好社交礼仪？
4. 审视自身不符合礼仪的行为并加以改正。

项目一 仪表礼仪

技能目标

1. 使学生掌握仪容仪表修饰的主要内容。
2. 熟悉站姿、坐姿、走姿、蹲姿的基本礼仪。
3. 了解服饰礼仪的要求。

素质目标

能在不同场合进行恰当的自我形象塑造、正确的服装与首饰搭配，培养自然大方的个人形象。

任务一 仪容修饰

一、任务提出

某报社记者吴先生为做一次重要采访，下榻于北京某饭店。经过连续几日的辛苦采访，终于圆满完成任务，吴先生与两位同事打算庆祝一下。他们来到餐厅后，接待他们的是一位五官清秀的女服务员，接待工作做得很好，但她面无血色，显得无精打采。吴先生一见到这位服务员就没有了刚才的好心情，仔细留意才发现，原来服务员没有化工作淡妆，在餐厅昏暗的灯光下显得病态十足，这又怎能使客人有心情就餐呢？上菜时，吴先生又发现传菜员涂的指甲油缺了一块，吴先生的第一个反应就是"不知是不是掉入我的菜里了"。但为了不影响其他客人用餐，吴先生并没有说什么，但这顿饭吴先生吃得很不舒服。最后，他唤服务员结账时，服务员却一直对着玻璃墙面修饰自己的妆容，丝毫没有注意到客人的需要，吴先生对该饭店的服务人员非常不满。

社交场合要不要做仪表修饰？仪表修饰该注意哪些方面呢？

二、教学实施建议

教师现场为学生化妆示范，并与不化妆的学生进行对比，让学生谈论感想，从而提高学生对化妆重要性的认识。

三、任务分析

1. 在负责接待时，要重视修饰面部，要有热情的工作态度。
2. 职场礼仪中，个人修饰要符合职业特点，不得违反规范。如：涂有色指甲油，且没有保证妆容的完整。
3. 修饰外表时应注意避人原则。

四、知识要点

在礼仪中，个人礼仪是最基础的，它体现了一个人最基本的素质与教养，是社会个体的生活行为规范与待人处世的准则，是个人仪表、仪容、待人、接物等方面的个体规定。此次课程要求学生通过本项目的学习，能够做到服饰整洁、修饰得体、行为举止规范，展现自己良好的教养和优雅的风度。要求学生必须重视个人礼仪的学习，并把所学的礼仪知识化为实际的行动，给别人留下良好的第一印象。

（一）仪容美的含义

作为社会的人，在生活中总离不开人际交往，在交往中要维护良好的自我形象，就有必要讲究仪容仪表。良好的仪容仪表，不仅能给人以端庄、大方、舒适的印象，还能体现个人的自尊自爱以及对他人的尊重和礼貌。

1. 仪容美的概念

仪容通常指人的容貌，在个人整体形象中具有显著地位。它反映着一个人的精神面貌和朝气活力，是传达给接触对象感官的最直接、最生动的第一信息，一般都会引起交往对象的特别关注，并将影响对方对其的整体评价。端庄、大方、美丽的仪容既是个人自尊自爱的体现，又是对他人恭敬、尊重、礼貌的表现。仪容是个人仪表的重要组成部分，仪容美在人的仪表美中占有举足轻重的地位。

2. 仪容美的三种体现

仪容是自然美、修饰美、内在美三个方面的高度统一。

仪容自然美是指仪容的先天条件好，仪容自然美是人们普遍的心愿，因为天生丽质的仪容相貌能给人赏心悦目的感觉，产生良好的印象。

仪容修饰美是指按照规范与个人条件，对仪容进行必要的修饰、美化，塑造出漂亮的容貌，仪容修饰美是仪容礼仪中的重要内容。

仪容内在美是指人人通过努力学习，不断提高个人的文化艺术素质和思想道德水准，培养出自己高雅的气质与美好的心灵，使自己秀外慧中，表里如一，仪容内在美是最高的境界。

仪容美是外表美与内在美的统一，是形式美与灵魂美的统一，是增强自信心的有效手段，是树立良好公众形象的基础。注重仪容美是尊重对方的需要，而修饰仪容也就成为仪表的核心内容，是个人礼仪的基本规范。

个人端庄、良好的仪容和恰当的修饰，既能体现自尊自爱，又能表示对他人的尊重和礼貌，所以随着现代文明程度的提高，人们对仪容礼仪越来越重视。真正意义上的仪容美，应当是上述三个方面的高度统一。忽略其中任何一个方面，都会使仪容美失之偏颇。要做到仪容美，必须高度注意仪容修饰。

仪容修饰的基本内容是：面部修饰、发型修饰和肢体修饰。仪容修饰的基本原则是自然、美观和得体。要做到仪容修饰美，需要注意掌握仪容修饰的一些基本原则和方法。

（二）仪容美的规范

"爱美之心，人皆有之"。整洁的仪容能给人以亲近感，端正的仪容可以给人以信赖感，而恰当自然的修饰则可以给人以愉悦感。

当今社会，化妆已经不仅是为了满足美丽需求，而是一种身处现代社会尊重他人的表现。如果经常出入社交场合或是从事服务行业，这时候一个人的形象已经不仅属于自己，而代表着一个组织的对外形象。

要使面部修饰美化达到最佳效果，还要遵循以下几个方面的原则。

1. 整体美

个人面部的干净与整洁，与自我形象的优劣关系极大，故要经常保持面部的卫生清爽。要做到保持仪容整洁，注意脖颈、耳朵及鼻孔、眼部、指甲等处的卫生。

男士应该每天刮胡须，不可以胡子拉碴地抛头露面。

每个人都应注意保持手部卫生，不要留长指甲，要经常修剪；一般来说，指甲的长度以不超过手指指尖的长度为宜，平时要注意清洗指甲缝以保持清洁卫生，忌涂深色指甲油。

为了使肌肤看起来健康有光泽，去除空气污染所造成的残留物与新陈代谢产生出的老化物质是必不可少的。一般采用洗面乳清洁面部。每日清晨和傍晚清洁最佳。每次清洁时间为5分钟。不要小看每天两次的洗脸工程，如果不认真对待，长期下去污垢会一直存留在皮肤里，给皮肤带来很大的负担。

2. 修饰美

面部修饰美的主要方式就是化妆。

化妆，是一种通过正确使用美容产品来修饰自己的仪容，美化自我形象的行为。简单地说，化妆就是有意识、有步骤地为自己美容。对一般人来讲，化妆最实际的目的，就是突出和强调自己面部自然美的部分，减弱或修饰容貌上的欠缺，使自己更加靓丽。有哲人曾发表高论说："化妆是使人放弃自卑，与憔悴无缘的一味最好的良药，它可以让人们表现得更加自爱，更加光彩夺目。"

（1）化妆的原则。

① 扬长避短。化妆一方面要突出脸部最美的部分，使其更加美丽动人；另一方面要掩盖或矫正缺陷或不足的部分。

② 自然真实。化妆要自然协调，不留痕迹。生活淡妆给人以大方、悦目、清新的感觉，最适合在家或平时上班时使用；浓妆给人以庄重、高贵的印象，常出现在晚宴、婚宴、演出等特殊的社交场合。无论淡妆、浓妆，都要显得自然真实，切忌厚厚地抹上一层。

③ 整体配合。化妆要因人、因时、因地制宜，切忌强求一律，应表现出个性美，避免"千人一妆"。要根据自身脸部（包括眉、眼、鼻、颊、唇）特征，进行具有个性美的整体设计；同时还要根据不同场合、不同年龄、不同身份制定不同的设计方案。例如夜间，特别是在彩色灯光的照耀下，应该使用发亮的化妆品，如亮光眼影、珠光唇膏等。

此外，脸部化妆还必须注意与发型、服装和饰物相配合，力求取得完美的整体效果。

（2）化妆前的准备。

护肤。健美的皮肤应该是湿润的、有弹性的、光亮的、细腻的、健康的。健美的皮肤需要科学护理保养。人的皮肤可分为中性、油性、干性三种类型。每个人都必须了解自己的皮肤性质，以便选用不同的化妆品，并采用不同的方法保护。

皮肤护理在日常生活中至关重要。要保护好自己的皮肤，必须遵循良好的生活方式。诸如正确的生活态度、积极的锻炼、充足的睡眠、按时的清洁、自我按摩与保健、控制烟酒等，都是日常生活中健肤美容的好习惯。

（3）选用合适的化妆品。

选择适合自己的化妆品首先要了解自己的皮肤状况、性质，根据自己的肤色选择合适的化妆品。干性肌肤应选择保湿滋润的产品，而油性肌肤应注意清洁，选择补水控油的产品，以免导致皮脂排泄障碍，从而形成黑头粉刺及炎症。同时由于冬天皮肤新陈代谢减缓，皮脂分泌减少，所以随着季节的交替，应选择滋润性能更适宜的产品。

画上眼线时，眼睛需朝下看，用蘸好眼线液的眼线笔靠近睫毛上方画一条细细的黑线，由眼角画至眼尾，在眼尾处附近略微向上翘，形成一条弧形黑线。画下眼线时，眼睛朝上看，相对而言，上眼线应画得较粗，下眼线应画得较细。另外，上、下眼线尾端不应连在一起，留些空间能使眼睛显得大些。描画时抬高下颌，眼向下看；画下眼线时，则需将镜子与脸部保持平行，拉低下颌，眼睛往上看，这样画起来更方便。

3. 美发

美发的礼仪，指的就是有关人们头发的护理与修饰的礼仪规范，是装束礼仪之中不可或缺的一个重要组成部分。美发礼仪主要分为护发礼仪与做发礼仪这两个有机组成部分。前者主要与头发的护理有关，后者则是重点关注头发的修饰问题。

护发礼仪的基本要求是头发必须经常保持健康、秀美、干净、清爽、卫生、整齐的状态。要真正达到以上要求，就必须在头发的洗涤、梳理、养护等几个方面多加注意。

（1）头发的清洗和养护。

想要保持清洁、健康的头发，就要勤洗头。洗的时候要注意水质和水温（40℃左右的温水），以及选用适合自己的洗发水。而且尽量让头发自然晾干，不要经常使用电吹风来吹头发。需要定期使用护发产品来养护。

正确梳理头发的方法是，梳头除了理顺头发之外，还可以促进血液循环和皮脂分泌，提高头皮和头发的生理机能。

（2）发型与体形。

① 高瘦型。

这样身材的人容易给人细长、单薄、头部小的感觉。要弥补这些不足，发型要求生动饱满，避免将头发梳得紧贴头皮，或将头发搞得过分蓬松，给人头重脚轻的感觉。一般来说，高瘦身材的人比较适合留长发、直发。应避免将头发削剪得太短薄，或高盘于头顶上。头发长至下巴与锁骨之间较理想。

② 矮小型。

个子矮小的人给人一种小巧玲珑的感觉，在发型选择上要与此特点相适应。发型应以秀气、精致为主，避免粗犷、蓬松，否则会使头部与整个形体的比例失调，使人产生大头小身体的感觉。身材娇小者也不适宜留长发，因为长发会使头显得很大，破坏人体比例的协调。烫发时应将花式做得小巧精致一些。若盘头也会有身材增高的错觉。

③ 高大型。

该体形给人一种力量美，但对女性来说，缺少苗条、纤细的美感。为适当减弱这种高大感，发型应以大方、简洁为好。一般以直发为好，或者是大波浪卷发。头发不要太蓬松。总的原则是简洁、明快、线条流畅。

④ 短胖型。

短胖者显得健康，要利用这一点形成一种有生气的健康美。譬如选择运动式发型。此外应考虑弥补缺陷。短胖者一般脖子显短，因此不要留过肩长发，尽可能让头发向高发展，显露脖子以增加身体高度感。头发应避免过于蓬松或过宽。

五、知识拓展

头发的营养护理

多吃对头发有益的食物。头发所需的主要营养成分多来源于绿色蔬菜、薯类、豆类和海藻类等食物。像菠菜、韭菜、芹菜、圆辣椒、绿芦笋等绿色蔬菜能美化皮肤，使头发永葆黑色。因为这些蔬菜中含有丰富的纤维质，能不断增加头发的数量。大豆能起到增加头发的光泽、弹力和滑润等作用，防止头发分叉或断裂。海菜、海带、裙带菜等含有丰富的钙、钾、碘等物质。能促进脑神经细胞的新陈代谢，还可预防白发。除此之外，甘薯、山药、香蕉、菠萝、芒果也是有利于头发生长发育的食品。

少吃对头发有害的食物，如糕点、快餐食品、碳酸饮料、冰淇淋等。这些食品，如果饮食过量，都会影响头发的正常生长，容易使头发出现卷曲或产生白发。吸烟过多也会影响头发的生长。心绪不宁或住在潮冷的房间里，以及神经性的紧张、不安、胃肠受凉、新陈代谢不调、血液循环受阻，都容易产生头发变细、头皮增多、掉发断发等现象，头顶的头发会越来越稀薄。

六、应用与考核

（一）案例分析

从古至今，女人与装扮之间似乎是分不开的。在大英博物馆里，珍藏着一个妇女用的化妆盒，化妆盒里有象牙梳、火山石、用来盛化妆品的小罐、润肤膏等，经考证，这个化妆盒属于1 400年前一位古埃及的女性。大多数女人都要借化妆这种"外力"来实现自己对美的追求。爱美之心人皆有之，俗话说"三分长相，七分打扮"。装扮自己既是一种使自己更美丽的方法，也是一种对别人的尊重。但也有人反对这种违背本色，靠化妆品展现出来"假我"的做法。

那么您是怎样认为的呢？女人究竟要不要化妆？真正的美应当是"清水出芙蓉，天然去雕饰"还是"淡妆浓抹总相宜"呢？

（二）模拟训练

组织一次公司公关人员"仪容仪表"的展示会，学生自己设计情景与角色，根据自设情景与角色化妆，选择适合自己职业身份的服装。

要求：全班同学参加，一定要结合所学的礼仪理论知识，自行设计形象与服装。

任务二　服 饰 佩 戴

一、任务提出

> 某国际五星级酒店招聘前台接待人员，根据收到的求职材料约见一位女同学作为预选对象。面试时，这位女同学涂着过红的口红，烫着时髦的发式，身着低领、紧身服装，十分新潮，但十分遗憾，酒店没有录用她。
> 运用TPO原则进行形象设计。

二、教学实施建议

以"不同场合的着装要求"为主题在全班展开讨论，最后联系本案例分析女学生着装的不妥之处，并模拟应聘场景，为自己的着装进行重新设计。

三、任务分析

1. 在求职面试中，仪表服饰是第一印象，要力求整洁、美观、大方、明快。
2. 求职面试中，要注意应聘的职位特征和要求，职业装强调服装与工作性质、场合的统一。
3. 女性穿职业套装，会给人以稳重、端庄、高雅、质朴之感。

四、知识要点

（一）服饰礼仪的基本原则

莎士比亚曾经说："服饰往往可以体现人格。"的确，在人际交往中，服饰在很大程度上反映了一个人的社会地位、身份、职业、收入、爱好，甚至一个人的文化素养、个性和品位。服饰一直被称为是传递人的思想、情感等非文化心理的"非语言信息"。要在各种场合着装得体大方，应掌握着装的方法和禁忌。

1. TPO原则

服装的穿着要考虑到时间（Time）、地点（Place）和场合（Occasion）这三个因素，追求得体、和谐的穿着效果，这一原理简称衣着的TPO原则。

时间（Time）——是指早晨、白天、晚上等不同的时段，也包括春、夏、秋、冬等季节的变换。此外，着装要符合时代感，时刻关注时装潮流的变化，与时代节奏合拍。穿衣要考虑时间，适应四季的变换是着装的基本常识。

地点（Place）——是指环境，包括城市、乡村、山区、海滨、室内或室外等。穿衣要考虑地点，不合实际、不分地点地胡乱穿衣，不免让人侧目而视。职业女性更应做到这点，应考虑穿衣的地点因素。服装穿着应视地点的不同而改变，就是到了另一个地区、另一个国家，也应考虑采取相应的着装形式，这也就是所谓的入乡随俗。

场合（Occasion）——是指具体活动的场所，如婚礼、乔迁贺喜、家长会或毕业典礼等。不分场合穿衣，这一情况的后果是不可想象的。同时，还应注意色彩的选择，红色代表喜庆、黑色暗示沉默、白色预示圣洁，可根据场合的不同搭配不同的色彩。

2. 色彩协调原则

色彩因其物理特质，常对人的生理感觉形成刺激，诱发人们的心理活动。色彩还具有某种社会象征性，许多色彩会象征着某种性格、情感与追求。

3. 体型协调原则

用色彩、线条、款式修正体型，方法很多，下面针对六种体型介绍一些基本方法。

高个子：如果过于高大或高且瘦，就要做些修正。选择线条流畅的服装，但不宜用垂直线条；避免窄小、紧身的衣服；要从腰间将颜色组合打破，用明色或对比色的腰带切开。

矮个子：要用垂直线条增加身高，避免使用水平线条，要避免宽折边和方正的肩线等；选择合体的服装，避免宽大或粗笨、宽松悬垂的款式；选用单色组合，最好选择从鞋、袜到裤或裙为同一颜色。避免使用对比色的腰带和衣裤（裙）来分割身体的高度。

瘦体型：要选择质地较粗硬的面料，设计上加以多层次技术处理，增加宽度；不用垂直线条，尽量用刚好合体的衣服，不要太窄太紧，避免暗色等，较浅的颜色可以使身形增宽。

方体型：要选择剪裁流畅、柔和、带有流线型线条的衣服；避免使用任何不完整的直线条或水平线条；不要选择贴身或宽大的服装；选择素淡不艳的颜色；焦点要提到面部附近，把注意力引离腰部和臀部，可以运用对比色；腰带要用暗色且窄的。

窄肩、宽臀型：上部的服装可以选用水平的横条纹，下部则可以选择有竖条纹的面料和款式；腰部以上部分需要多层次，使胸部和肩部显得丰满且与臀宽比例得当；穿不太紧身、剪裁宽松的衣服效果比较好；下部宜用颜色比较暗的色彩；可以在颈部附近用鲜艳的色彩和补充色造成一个色彩焦点。

宽肩、窄臀型：宜选择垂直的线条和装饰；对腰部以下进行设计装饰，增加丰满度；腰部以上避免使用夸张的设计，以免增加鼓胀感；焦点应该放在臀部或腿部；上衣宜选择比较暗的颜色。

4. 个性原则

个性原则和上述三个原则并不矛盾，如果能在这些原则的基础上穿出个性来，往往能给人深刻的印象，社交中也能取得意想不到的效果。相反地，一味讲求个性、讲求独特，不仅不会张扬个性，而且会损害个人及企业的形象，给人留下不好的印象。

（二）着装礼仪

1. 制服的着装礼仪

制服是标志一个人从事何种职业的服装，又称岗位识别服。穿着制服不仅是对工作的认可，还有一种职业自豪感、责任感和可信度，是敬业、乐业在服饰上的具体表现。在一般情况下，制服及与其配套使用的衣饰（主要有衬衫、帽子、鞋袜、皮带等），在整体风格上相互一致，往往会一起下发；不同行业的制服若是离开了制服的配饰，往往会令制服失去其应有的神韵；因此，穿制服时，按规定应与其配套的衣饰一同使用，也不得以其他非配套使用的衣饰代替。制服目前多为两件套式，即由一件上装与一件下装所构成。

穿着制服还有下列四大禁忌：一是不守规定，即工作时不按规定穿制服；二是滥穿制服，即在非工作岗位上穿制服；三是制服便服混穿，即制服与便服任意组合、搭配；四是污损制服，即穿脏、烂、破、损的制服。

2. 西装的着装礼仪

西装，也称西服、洋服。它源于欧洲，目前是全世界最流行的一种服装，也是男士在正式场合着装的最佳选择。

人们常说："西装七分在做，三分在穿。"西装的制作工艺和质地是极其讲究的，而穿着西装也要遵守一定的规范，才能穿出西装的品位。

（1）男士西装礼仪。

男士在穿着西装时要注意以下几点：

① 衬衫与西装相配。

衬衫与西装相配，主要是指衬衫与西装颜色的搭配。衬衫的颜色最好与西装颜色为同一色系或成对比色，如浅色衬衫以配深色系或同色系西装为宜，花衬衫以配单色西装为宜。西装最常见也是最简单的搭配是白衬衫，可搭配任何颜色的西装。

衬衫与西装搭配时，衬衫的领子应为硬领，领围大小以系好领口扣子食指能自由伸进为度。衣领的宽度应根据自己脖子的长短来选择。比如脖子较短的不宜选择宽领衬衫；相反，脖子较长的不宜选用窄领衬衫。

衬衫与西装搭配时，衬衫的全部扣子必须都扣好，不能挽起衣袖，衬衫袖口扣好后袖长以长过西装袖口1~2厘米为标准。衬衫的衣角必须扎进西裤里。

② 内衣与西装相配。

一般情况下，西装只与衬衫相配，衬衫里面不宜穿其他衣服。但如果天气较冷，衬衫里面也可以穿低领的保暖内衣，但颜色一定要和衬衫的颜色一致；衬衫外面可以穿V形领的羊毛衫。无论是羊毛衫还是保暖内衣，以一件为宜，不要一件又一件，显得臃肿，从而破坏了西装的线条美。

③ 领带与西装相配。

领带被称为"西装的灵魂",可以起到"画龙点睛"的作用。凡在比较庄严、正式的场合,穿西装都要系领带。选择领带时,要注意领带的花色、材质和风格应与西装、衬衫匹配。如麻质西装可选择棉、麻质的领带搭配;毛呢西装可搭配针织领带;高级羊毛西装配光滑细致的丝棉领带。关于领带的颜色,正式场合最好选单一颜色;如果喜欢有图案的领带,图案一定要简洁,像斜纹、小圆点、规则的小图形等都是很不错的选择。

领带的领结有平结、单结、交叉结、双环结、温莎结、十字结、浪漫结……许多种不同的系法,需要根据领带的材质、出席的场合等因素进行选择。领带系好的长度,以到皮带扣处为宜。领带配领带夹时,领带夹一般夹在衬衫的第四与第五个纽扣之间。

④ 皮鞋与西装相配。

我们常用"西装革履"来形容一个人的穿着打扮,这说明了鞋的重要性。

在正式场合皮鞋是搭配西装唯一的选择,深色西装一般配黑色硬底皮鞋,偶尔也可以穿深棕色皮鞋;浅色西装可搭配浅色皮鞋,但绝对不能配旅游鞋、轻便鞋、布鞋或露趾凉鞋。参加重大社交礼仪活动特别是涉外交际活动一定要保持皮革的光亮,这是对宾客的尊重。另外,袜子的颜色也应注意要与鞋子或裤子的颜色一致。

(2) 女士西装礼仪。

女士西装以西装套裙为主。在造型上贴身合体,而且做工考究。既能展现女性的婀娜多姿,又能扬长避短,体现女性特有的魅力。女士的西装套裙不仅适合在正式的工作场合穿着,也适用于社交场合。在穿着时要注意以下着装规范。

① 大小适度,穿着到位。

西装套裙以同质同色为佳,长短适宜。套裙中的上衣不宜过短,最短可以齐腰;而且上衣要少用饰物、花边等点缀品。裙子以窄裙为主,长度一般及膝或者过膝,最长可以达到腿中部。无论上衣和裙子,都要合身,不可过大或过小,过肥或过瘦。

② 搭配适当,佩饰协调。

衬衫与西装套裙的搭配很关键,衬衫的色彩应高雅而端庄,与所穿套裙的色彩要互相匹配,一般以单色为最好。衬衫下摆要扎入裙腰。在工作场合,佩饰要兼顾身份,并且以少为佳。鞋袜的大小应合适并无破损,袜口不可外露。

③ 兼顾举止,优雅稳重。

着装者应注意自己的仪态,站则亭亭玉立,坐则优雅端庄,行则稳重轻盈。由于裙摆所限,着裙装者走路应以小碎步为宜,行进之中,步子以轻、稳为佳。着裙装时尤其要注意自己的坐姿,坐下时,膝盖切记不要分开,而且要选择适合穿裙装的坐姿。

④ 忌透、露、短、紧。

无论何种职业的工作人员在着西装套裙时,一定要注意大方得体,避免有失庄重的打扮。如:内衣外露或外透、衣领开得过低、衣裙过于短小或紧身等。这样不仅有碍观瞻，而且也给穿着者的行动带来不便。

（三）佩饰礼仪

1. 男士饰物的佩戴

男士的饰物相对女士来说要少得多，但是更加注重实用功能，所以要更加符合礼仪规范。

（1）皮带。

皮带质地有皮革的、塑料的、金属的及人造革的。皮带色彩和裤子色彩搭配时，可采用同一色、类似色的搭配。一般来说黑色皮带可以搭配任何服装。皮带除了可以固定裤子外，装饰作用也在日新月异地发展，选择一条质量上乘、款式经典的皮带，可以增加男人的风度和气质，展现出男士重视生活品位的一面。

（2）皮夹和名片夹。

皮夹是男士最重要的随身物品，一般以黑色和咖啡色的居多。皮夹内部不宜塞得太满，一般放置现金和信用卡。名片夹是用来放置自己的名片或是收集他人的名片的，一般有皮质的和金属的两种。职业人士一定要配备名片夹，不能把别人给予的名片或自己的名片随便乱丢，这样很容易造成名片的损伤，留下不尊重他人的印象。

（3）手表、笔和打火机。

手表、笔和打火机在西方被称作是男士的三大配件，被认为是身份的象征。男士在参加聚会和出席正规场合时最好佩戴机械表或者是款式简单、做工精良的手表。表可以戴在左手也可戴在右手，但是一般左手居多。在出席商务活动中应该携带一支钢笔和一支铅笔，以便随时签字、记录使用。笔也是身份的象征，可以放到公文包或是西装上衣内侧的口袋内，但不要插在西装上衣左胸外侧的装饰性口袋中。

（4）公文包。

白领男士在公务活动中应随身携带一个公文包，公文包的颜色质地以深褐色或棕色皮革为佳，不要选用发光发亮、印满广告或图案的皮包。皮包中最好准备钢笔、电话本、记事本，以便随时随手记下他人的电话号码和其他信息。

（5）眼镜。

眼镜不但能起到矫正视力、保护眼睛的功效，还具有装饰的效果，甚至被称为是风度气质、身份修养的体现。选择眼镜时，要充分考虑自己的身材、脸型和肤色。身材矮小者不适宜戴深色、宽大的眼镜，因为会给人造成压抑感和沉重感；身材清瘦的人戴浅色、细边框的眼镜比较适合。

（6）首饰。

男士佩戴的首饰尽量要少。戴一只手表、一枚戒指就可以。男性的戒指力求简单大方。

2. 女士饰物的佩戴

和男士的饰物相比，女士的饰物装饰性一般超过了实用性。相对男士，饰物种类也较多。

女士首饰种类很多，一般分为项链、戒指、耳环、手镯、胸针几大类，这些都是女士的重要饰物，在女士的日常生活中起着画龙点睛的作用。

（1）饰物的种类。

① 戒指。

戒指一般戴在左手上，而且最好只戴一枚，最多不超过两枚，通常不戴在大拇指上，一个指头上不应戴多枚戒指，忌满手戴戒指。

在同一只手上戴两枚戒指时，最好选择相邻的两只手指，千万不要中间隔着一座"山"，两枚戒指色泽要一致，而且一枚戒指复杂时，另一枚一定要简单。

② 项链。

项链可以起到修饰颈部的作用，男女均可使用，男士所戴的项链一般不应外露，一般只戴一条即可，过多则显得烦琐。选择项链时，应考虑个体的一些因素。个子偏矮且圆脸型的人戴长项链至胸部，可以拉长人的高度；个子瘦高且颈部细长的人，用短粗项链可以缩短颈长。金银、珍珠等价值颇高的项链不宜太粗太长，应以精致短小为佳，适宜贴颈而戴；相反，一些仿制的工艺项链可以夸张粗大些，以增加艺术效果，而且适宜戴在羊毛衫、套头衫外面。

③ 耳环。

耳环是佩戴在耳朵上的一种饰品，在一般情况下，为女性所用，且讲究成对使用，即每只耳朵均佩戴一只，不宜在一只耳朵上同时戴多只耳环。

耳环的佩戴首先应考虑佩戴者的脸型。如：圆脸形的人不宜选择环形耳环，而适宜戴各种款式的长耳环或耳钉。一般来说，耳环、项链与胸针不适合同时佩戴，这样会给人以繁杂凌乱、张扬的感觉。近年来受到西方时尚文化的影响，我国部分男性青年也开始戴耳环，但要注意正确戴法以免东施效颦。

④ 手镯、手链。

手镯，亦称"手环""臂环"等，是一种戴在手腕部位的环形装饰品。佩戴手镯，强调的是手腕与手臂的美丽。男人一般不戴手镯。手镯最多可戴两只。戴一只时，通常应戴于左手。戴两只时，可一只手戴一个，也可以都戴在左手上。手链，是一种佩戴于手腕上的链状饰物。与手镯不同的是，男女均可佩戴手链，但一只手上仅限戴一条。手镯与手链不是必要的装饰品，因此职业妇女在工作时无须佩戴，也最好不戴。

⑤ 胸花与胸针。

拥有一枚美观大方的胸针是注重细节的人永远不会忽略的，别看它体积不大，但一般都处于显眼位置。不是搭配在衣服的前胸部位，就是位于领口处，或是别在西服和毛衣的显眼处，还可以创新放置在简单款式的裙子和鞋子上做闪亮点缀，发挥它的无限魅力。如果搭配得当，装饰效果会十分显著。

⑥ 帽子。

帽子有遮阳、增温、防护装饰等作用，因此种类很多，选择亦有讲究。要根据人的性别、年龄、职业、脸型、身材、服饰等来选择帽子。戴帽子和穿衣服一样，尽量要扬长避短。如长瘦脸型戴鸭舌帽会显得脸部上大下小，胖圆脸戴鸭舌帽就比较合适。此外，戴帽子还要注意礼仪，尤其是男性，在社交场合、庄重场合、进入室内等都要注意脱帽。

⑦ 手套。

手套不仅御寒，而且是衣服的重要饰件。手套颜色要与衣服的颜色一致。穿深色大衣，适合戴黑色手套。女士在穿西服套装或时装时，可以挑选薄纱手套、网眼手套；女士在舞会上戴长手套时，不要把戒指、手镯、手表戴在手套外。

⑧ 围巾。

围巾是女人的魅力符号之一，最能体现女性的温柔与妩媚。它不仅是抵御风寒的实用品，更是美化和装点服装的装饰品。佩戴围巾时，可以根据场合、服装、妆容和发型来选配围巾的颜色和款式，给人协调而不单调的感觉，体现出整体美。

在围巾与服装的搭配上，色彩、质地、花纹图案要协调，如服装为黑、灰等深色时围巾就应鲜艳亮丽一些；如果衣服本身就带有花色，那围巾就不能太鲜艳了，否则就显得凌乱和过于花哨。

⑨ 配包。

配包是女性不可缺少的配饰，配包有手提式、肩挂式等多种类型。配包的颜色要与季节、服装、场合、气氛相协调。手提式皮包比较适合公共场合及社交场合。正规场合不要背大配包入场，最好选用羊皮、鳄鱼皮等珍贵皮质的手提包。

女士们可以多准备几个不同款式、颜色、质地的配包，根据出席的场合、穿着的服饰等因素来搭配不同的配包，以达到整体的和谐与完美。

(2) 首饰佩戴法则。

佩戴首饰要少而精，而不是多多益善。在出席正规场合时要选择同一系列的首饰，不能同时佩戴两件以上不同风格的首饰。

选择首饰要遵循以下几点原则：

① 与服装相协调。

从款式上看，艳丽的服装应与色彩淡雅的首饰相搭配；深沉单色的服装可搭配一些明亮、款式细巧的首饰；编织毛衣可搭配装饰型强、线条粗犷的项链；穿着真丝的服装和裙装搭配一条项链即可；穿着随意的衣服时，可根据场合、年龄、身份、气质等佩戴一个或多个饰物，但是饰物作为画龙点睛的小亮点不是越多越好。

② 与形体面貌协调。

选择首饰要考虑到佩戴者的年龄、体型、发饰、脸型等个性特点，否则会搭配得不伦不类。圆脸或是戴眼镜的女士尽量少带大耳环和圆形耳环，年纪稍大的女士要尽量选择简单精致的首饰。

(四) 色彩与配搭

1. 色彩基本知识

服饰美是由色彩美、质地美、款式美三者结合而形成的完美统一体。在服饰美的三大要素中，色彩是最引人注目的，因为人对色彩的刺激是最敏感也是最快速的，所以有"着装的成功在于搭配，着装的失败也在于搭配"之说。一个人对色彩的喜好不仅可以反映出他的价值观念、兴趣爱好、性格特征，同时还渗透着他个人的礼仪素养。因此，了解色彩及其搭配知识，有利于帮助我们美化生活，更有利于提高我们个人的礼仪素养。

（1）色系及其意义。

根据所反映出来的不同特点，可以将色彩划分为以下不同的色系。

暖色系：以红色为基底色的颜色。如红、黄、金、橙、棕。

冷色系：以蓝色、绿色为基底色的颜色。如蓝、绿、紫。

中性色系：无基底色的颜色。主要有黑、白、灰三种。

（2）色彩的意义。

根据各类色彩特定的象征意义，人们赋予了色彩不同的文化内涵，使色彩成为某种主题的象征性符号。

红色：热情、奔放、喜庆、欢乐、吉祥、勇敢。

黄色：光明、愉快、和平、稳重、权威。

蓝色：宁静、智慧、深远、高尚、健康、开朗。

橙色：活力、温暖、温情、疑惑。

绿色：和平、安全、温柔、文静、平安。

黑色：庄重、神秘、严肃、深沉、黑暗、失望、永久。

紫色：华贵、典雅、端庄、委婉、不安。

白色：纯洁、明快、坦荡、冷酷。

灰色：平静、淳朴、谦逊、平凡、失意。

（3）色彩的感觉。

色彩会使人产生冷暖、轻重、扩缩等感觉，明亮的色彩会有一种近感、浅感和软感；暗的色彩会有一种远感、深感和硬感。人们看到红、橙、黄色时会产生热感、兴奋感；看到绿、蓝、紫色时则会产生冷感、沉静感；看到黑、深灰等深色时往往会产生重感、收缩感；而看到浅色时，则会产生轻松感、膨胀感。

2. 色彩的配搭

（1）对比色搭配。

对比色搭配指两个相对或相隔较远的颜色相配，色彩之间会形成鲜明的对比。如红与绿，黑与白，青与橙等颜色的搭配。日常生活中，我们常看到的是黑、白、灰与其他颜色的搭配，黑、白、灰为中性色系，无论它们与哪种颜色搭配，都不会出现大的问题，因此有黑白搭配为永恒的经典之说。

（2）协调色搭配。

协调色搭配指两个比较接近的颜色或深浅、明暗不同的同一类颜色的搭配。比如：藏青色配天蓝色，墨绿色配浅绿色，橙红色配紫红色，深灰色配浅灰色等。协调色搭配的服装会使人显得柔和文雅。

五、知识拓展

正装西装和休闲西装的区别：色彩、款式、面料

1. 颜色。从色彩的角度来讲，正装西装的基本特点是颜色是单色的、深色的。一般以蓝色、灰色居多，有时候也有咖啡色和黑色，但是黑色西装一般是当做礼服穿着的；休闲西装，色彩上相对丰富，可以是单色的，也可以是艳色的，还可以是多色的。

2. 面料。正装西装一般都是纯毛面料，或者是含毛比例比较高的混纺面料。这种面料悬垂、挺括、透气，显得比较高档、典雅；而休闲西装的面料有麻的、皮的和棉的。

3. 款式。正装西装是套装，而休闲西装可以是单件。套装是色彩统一、面料统一、款式风格一致的，而休闲西装则可以单件搭配。

六、应用与考核

（一）案例分析

国内一家效益很好的大型企业的总经理叶明，经过多方努力与上级有关部门的牵线搭桥，终于使德国一家著名的家电企业董事长同意与自己的企业合作。谈判时为了给对方留下精明强干，时尚新潮的好印象，叶明上身穿了一件T恤衫，下身穿了一条牛仔裤，脚上穿了一双旅游鞋。当他精神抖擞、兴高采烈地带着秘书出现在对方面前时，对方瞪着不解的眼睛上下打量了他一会儿，非常不满意。这次合作最终没能成功。

你认为叶明与德国家电企业合作失败的原因是什么？

（二）模拟训练

练习领带的不同系法，在此基础上比较不同系法的效果，并尝试搭配不同款式、不同色彩的衬衫。然后请同学们对练习者的搭配效果进行评议。

要求：全班同学参与，分成几个不同的实训小组，互评打分。

任务三 仪态礼仪

一、任务提出

> 在某旅游公司的客户接待室来了两个咨询旅游线路的游客,她们刚想开口咨询,却又眉头紧锁,好像对眼前的景象不是很满意。三张办公桌上的业务员都是东倒西歪的样子,有的斜靠在桌前看报纸,有的半躺在椅子里接电话,有的用双手托着下巴、胳膊支在桌上聊天,游客相互交换了下眼神,同时退出了这家旅游公司的接待室。
> 在社交场合,个人仪态礼仪的作用是什么?

二、教学实施建议

先请全班同学讨论分析仪态礼仪的重要性,再请几位同学进行角色模拟表演,表演后分组讨论表演同学的优缺点。

三、任务分析

1. 个人仪态礼仪在服务礼仪中占有举足轻重的作用。
2. 作为接待方应该"站有站相,坐有坐相",以体现职业的干练精神。
3. 窗口单位的办公用品应摆放整体,体现工作单位的井然有序。

四、知识要点

得体恰当的形体语言会为你的职业生涯带来成功。或许一次善意的微笑,一次真诚的目光交触,都可以赢得他人的信任和理解,甚至获得成功。在人际沟通中,形体语言非常重要。

(一)仪态美的含义

仪态又称体态,是指人在行为中的身体姿态和风度。仪态比相貌更能表现人的精神气质,而且它往往比语言更真实、更富有魅力。姿态是身体所表现的样子,风度则是内在气质的外在表现。仪态属于人的行为美学范畴,它既依赖于人内在气质的支撑,同时又取决于个人是否接受过规范和严格的体态训练。英国哲学家培根说:"在美的方面,相貌的美,高于色泽的美,而秀雅合适的动作又高于相貌的美。"在人际沟通与交往过程中，仪态充当着极为重要、有效的交际工具，它用一种无声的语言向人们展示出一个人的道德品质、礼貌修养、人品学识、文化品位等方面的素质与能力。

1. 仪态的特点

仪态作为无声的语言，在人际交往中，具有以下三大特点：

（1）连续性：指行为举止过程的连续和不可分割。

（2）多样性：指用各种举止并行传递统一的信息。

（3）可靠性：相对于口头语言而言，体态语言更多的是无意识的，因而对人的内心世界的反映更加可信。

2. 仪态的功能

（1）表露：可以表达口语难以表达的信息。

（2）替代：可以替代口语直接与对方交流沟通。

（3）辅助：可以辅助口语，使人"言行一致"，思想得以强化并表达得更清楚、更深刻。

（4）调节：可以发出暗示，调节双方关系，使对方做出积极反应。

所以，在人际交往中温文尔雅、从容大方、彬彬有礼、文明规范的举止行为是十分重要的。

（二）站、坐、走、蹲的姿态

1. 站姿

站立是生活中最基本的一种举止。正确健美的站姿给人以挺拔笔直、舒展俊美、精力充沛、积极进取、充满自信的感觉。古人对人体姿势有形象的要求："站如松，坐如钟，行如风，卧如弓。"至今，从仪态美的角度分析，这些说法仍然适用。

（1）站姿的标准。

正确的站姿，从正面看，身形应当正直，头、颈、身躯和双腿应与地面垂直，双肩平行放松，两臂和手在身体两侧自然下垂，掌心向内自然轻触裤缝，或将右手搭在左手上，贴在腹部。身体的重心在双足的跟部。两眼平视前方或注视交往的对方，精神饱满，面带微笑，胸部稍挺，腰背不弯，整个形体显得庄重、平稳、自信而有力度。站立时间较长，可以以一腿支撑，另一腿稍稍弯曲，保持稍息姿态，但上身要始终保持挺直。

由于性别的差异，在站姿仪态方面，男女的要求也不同。男性的立姿要稳健、挺拔、收腹、抬头、双肩放松齐平，双臂自然下垂，显示出男性刚健、强壮、英武、潇洒的风姿；女性则要求立姿柔美，抬头、挺胸、收腹，好像有带子从上方把头部拉起，双脚成V字形，膝盖和脚后跟尽量靠拢，或者一只脚略向前，一只脚略靠后，这些站姿虽然规矩但不要僵直硬化，肌肉不能太紧张，可以适当地变化姿态，追求动感美。所谓"亭亭玉立"，表现的就是女性轻盈、妩媚、娴静、典雅的韵味。

(2) 站姿的训练。

优美的站姿是可以练出来的。练站姿要把握的要领是，平（头和肩膀要平正，两眼要平视）、直（腰直、腿直；后脑勺、背、臀、脚后跟要成一条直线）、高（中心上拔，尽可能使人显高）。

训练的方法主要有以下四个方面。

① 靠墙训练。优美站姿的形成必须经过针对性、系统性的场景训练。站姿训练刚开始可采用靠墙站立的方式，训练直立、头正、梗颈、展肩、立腰、挺胸、收腹、提臀、直腿、平视、微笑等基本要领。靠墙站立时，双脚距离与双肩宽度要一致，脚后跟、小腿肚、臀部、双肩、头部、背部要贴墙。一般 15 分钟为一个训练时间段，每次训练一个小时左右。而更重要的还是平时要不断规范，养成良好习惯。

② 顶物训练。可以把书本或轻的小平板放在头顶，头部、躯体自然保持平衡，对身体的各个部位进行训练，重点纠正低头、仰脸、头歪、头晃、左顾右盼等毛病。

③ 照镜训练。按照站姿的要领及标准发现问题，及时调整。站姿训练每天控制在 20 分钟左右，训练时最好配上轻快的音乐来调整心情，克服单调感，减轻疲劳感。

④ 要领训练。训练时应注意头颈、身躯和双腿与地面垂直，两肩相平；两臂在身体两侧自然下垂；下颌微收，两眼平视前方；挺胸收腹，使整个体形显得庄重平稳。男士站立时，双脚可微微张开，但不要超过肩宽。两手自然下垂放于体侧，中指压裤缝或两手背于体后交叉。女士站立时，双脚应呈"V"形，膝和后跟应紧靠，身体重心应尽量提高，双手在腹前交叉。

2. 坐姿

端庄优美的坐姿给人以文雅、稳重、大方的感觉，也能直观地体现个人的气质和风度。坐姿包括入座、离座和坐定几个环节。

(1) 坐姿的标准。

正确的坐姿，要求人们在其身后没有任何依靠时，上身应挺直，稍向前倾，摆正肩头，两臂贴身自然下垂，两手自然弯曲放在膝部或大腿上。男士的坐姿要双膝并拢或微微分开，两脚自然着地。无论是坐椅子还是坐沙发，最好不要坐"满"，要留有余地，以表示对对方的恭敬和尊重，眼睛正视对方，面带微笑。

女士的坐姿应温文尔雅，自然轻松，要挺直腰背，手臂放松，双腿并拢，目视于人。也可将左手掌搭在腿上，右手掌再搭在左手背上。坐姿要温文尔雅，自然轻松。头部端正，双目平视，面带笑容，下颌微收，脖子挺直，不能出现仰头、低头、歪头、扭头等情况。

(2) 几种基本坐姿。

男女均可采用的坐姿：

① 正襟危坐式。

上身与大腿，大腿与小腿，小腿与地面，都应当成直角，双膝双脚并拢（男性双腿之间可适度留有间隙）。这是最传统的坐姿，特别适合正规场合。

② 大腿叠放式。

两条腿在大腿部分叠放在一起，位于下方的一条腿垂直于地面，脚掌着地，位于上方的另一条腿的小腿适当向内收，同时脚尖向下。女性着短裙时不宜采用这种姿势。多适用于非正式场合。

③ 双脚交叉式。

双脚交叉，交叉后的双脚可以内收，也可以斜放，但不可以直向前方远远伸出去。它适用于各种场合。在公车上或在自己的办公桌前都可以采取这种坐姿，感觉比较自然，但随时都要注意膝盖不可分开。

④ 前伸后屈式。

双腿适度并拢，左腿向前伸出，右腿向后收，两脚脚掌着地。适用于非正式场合。

女士采用的坐姿：

① 双腿斜放式坐姿。

分左斜放和右斜放式，在基本坐姿的基础上，左脚向左平移一步，左脚掌内侧着地，右脚左移，右脚内侧中部靠于左脚脚跟处，右脚脚掌着地，脚跟提起，双腿靠拢斜放。两膝始终相靠。

② 双腿交叠式坐姿。

它适用于女士在正式或非正式场合采用，尤其适合穿短裙子的女士采用。造型极为优雅，有一种大方高贵之感。双腿一上一下交叠在一起，两腿之间没有间隙，双腿或斜放于左侧或斜放于右侧，腿部与地面约呈45°夹角，叠放在上的脚尖垂向地面。

③ 微微张开双脚的坐姿。

膝盖靠拢，两脚稍微张开的坐姿，也是可变化的坐姿之一。尤其在自己不受注目的场合，就可以做这种程度的放松，但两脚距离不能超过肩宽。

（3）坐姿的训练。

训练时要求上身挺直，腿姿优美。同时还要注意入座和离座两个环节的训练。

在社交场合，入座要符合以下礼仪：讲究顺序；礼让尊长；注意方位；从左入座；主动致意；背对座椅；落座轻稳。

3. 走姿

一个人的走姿能决定这个人给人的整体印象，人总是运动着的，站立的姿势、走路的姿势都美的人，举手投足散发的高贵魅力要比一个人的外貌美更有吸引力。

（1）走姿的标准。

行走总的要求是轻盈、自如、稳健、大方、有节奏感。

头正、颈直、下颌微收，目光平视前方。挺胸收腹，直腰，背脊挺直，提臀，上体微向前倾。肩平下沉，手臂放松伸直，手指自然弯曲，摆动两臂时以肩关节为轴，上臂带动前臂呈直线前后摆动。两臂前后摆幅约30°。提髋、屈大腿带动小腿向前迈步，脚跟先触地，身体重心落在前脚掌上。身体重心的移动，主要是通过后腿后蹬将身体重心推送到前脚掌，从而使身体前移。前脚落地和后脚跟离地时，两脚内侧着地的轨迹不在一条直线上，而是在两条直线上，呈平行线行走。

（2）不良的走姿。

不良的走姿主要有：行走时，弯腰驼背，含胸挺腹，走"外八字"或"内八字"；摇头晃脑，扭腰摆臀，勾肩搭背，嬉笑打闹，粗鲁无礼等。

（3）走姿的训练。

① 顶书训练。

将书置于头顶，面对镜子，行走时双臂自然摆动，保持头正、颈直、目不斜视，可以纠正走路摇头晃脑、东瞧西望的毛病。

② 步位、步幅训练。

在地上划一直线，行走时检查自己的步位和步幅是否正确，可以纠正"外八字""内八字"及脚步过大或过小的毛病。

③ 步态综合训练。

训练行走时各种动作要协调，最好配上节奏感较强的音乐，注意掌握好走路时的速度和节拍。保持身体平衡，双臂摆动对称，动作协调。

4. 蹲姿

蹲姿是人的身体在低处取物、拾物或整理自己鞋袜时所呈的姿态，它是人体静态美和动态美的结合。蹲是由站、立的姿势转变为两腿弯曲和身体由高向下降的姿势。如要拾取掉在地上的东西或取低处的物品时，就必须采用蹲姿，为了使蹲姿得体，应该注意蹲姿的基本规范。

标准的蹲姿：

① 交叉式蹲姿。

交叉式蹲姿的基本特点是蹲下后双腿交叉在一起，这是一种优美典雅的蹲姿，特别适用于穿短裙的女士。交叉式蹲姿为左脚在前，右脚在后，左小腿垂直于地面，全脚着地。左腿在上，右腿在下，两者交叉重叠，右膝从后下方伸向左前侧，右脚跟抬起，脚掌着地，两脚前后靠近，合力支撑身体。

② 高低式蹲姿。

高低式蹲姿的基本特点是双膝一高一低。主要要求在下蹲时左脚在前，完全着地，小腿基本垂直于地面；右脚稍后，脚掌着地，脚跟提起；右膝低于左膝，右腿左侧可靠于左小腿内侧，形成左膝高、右膝低的姿势。臀部向下，上身微前倾，基本上用左腿支撑身体。这种蹲姿男女均可适用，但女士应注意靠紧双腿，男士两腿之间可有适当的距离，服务人员选用这种蹲姿既方便，又优雅。

③ 半蹲式蹲姿。

半蹲式蹲姿的基本特点是身体半立半蹲。主要要求是在蹲下之时，上身稍许下弯，但不宜与下肢构成直角；臀部必须向下，而不能撅起；双膝可微微弯曲，其角度可根据实际需要有所变化，但一般应构成钝角；身体的重心应放在一条腿上，而双腿之间不宜分开过大。

无论采用何种蹲姿，女士都应注意将两腿靠紧，臀部向下，使头、胸、膝关节不在同一个角度上，以塑造典雅优美的蹲姿。

（三）表情

表情主要是指面部情感体验的反应，是人们内心世界的外在表现，它反映着人们的思想、情感及心理活动与变化，是人们评价仪表美的重要依据。

其中，眼神和微笑是面部表情中最重要的两个方面。

1. 眼神

（1）眼神的基本礼仪。

眼睛是心灵的窗户，眼睛是连接情感的纽带。

在与人交谈沟通时双眼要正视对方的双眼。如果眼睛四处乱看，对方很可能觉得你注意力不集中，或是感到不被尊重。不敢正视对方的双眼，更是一种不自信的表现。

社交活动中，眼神运用要反映一定的礼仪范畴。在与人交谈时，目光应该注视着对方，要注意时间的规律。与别人谈话时眼睛注视对方的时间应约占谈话时间的三分之二。

（2）正式场合应该避免的不良眼神。

忌上下打量他人或将目光绕过他人头顶向上看。

忌盯住对方尤其是异性某一部位"用力"看，更不要盯住对方身体有缺陷的部位看。

在与对方交谈时，忌左顾右盼、东张西望，或不停地看时间。

2. 微笑

微笑是有自信心的表现，是对自己的魅力和能力抱积极态度的表现。微笑可以使人感到温暖、亲切、友善和愉快，有效缩短双方的距离，从而带来融洽平和的气氛。面对各种场合，如果能用微笑来接纳对方，可以反映出你良好的修养和诚挚的胸怀。

微笑可以看成是面部所有器官和肌肉的同时运动：眼睛有神，眉毛上扬，鼻翼张开，脸肌收拢，嘴角上翘，做到眼到、眉到、鼻到、肌到、嘴到，这样才会亲切可人，打动人心。

微笑的要求：

微笑应该是发自内心的，要笑得真诚、适度、适宜。

① 真诚微笑。

微笑是一种心情的调节，是内心情感的自然流露，绝不是故作笑颜、假意奉承。发自内心的微笑既是一个人自信、真诚、友善、愉快的心境表露，同时又能营造明朗而富有人情味的氛围。发自内心的真诚微笑应是笑到、眼到、心到、意到、神到、情到。

② 适度微笑。

微笑虽然是人们交往中最有吸引力、最有价值的面部表情，但也不能随心所欲，不加节制。微笑的基本特征是齿不露、声不出，既不要故意掩盖笑意、压抑喜悦，也不要咧着嘴哈哈大笑。笑得得体、笑得适度，才能充分表达友善、诚信、和蔼、融洽等美好的情感。

③ 适宜微笑。

微笑是全世界通用的语言，微笑要适宜，如在庄重、严肃的场合不宜笑；当别人做错了事、说错了话时不宜笑；当别人遭受重大打击、心情悲痛时不宜笑。微笑要注意对象，两人初次见面，微笑可以拉近双方的心理距离；同事见面点头微笑，显得和谐融洽；服务员对顾客微微一笑，可以表达出服务的热情与主动。

五、知识拓展

手势的含义

手势也是人们交往时不可缺少的动作，是最有表现力的一种"体态语言"。手的魅力并不亚于眼睛，甚至可以说手就是人的第二双眼睛。手势表现的含义非常丰富，表达的感情也非常微妙复杂。如招手致意、挥手告别、拍手称赞、拱手致谢、举手赞同、摆手拒绝；手抚是爱、手指是怒、手搂是亲、手捧是敬、手遮是羞等。手势的含义，或是发出信息，或是表示喜恶、表达感情。能够恰当地运用手势表情达意，会为交际形象增辉。掌握正确的手势礼仪，首先要求我们在使用手势礼仪时务必注意以下事项：

(1) 在交往中，为了增强说话者的语言感染力，一般可考虑使用一定的手势，但要切记手势不宜过多，动作不宜过大，切忌"指手画脚""手舞足蹈"。

(2) 打招呼、致意、告别、欢呼、鼓掌属于手势范围，应该注意其力度的大小、速度的快慢、时间的长短，不可过度。鼓掌是表示欢迎、祝贺、赞许、致谢等的礼貌举止。鼓掌的标准动作应该是用右手掌轻拍左手掌的掌心，鼓掌时不应戴手套，宜自然，切忌为了使掌声大而使劲鼓掌，应自然终止。鼓掌要热烈，但不要"忘形"，一旦忘形，鼓掌的意义就发生了质的变化而成了"喝倒彩""鼓倒掌"，有起哄之嫌，这样是失礼的。

(3) 在任何情况下都不要用大拇指指自己的鼻尖和用手指指点他人。谈到自己时应用手掌轻按自己的左胸，那样会显得端庄、大方、可信。用手指指点他人的手势是不礼貌的。

(4) 一般认为，掌心向上的手势有诚恳、尊重他人的含义；掌心向下的手势意味着不够坦率、缺乏诚意等；攥紧拳头暗示进攻和自卫，也表示愤怒；伸出手指来指点，是要引起他人的注意，含有教训人的意味。

(5) 有些手势在使用时应注意区域和各国的不同习惯，不可以乱用。因为各地习俗迥异，相同的手势表达的意思有所不同，有的甚至大相径庭。

六、应用与考核

(一) 案例分析

一位人事部长带着三位刚从各分公司推选出来的业务骨干去见总裁，因为总裁要从这三位业务骨干中挑选出一个当业务经理。三位年轻人进入总裁办公室时，总裁还没有到，人事部长请三位年轻人稍等。一会儿总裁来到了办公室，只见两位年轻人坐在沙发上，一个跷起"二郎腿"，而且两腿不停地来回抖动，另一个身子松懈地斜靠在沙发一角，两手攥握手指咯咯作响，只有一个年轻人端坐在椅子上等候面试，总裁非常客气地对两位坐在沙发上的年轻人说："对不起，选拔已经有结果了，请退出。"两位年轻人四目相对，不知何故。

讨论：选拔怎么什么都没问就结束了？请分析其中的缘故。

(二) 模拟训练

请同学们分组进行情景剧表演，如应聘场景、接待场景等。然后请同学们对情景剧表演中的个人仪态礼仪进行评议。

要求：全班同学参与，分成几个不同的实训小组，互评打分。

项目二 会面礼仪

技能目标

通过本项目的学习，使学生掌握会面礼仪的基本理论知识，熟悉会面礼仪的注意事项，认识会面礼仪活动的规范。

素质目标

能熟练、规范地运用会面礼仪进行交际，提高自身形象；会面中行为得体，给交往者留下良好印象。

任务一 称呼与问候礼仪

一、任务提出

在某公司里，员工小张走到楼梯口时，看到李经理和一位中年女士迎面走来。李经理是小张所在部门的经理，平常和员工关系很好，私下员工们都叫他小李。这天小张在匆忙下楼时碰到李经理和一位不认识的女士迎面走过来，小张走上去拍拍李经理的肩膀："小李同志去哪呀，先让一下，哥们儿急着上厕所。"然后就急匆匆地下楼了。

请同学们讨论一下小张哪些地方做得不妥，并根据以上背景，现场模拟一下双方见面时称呼与问候的情景。

二、教学实施建议

1. 教师介绍模拟实训的内容、情景和要求。
2. 找几位同学模拟以上情境，示范称谓礼仪。
3. 其他同学和教师共同点评，纠正不正确、不合适的称谓和问候方式。
4. 教师强调称呼和问候礼仪的注意事项。

三、任务分析

1. 职场中称呼的注意事项。
2. 有其他人在场时，应该一起问候。
3. 进出楼梯时应该让上级和女士先走。

四、知识要点

会面礼仪，通常是指在各种场合下与别人相见时应遵守的基本礼仪。在会见他人时，掌握见面礼仪会给对方留下深刻而又美好的印象，直接体现出施礼者良好的修养。尤其是以主人的身份在工作岗位上会见来访的客人时，既要对对方热情、友好，又要讲究基本的礼节。需要掌握的常用见面礼有：称呼、问候、介绍、握手、递送名片等。人人皆须掌握最基本的见面礼节。

（一）称呼

称呼，一般是指人们在交往应酬中彼此之间所采用的称谓语。选择正确的、适当的称呼，既反映自身的文化素质，又体现对他人的重视程度，甚至有时还体现着双方关系发展的具体程度，因此称呼语不能随便乱用。选择称呼要合乎常规，要照顾被称呼者的个人习惯，还要注意场合。按照不同的场合来分，可将其划分为日常生活中的称呼和正规场合中的称呼。

1. 日常生活中的称呼

在日常生活中，对他人的称呼应当亲切、自然、准确、合理。

（1）对亲属的称呼。

对自己的亲属，一般应按约定俗成的称谓称呼，但有时为了表示亲切，不必拘泥于称谓的标准。如对公公、婆婆、岳父、岳母都可称为"爸爸""妈妈"，以表示自己与对方不见外。对外人称呼自己的亲属，要用谦称。如"家父""家母""舍弟""舍妹""小儿""小婿"等。对他人的亲属，应采用敬称，如"尊母""贤妹"；对待其晚辈也可以直呼其名，或使用爱称、小名，如"毛毛""小宝"等；若在其亲属的称呼前加"令"字，一般可不分辈分与长幼，如"令尊""令爱"。

（2）对朋友、熟人的称呼。

对朋友、熟人的称呼，既要亲切、友好，又要不失敬意。对朋友，熟人一般可通称为"你""您"。对长辈、平辈，为了表示自己的恭敬之意称其为"您"，对待晚辈称"你"就可以了。对有成就者、有身份者以及教育界人士等，可称之为"老师""先生"。对德高望重的年长者、资深者，可称之为"公"或"老"，如"郭老""刘公"，以示尊敬。

平辈的朋友、熟人，均可彼此之间以姓名相称，也可以视年龄大小在姓氏前加"老""小"相称不称其名，还可以直呼其名，如"老刘""小王""建国"。对于邻居、至交，有时可采用"大爷""大妈"等类似有血缘关系的称呼，这会让人产生亲切感、信任感。

（3）对普通人的称呼。

在现实生活中，对关系普通的交往对象，称呼要适当。在我国，不论对何种职业、年龄、地位的人都可称作"同志"，但要注意，港、澳、台地区的朋友见面时一般不用此称呼。也可以用"先生""女士""夫人"相称。再就是以其职务、职称相称。

总之，生活中的称呼要入乡随俗，采用对方理解并接受的称呼相称。

2. 正规场合中的称呼

正规场合要求人们彼此之间的称呼要庄重、正式、规范。

（1）称呼行政职务。

在人际交往中，尤其是在对外界的交往中，此类称呼最为常用。表示交往双方身份有别，敬意有加。具体来说又分为三种情况：一种是仅称职务，例如"书记""主任"等；第二种是在职务之前加上姓氏，例如"梁处长""周经理"等；第三种是在职务之前加上姓名，这仅适用极其正式的场合，例如"张国民院长""王志远书记"等。

（2）称呼技术职称。

对于具有技术职称者，在工作中可直称其技术职称，以表示庄重、尊敬。如"教授""律师""工程师"等。同样可以再在职称前加上姓氏或加上姓名。例如，"吴工程师""王华教授""杜芳主任医师"等。

（3）称呼职业名称。

一般来说，直接称呼被称呼者的职业名称，往往都是可行的。例如"老师""教练""律师""警官""医生"等。

（4）称呼对方学衔。

以学衔作为称呼，可增加被称呼者的权威性，有助于增强现场的学术气氛。例如，"博士""杨博士""杨静博士"。也可以将学衔具体化，说明其所属学科，并在其后加上姓名。例如，"史学博士张梅""工学硕士郑维"等，此种称呼最为正式。

（5）称呼对方姓名。

称呼同事、熟人，可以直接称呼其姓名，以示关系亲近。也可只呼其姓，不称其名，在姓前面加上"老""小"；还可只称其名，不呼其姓，通常限于同性之间，尤其是上级称呼下级、长辈称呼晚辈之时。在亲友、同学、邻里之间，也可使用这种称呼。但对尊长、外人显然不可如此。

（6）称呼通行尊称。

通行尊称，它通常适用于各类被称呼者。诸如"同志""先生"等，都属于通行尊称。不过，其具体适用对象也存在差别。

对商界、服务业从业人员，一般约定俗成地按性别的不同分别称呼为"女士""先生"。其中，对不明确其婚否的女性最好称"小姐"或"女士"，不要称呼"夫人"。在公司、外企、宾馆、商店、餐馆等场合中，这种称呼都通行。

3. 正规场合称呼禁忌

（1）称呼庸俗、简化。

譬如在会场上称呼牛头、杨编、张局、王处等，显得不伦不类，又不礼貌。

（2）称呼他人绰号。

这样容易让旁听者感到诧异或不舒服，让被称呼者羞辱难堪。

（3）称呼私人关系。

"兄弟""哥们儿"等一类的称呼，虽然听起来亲切，但不适宜正式场合。

（4）使用地域性称呼。

如小鬼、老爷子等称呼，在一些地方是尊称、爱称，然而换了地方意思就不一样了。

（二）问候

问候，亦称问好、打招呼，它是人们相见时以语言向对方进行致意的一种方式，是促进情感交流的最直接的方式。作为交谈的"开场白"，恰当的问候可以体现一个人良好的文化修养，并且可以缩短人与人之间的距离。

1. 问候的次序

在正式会面时，宾主之间的问候，在具体的次序上有一定的讲究。

（1）位低者向位高者问候。

例如学生向老师问候、员工向经理问候。

（2）年幼者向年长者问候。

如两个职位相同的同事之间的问候，通常年幼者应首先问候年长者。

（3）一人向多人问候。

应由尊至卑、由长至幼、由近至远地依次进行，也可以笼统地加以问候。

2. 问候的态度

（1）主动。

问候他人，应该积极、主动。当他人首先问候自己之后，应立即予以回应。

（2）热情。

在问候他人时，通常应表现得热情而友好。避免毫无表情，给人以冷漠、虚假的感觉。

（3）自然。

问候他人时必须表现得自然而大方。不要矫揉造作、神态夸张，或者扭扭捏捏，给他人不好的印象。

(4) 专注。

在对其他人进行问候时，应当面含笑意，以双目注视对方的两眼，以示口到、眼到、意到，专心致志。

3. 问候的语言

不同情境下应使用不同的问候语。

初次见面可以说："您好！认识您很高兴。"

如以前认识、相别甚久，可以说："你好吗？好久不见了。"

如运动员参加比赛可以说："祝你们比赛取得好成绩。"

如是节日，可问候"祝您圣诞节快乐""祝您新年快乐"。

对生病的朋友要多加关心，应说："希望你早日康复。"

五、知识拓展

（一）不同国籍的问候语

不同的国家或民族有不同的问候语。中国人往往是从担心朋友健康的角度表示关心问候，而西方人则从祝愿朋友健康的角度表示关心，言殊意同。

例如，欢迎问候语，我们中国人常说"您路上辛苦了"之类的话；若对外宾用这种欢迎用语，外国人就不习惯也不理解，他会想："我一路的旅行都非常愉快，没觉得辛苦，你为什么这样说呢？"所以应该这样说："您一路很愉快吧？欢迎您到北京来。"又例如，当我们看见朋友面色苍白时就会关心地问："你是否病了？"而西方人则往往会说："你脸色有些苍白，你挺好吗？"如果对方表明身体不太舒服或感冒了，我们就会关心地说："多喝些开水，穿暖和点"等，但若你对西方人士这样说，他们会认为你在以监护人高高在上的语气教训人。这对于有强烈独立意识的西方人士来说是难以接受的。这种情况下我们可以说："听到你病了我很难过。我真诚希望你很快好起来。"如果对方否认自己身体有任何不适，就不宜继续谈这个话题，免得使对方不愉快。

现在熟人之间问"一早去哪儿呀？""吃饭了吗？"我们习以为常地认为这是问候打招呼，会使人感觉到亲切友好。但如果你见到一些外国友人，你也这样问他们，常会被理解为"要请我吃饭""讽刺我不具有自食其力的能力""多管闲事""没话找话"，从而引起误会。另外，我们中国人送客的时候，主人说"慢走"，客人说请主人"留步"，这些话你如果直接翻译过去，也会使外国人感到困惑，心想，我就要走了，怎么还叫我慢走，是不是叫我不要走呀？这样就会感到有疑问。同样，英国人、美国人习惯说"so long"（到此为止），也就是再见的意思，如果我们认为"so long"指就这么长，也会感到困惑。所以我们在跟外国人打交道的时候，最好是用国际上习惯的打招呼用语，与世界潮流"接轨"，否则就难以适应世界各国的交流。

为了避免误解，统一而规范，我们通常应以"您好""忙吗"为问候语，最好不要乱说。牵涉个人私生活或禁忌等方面的话语不要随便问，否则会令对方反感。

（二）各国习惯用的招呼用语

（1）阿富汗。阿富汗人无论在繁华的都市，还是在偏僻的乡村，亲友、熟人相逢时，说的第一句话是"愿真主保佑你！"

（2）日本。日本人平时见面以"您早""您好""请多多关照""拜托您了""失陪了"等短语互相招呼，但不能问"您吃饭了吗"。

（3）蒙古。蒙古人主客相见是互相询问"牲畜好吧？"同辈相遇说声"您好"。

（4）老挝。老挝人相见常用的祝词有"愿您像鹿的角、野猪的颚骨和象的牙一样强壮""愿你活到千岁，象、马、粮食，应有尽有，金玉满堂""倘若你得了寒热病，愿它消失""愿你在世上万能""愿你长寿、健康、幸福而有力量"等。

（5）土耳其。土耳其每当亲戚朋友相会时，必须互道平安，然后说一句尊敬的客套话"托您的福"，否则对方会不高兴。当客人离去的时候，主人必定要说一句"请下次再来玩。"

（6）阿尔及利亚。阿尔及利亚是一个较开放的阿拉伯国家，朋友相见时总喜欢说一句"真主保佑你"。

（7）突尼斯。突尼斯人的问候语也是"真主保佑你"。

（8）美国人。美国是极其重视节约时间、提高效率的国家，人们连使用日常用语也注意节约时间。如"Hello"或"Hi"是熟人间常用的问候语，但要用于服务人员问候客人，就显得不够尊重。

六、应用与考核

（一）案例分析

1. 小白刚进入了一家新的单位，领导带他熟悉周围环境，并介绍部门的老同事给他认识。小白非常恭敬地称对方为老师，大多同事都欣然地接受了。

当领导把他带到一位同事面前，并告诉小白，以后就跟着这位同事学习，有什么不懂的就请教她时，他更加恭敬地称对方为老师。但这位同事连忙摇头说："大家都是同事，别那么客气，直接叫我名字就行了。"

你认为如何称呼对方合理呢？

2. 在酒店上班的耿总监与酒店门卫的关系处得好，平时进出酒店大门时，门卫都对耿先生以耿哥相称，耿先生也觉得这种称呼很亲切。这天耿总监陪同几位来自香港地区的客人一同进入公司，门卫看到耿先生一行人，又热情地打招呼道："耿哥好！几位大哥好！"谁知随行的香港客人觉得很诧异，其中一位还面露不悦之色。

请同学们讨论为什么门卫平时的亲切称呼，在这时却让几位香港客人诧异甚至不悦，门卫的称呼有何不妥，应该如何称呼？

(二) 模拟训练

假如你是某公司新上任的营销部经理，你将去参加某一产品的研讨会，在会面时你应如何灵活、恰当地称呼他人，并与对方打招呼问候呢？

要求：

(1) 教师介绍模拟实训的内容、情景和要求。根据模拟实训的情景分组，每组6人左右。

(2) 找同学示范常用的称谓及使用称谓的注意事项，教师纠正不正确、不合适的称谓和问候方式。

(3) 确定模拟实训的角色：营销部经理、熟人、客户公司的领导、年长的先生、年长的女士、年轻的先生、年轻的女主持人。

(4) 给小组2分钟时间讨论本角色对其他角色的恰当称谓。

(5) 模拟称谓训练，分组进行；其他小组和教师共同点评，教师考核。

(6) 要恰当使用称呼。在称呼别人时，要讲究礼貌，常用的尊称有"您""贵""贤""尊"。

(7) 宾主之间的问候，在具体的次序上有一定的讲究。要注意问候的态度和语言。

(8) 要符合尊崇原则，对于职位比较高的同事或前辈，在称呼与问候时，要体现自己对对方的尊敬。

任务二 握手与鞠躬礼仪

一、任务提出

任务1. 刘女士与徐先生在一次交易会上相遇，由于两人好久没见，徐先生大方、热情地向刘女士伸出手去，想与刘女士握手，没想到刘女士却不将手伸出来与之相握，甚至将手放进裤兜里，徐先生非常尴尬，不知所措。

如果你是徐先生或者刘女士，你会怎么做呢？

任务2. 请思考鞠躬礼的适用场合。

二、教学实施建议

请同学们思考，在这个情景中，交往双方都有什么问题。全班展开讨论，说出理由，应该如何处理，看看哪一种做法更好。再请几位同学面向全班进行握手和鞠躬礼的模拟表演。

三、任务分析

1. 握手礼仪适用的场合。
2. 握手的正确顺序及动作要领。
3. 鞠躬礼仪适用的场合。
4. 鞠躬礼仪的动作要领。

四、知识要点

（一）握手礼仪

握手礼在今天已经是最平常的礼节，它是一种友好的表示，是有代表性的问候动作。在国内外交往中，握手都是最为通行的会见礼节。

1. 握手方式

（1）伸手。

握手一般要用右手，用左手不礼貌，但左手可加握，也就是双手握对方右手，以示恭敬和热情，但男子对女子一般不用此种握法。握手还可右手握对方右手，左手抓住对方的右前臂或右肩膀，这种握法表示更亲密的关系，但英美等国忌拍肩搭臂。

在握手时，双方握手的先后顺序也很有讲究。一般情况下，讲究的是"尊者居前"。即通常应由握手双方之中的身份较高者首先伸出手来。具体而言：

女士同男士握手时，应由女士首先伸手；

长辈同晚辈握手时，应由长辈首先伸手；

上司同下级握手时，应由上司首先伸手。

宾主之间的握手则较为特殊。正确的做法是客人抵达时，应由主人首先伸手，以示欢迎之意；客人告辞时，则应由客人首先伸手，以示主人可就此留步。在正规场合，当某人有必要与多人一一握手时，既可以由"尊"而"卑"地依次进行，也可以由近而远地逐渐进行。

（2）姿势。

与人握手时，应起身站立，迎向对方，不要坐着与他人握手。如果你坐在办公桌后面，不要隔着办公桌与客人握手，要起身站出来与人握手。然后在距其1米左右伸出右手，握住对方的右手手掌，稍许上下晃动一两下。

在外交场合，握手时身体一般要稍稍向前欠一下，以示恭敬。与地位相等的人握手，除非需要特别表示谢意，一般不必弯腰，切忌又点头又哈腰的握手动作，这样有失身份。对长者或身份高的人，要求弯腰握手，以表尊敬。有些人握手时腰板笔挺，像块铁板，昂首挺胸凸肚，这样容易给人傲慢无礼、难以接近的印象。

（3）握法。

正确的握法是伸出右手，四指并拢，拇指张开，掌心相对，握住对方的手。握手时，尽量避免掌心向下握住对方的手，因为这往往显示着一个人强烈的支配欲，无声地告诉别人，他此时处于高人一等的地位，是种傲慢无礼的握手方式。最稳妥的握手姿势是两人的手掌都处于垂直状态。

（4）表情。

首先，态度要自然，面带微笑，同时问候对方。这种微笑是发自内心的喜悦和激情，喜形于色会使人望之可亲，假若面无表情、冷若冰霜，那会令人感到不安。其次，握手时精神要集中，认真、友好地注视对方的眼睛，但是不能过久地不停地打量对方，盯着人家眼睛一动不动，尤其是对女子不可贯注太强烈的感情，否则显得失礼。

（5）时间。

握手时间太短，表达不出热烈的情绪，彼此两手一接触随即松开，表明双方没有交往或进一步加深关系的欲望，纯粹是一种客套或应付。但如果时间过长，会使人感到局促不安。礼节性的握手时间以3秒钟左右为宜。一般情况下，握一下即可。如果关系亲近，可边握手边问候，两人双手可以较长时间地握在一起。但如果男子握着女子的手热情地说话，长时间不放，容易引起反感且影响形象。

（6）力度。

握手的时候，用力既不可过轻，也不可过重。握住对方的手，就是代表自己的心情、愿望和态度。因此，握手时轻重要适度，不能太重、太紧，同时又不能太轻、太无力。正确的握手是在相当于手掌高处结实地握一下，这表示诚意、决心和感激之情。

2. 多人握手

在日常生活中，常常会碰到很多人在一起握手。比如说在大的宴会、晚会上等，开场或结束时会有很多朋友同时在握手，遇到若干人在一起要握手致意时，握手的顺序应是先贵宾、老人，后同事、晚辈，先女后男。在众多的下级面前，可以只与主人及熟识的人握手，而其余的人则点头示意。还须注意的是，不要几个人竞相交叉握手，即越过另一双握着的手与另一个人握手。自己伸出手的时候，如果看到别人已经伸出手或者已经握住的时候，就要马上把自己的手缩回来，说一声对不起，然后等别人握完后，自己再伸出手去。

3. 握手的注意事项

（1）握手宜用右手，用左手握手被普遍认为是失礼之举。

（2）握手前要脱下右手手套。但也有例外，按国际惯例，身穿军服的男军人是可以戴着手套与女子握手的；另外，女子戴着礼服手套、穿着晚礼服的时候，可戴着手套握手。

（3）在握手时一定要提前摘下墨镜，不然就有防人之嫌。

（4）男子在户外，如果当时戴着帽子与人擦肩而过时，把帽子轻轻地抬一抬就可以了。如果要停下来谈话的时候，就要把帽子摘下来，拿在手里，然后再跟别人握手，等谈完了话，告别了，再戴上帽子离开。也有例外，军人戴军帽与人握手时，应先行举手礼，然后再握手。

（5）用双手与人相握，只有在熟人之间才适用。与初识之人握手，尤其当对方是一位异性时，两手紧握对方的一只手，是不妥当的。

（6）同一天多次见面不必再握手，可以点头致意，可以打个招呼，也可以微微一笑或者说句客套话："喂，我们又见面了。"

（7）注意手的卫生。在社交活动中，除了应注意自己仪容的整洁之外，同时也应该注意保持双手的卫生，用不干净或潮湿的手与人相握，是欠礼貌的。如果老人或者贵宾来到面前，并主动向你伸出手来，而你又恰巧正在干活，比如洗涤东西、擦弄油污之物等，你可以一面点头致意，一面亮出双手，简单说明一下情况，并表示歉意，以取得对方的谅解，同时赶快洗好手，热情招待。另外，如右手有皮肤病，包扎等不便，可以说明情况，点头致意。

（8）也不要在跨门槛甚至隔着门槛时握手。

4. 握手常见错误

（1）握手时应伸出右手，而不是双手或左手。

（2）握手时不能放一只手在口袋中。

（3）多人握手时从左开始依次握手，不能交叉握手。

（4）握手应站着，如有人走来和你握手，应马上站起来。

（5）男女是平等的，因此只握女士的手指尖是错误的。

（6）如果有人违反伸手顺序，也应客气地回礼，与之握手。

（7）不能戴手套握手，一边握手一边目视第三者并与之说话是对与之握手的人的不尊重。

（二）鞠躬礼仪

鞠躬即弯身行礼，是对别人尊重和敬佩的一种表达方式。它不仅仅是我国传统的礼仪之一，也是其他一些国家常用的礼节。鞠躬礼在东南亚一些国家较为盛行，如日本、朝鲜等。所以，在接待这些国家的外宾时，可以行鞠躬礼致意。

鞠躬，本意为不抵抗，相见时把视线移开，郑重地把头低下，告诉对方我对你不怀有敌意。

鞠躬礼是人们在生活中对别人表示恭敬的一种礼节，既适用于庄严肃穆、喜庆欢乐的仪式，也适用于一般的社交场合。在一般的社交场合，晚辈对长辈、学生对老师、下级对上级、表演者对观众等都可行鞠躬礼。领奖人上台领奖时，向授奖者及全体与会者鞠躬行礼；演员谢幕时，对观众的掌声常以鞠躬致谢；演讲者也用鞠躬来表示对听众的敬意。行鞠躬礼时，须脱帽、呈立正姿势、脸带笑容，目视受礼者。男士双手自然下垂，贴放于身体两侧裤线处，女士的双手下垂搭放在腹前。然后上身前倾弯腰，下弯的幅度可根据施礼对象和场合来决定。

鞠躬的深度视对受礼或被问候人的尊敬程度而定。一般弯15°左右表示致谢，弯30°左右表示恳切和歉意，弯45°表示格外的感激或致歉，弯60°表示非常的尊重，特殊情况下，如婚礼、悼念、谢罪等，方施90°的大鞠躬。

行鞠躬礼时，不仅要心诚，而且要注意以下几点：

（1）行鞠躬礼时面对客人，并拢双脚，视线由对方脸上落至自己的脚前1.5米处（15°礼）或脚前1米处（30°礼）。男性双手放在身体两侧，女性双手合起放在身体前面。

（2）头要正并且随着身体向下而自然向下，脖子也不要伸得过长。

（3）鞠躬时以腰为轴，以胸带动整个腰部、肩部向前倾斜。注意必须伸直腰、脚跟靠拢、双脚尖处微微分开，目视对方。然后将伸直的腰背，由腰开始的上身向前弯曲，上体保持一条直线，脖子不能弯。

（4）鞠躬前目光要自然地面对受礼者，弯腰时，目光自然向下，不要在行礼时趁机左顾右盼；鞠躬完毕后，目光还要注视对方一会儿，方可移开，不能鞠躬礼没进行完，目光已经看向别处。

（5）戴帽时，应脱帽行鞠躬礼。右手握住帽沿，将帽取下，左手自然下垂。

（6）鞠躬时，弯腰速度适中，之后抬头直腰，动作可慢慢做，这样令人感觉很舒服。

（7）受礼者在还礼时，可以不鞠躬，欠身点头即可。

五、知识拓展

服务时的鞠躬礼

（一）当与客人交错而过时，应面带笑容，可行15°的鞠躬礼，以表示对顾客的礼貌及打招呼。15°鞠躬礼的自查方式：眼睛是否看到前方1.5米处左右。

（二）当迎接或相送顾客时，可行30°的鞠躬礼。30°鞠躬礼自查方式：眼睛是否看到前方1米处左右。

（三）当感谢顾客或初次见到顾客时，可行45°的鞠躬礼以表示礼貌。

（四）90°的大鞠躬礼常用于悔过、谢罪等特殊情况。

六、应用与考核

（一）案例分析

1. 在一次接待某考察团到访的任务中，小董因与考察团团长熟识，作为主要迎宾人员陪同部门领导前往机场迎接贵宾。当考察团团长率领其他工作人员到达后，小董面带微笑热情地走向前，先于部门领导与团长握手致意，表示欢迎。小董旁边的领导面露不悦之色。

评价一下交际对象的社交礼仪行为有何不妥之处。

（二）模拟训练

鞠躬的深度视对受礼者或被问候人的尊敬程度而定。请你用不同程度的鞠躬分别表示致谢、恳切和歉意，格外的感激或致歉，非常的尊重。请学生分别模拟角色表演，全班同学评议。

任务三　介绍与名片礼仪

一、任务提出

在一次产品展销会中，客商云集，某广告公司的耿经理想要通过李经理认识当地知名企业集团的赵董事长、陈总经理（女士），李经理应该如何介绍他们认识？他们之间该如何交换名片？在交换名片的时候要注意哪些礼节？

二、教学实施建议

先请几位同学面向全班进行模拟表演，然后展开全班讨论，看看哪一种做法更好，说出理由。

三、任务分析

1. 介绍礼仪的正确顺序。
2. 介绍礼仪的语言及动作要领。
3. 递送名片礼仪。
4. 接受名片礼仪。

四、知识要点

（一）介绍礼仪

在人际交往中，特别是人与人之间的初次交往中，介绍是一种最基本、最常规的沟通方式，同时也是人与人之间相互沟通的出发点。

1. 自我介绍

自我介绍，就是在必要的社交场合，把自己介绍给其他人，以使对方认识自己。恰当的自我介绍，不但能增进他人对自己的了解，而且还能创造出意料之外的商机。

(1) 学会在不同场合、环境下用不同的方式进行自我介绍。

① 应酬式的自我介绍。

这种自我介绍的方式最简洁，往往只包括姓名一项即可。如"您好！我叫迈克。"

它适合于一些公共场合和一般性的社交场合，如途中邂逅、宴会现场、舞会、通电话时。它的对象，主要是一般接触交往的人。

② 工作式的自我介绍。

工作式的自我介绍的内容，包括本人姓名、供职的单位以及部门、担负职务或从事的具体工作三项。

a. 姓名。

应当一口报出，不可有姓无名，或有名无姓。

b. 单位。

供职的单位及部门，如有可能最好全部报出，具体工作部门有时可以暂不报出。

c. 职务。

担负的职务或从事的具体工作，有职务最好报出职务，职务较低或者无职务，则可报出目前所从事的具体工作。

举个例子，可以说"我叫唐果，是大秦广告公司的公关部经理"。

③ 交流式的自我介绍。

交流式的自我介绍也叫社交式自我介绍或沟通式自我介绍，是一种刻意寻求与交往对象进一步交流与沟通，希望对方认识自己、了解自己、与自己建立联系的自我介绍方式，适用于社交活动中。大体包括本人的姓名、工作、籍贯、学历、兴趣以及与交往对象的某些熟人的关系等。如："我的名字叫王光，是里润公司副总裁。10年前，我和您先生是大学同学。"

④ 礼仪式的自我介绍。

这是一种表示对交往对象友好、敬意的自我介绍，适用于讲座、报告、演出、庆典、仪式等正规的场合。内容包括姓名、单位、职务等项。自我介绍时，还应多加入一些适当的谦辞、敬语，以示自己尊敬交往对象。如"女士们、先生们，大家好！我叫董玉，是精英文化公司的部门经理。值此之际，谨代表本公司热烈欢迎各位来宾莅临指导，谢谢大家的支持。"

⑤ 问答式的自我介绍。

针对对方提出的问题，做出自己的回答。这种方式适用于应试、应聘和公务交往。在普通的交际应酬场合，也时有所见。举例来说，对方发问"这位先生贵姓？"回答

"免贵姓张，弓长张。"

（2）掌握好自我介绍的分寸。

想要在自我介绍中做到恰到好处、不失分寸，就必须高度重视下述几个方面的问题：

① 进行自我介绍一定要力求简洁，尽可能地节省时间。通常以半分钟左右为佳，如无特殊情况最好不要长于1分钟。为了提高效率，在作自我介绍时，可利用名片、介绍信等资料加以辅助。

② 自我介绍应在适当的时间进行。进行自我介绍，最好选择在对方有兴趣、有空闲、情绪好、干扰少、有要求之时。如果对方兴趣不高、工作很忙、干扰较大、心情不好、没有要求、休息用餐或正忙于其他交际之时，则不太适合进行自我介绍。

（3）自我介绍要讲究态度。

① 态度要保持自然、友善、亲切、随和，整体上讲求落落大方，笑容可掬。

② 充满信心和勇气。忌讳妄自菲薄、心怀怯意。要敢于正视对方的双眼，显得胸有成竹，从容不迫。

③ 语气自然，语速正常，语言清晰。生硬冷漠的语气、过快过慢的语速，或者含混不清的语音，都会严重影响个人的形象。

（4）自我介绍要追求真实。

进行自我介绍时所表达的各项内容，一定要实事求是，真实可信。

2. 介绍他人

介绍他人时最重要的是被介绍双方的先后顺序。标准的做法是"尊者居后"。也就是说，"尊者优先了解对方情况"。如：

将地位低者介绍给地位高者；

将年轻者介绍给年长者；

将男士介绍给女士；

将未婚者介绍给已婚者；

将家庭成员介绍给对方；

将我方人员介绍给顾客；

将主人介绍给客人。

当以上几种情况同时存在时，按照以上顺序介绍。

介绍某人时，先介绍姓名，再介绍职位。

重大的活动中，适合把身份高者、年长者和特邀嘉宾先介绍给大家。

3. 介绍集体

介绍集体时，被介绍双方的先后顺序依旧至关重要。在具体进行介绍时，双方的全体人员均应被正式介绍。它的常规做法，是应由主方负责人首先出面，依照主方在场者具体职务的高低，自高而低地依次对其进行介绍。接下来，再由客方负责人出面，依照客方在场者具体职务的高低，自高而低地依次对其进行介绍。如果是在宴会上，还可以按座次顺序进行介绍。

介绍时要注意自己的表情和动作，应先向对方点头致意，得到回应后再介绍。

1. 自我介绍的表情动作

自我介绍时必须充满自信，表情要自然，面带微笑，亲切友好地看着对方，要用眼神来表达自己的友善和关怀。同时在对方回答自己姓名时要全神贯注地倾听，这样才能让人产生信任和好感。正式场合男性自我介绍时可以稍欠一下身体，表示尊敬，女士则不必这样。

2. 被介绍者的表情动作

对于被介绍者，介绍过程中应真诚友好地看着对方。介绍时，如果你是身份高者或年长者，听他人介绍后，应立即与对方握手，表示很高兴认识对方。对于身份低者，应根据对方的反应来做出相应的反应。如对方主动伸手，你要立即将手伸出与对方相握。被介绍时，一般应起立。但在宴会桌上、会谈桌上介绍可不必起立，这时被介绍者只需微笑点头，相距近的人可握手，远的可举手示意。

3. 介绍者的表情动作

对于介绍者来说，介绍的手势动作要文雅，无论介绍哪一方，都应手臂弯曲，手心朝上，手背朝下，四指并拢，拇指张开，指向被介绍的一方，同时向另一方点头微笑，切忌伸出手指对着别人指来指去，那样是非常不礼貌的。

（二）名片礼仪

在社交场合，名片是自我介绍的一种简便的方式。名片是重要的交际工具，也是一个人身份的象征，当前它已成为人们社交活动中必不可少的联络工具，是具有一定社会性、广泛性，便于携带、使用、保存和查阅的信息载体之一。它直接承载着个人信息，担负着人们保持联系的重任。名片的使用是否正确，是影响人际交往成功与否的一个因素。

1. 名片的用途

（1）介绍自己。

与交往对象初次见面时，除了必要的口头自我介绍外，还可以将名片作为辅助的介绍工具。这样可以节省时间，强化效果。

（2）结交他人。

在人际交往中如欲结识某人，往往可以递送本人名片表示结交之意。因为主动递交名片给初识之人，既意味着信任友好，又暗含有结交之意。在这种情况下，对方一般会"礼尚往来"，将其名片也递过来，从而完成双方结识交往的第一步。

（3）保持联系。

利用他人在名片上提供的联络方式，可与对方保持联系，促进交往。

2. 名片的类别

根据名片用途、内容及使用场合的不同，名片可以分为社交名片和公务名片两类；而根据名片主人数量和身份的不同，名片又可分为个人名片、夫妇联名名片以及集体名片三类。在不同的场合，根据不同的需要，面对不同的交往对象时，应当使用不同的名片。

（1）社交名片。

社交名片，亦称私用名片或个人名片，指的是人们在工作之余，以私人身份在社交场合进行交际应酬时所使用的名片。社交名片的基本内容包括本人姓名、联络方式。

（2）公务名片。

公务名片，即正式使用于公务活动之中的名片。标准的公务名片，应包括归属单位及职务、本人姓名、联络方式等基本内容。身边如果没有公务名片，可用社交名片代替；但如果没有社交名片，则不能用公务名片代替，可见公务名片有着很强的公务性规范。

3. 名片的设计与制作

（1）规格材料。

目前我国通行的名片规格为 9 cm × 5.5 cm，而在国际上较为流行的名片规格则为 10 cm × 6 cm。名片通常应以耐折、耐磨、美观、大方、便宜的纸张作为首选材料，没有必要用太过高档昂贵的材料。

（2）色彩图案。

订制名片一般宜选用单一色彩的纸张，并且以米白、米黄、浅蓝、浅灰等庄重朴实的色彩为佳。名片上除了文字符号外不宜添加任何没有实际效用的图案。如果本单位有象征性的标志图案，则可将其印于归属一项的前面，但不可过大或过于突兀。

总之，名片是一个展现自己的小舞台，因此在它的设计上最好多花一点心思，使别人对你的名片喜欢多一点，印象深一点。

4. 名片的存放

名片的置放应注意：

（1）在参加商务活动时，要随时准备名片。携带的名片要数量充足，所带名片要分门别类，根据不同交往对象使用不同名片。另外，名片要保持干净整洁，切不可出现折皱、破烂、污损、涂改的情况。一般名片都放在衬衫的左侧口袋或西装的内侧口袋，也可放在专用的名片包、名片夹里。不要放在裤子口袋里。放置名片的位置要固定，以免需要名片时东找西寻。

（2）要养成检查名片夹内是否还有名片的习惯。公文包以及办公桌抽屉里，也应经常备有名片，以便随时使用。

（3）接过他人的名片看过之后，切不可随意摆弄或扔在桌子上，也不要随便地塞在口袋里或丢进包里。应将其精心存放在自己的名片包、名片夹或西服左胸的内衣袋里，以示尊重。

名片的管理方面，应该对所收到的名片加以分类整理收藏，以便今后使用。存放名片要讲究方式方法，做到有条不紊。

（1）按姓名拼音字母分类。

(2) 按部门、专业分类。

(3) 按地区分类。

(4) 使用商务通、电脑等电子设备内置分类。

5. 名片的交换

名片的交换是名片礼仪中的核心内容。如何交换名片，往往是一个人修养的一种反映，也是对交往对象尊重与否的直接体现。

(1) 名片的递送。

递送名片要讲究时机。名片要在交往双方均有结识对方并欲建立联系的意愿的前提下发送。这种愿望往往会通过"幸会""认识你很高兴"等谦语以及表情、体姿等非语言符号体现出来。递送名片的时机一般包括：希望认识对方，被介绍给对方，对方向自己索要名片，对方提议交换名片，打算获得对方的名片，初次登门拜访对方。只有在确有必要时发送名片，才会令名片发挥功效。有些情况不需要把自己的名片递给对方，或与对方交换名片，比如，对方是陌生人而且以后不需要交往；不想认识或深交对方；对方对自己并无兴趣；对方之间地位、身份、年龄差别很大。发送名片一般应选择初识之际或分别之时，不宜过早或过迟。不要在用餐、音乐会、跳舞之时发送名片，也不要在大庭广众之下向多位陌生人发送名片。

递送名片要注意方法。递名片时要表现谦恭，郑重大方。应起身站立，走上前去，眼睛注视对方并面带微笑，上体前倾15°左右，双手或右手将名片正面递给对方，递时应将手指并拢，大拇指轻夹着名片的右下方，将名片正面面向对方，双手奉上。递送时，要有语言表示，如"常联系""请多指教"或"这是我的名片，请多多关照"之类的客气话。不要将名片举得高于胸部；不要以手指夹着名片给人。

(2) 名片的接受。

接受他人名片时，主要应当做好以下几点：

态度谦和。接受他人名片时，要暂停手中的事情，并起身站立相迎，面带微笑注视对方。接受名片时，双手接过，或以右手接过，不要只用左手接过。

认真阅读。接过名片时应说"谢谢"，随后有一个微笑阅读名片的过程，阅读时可将对方的姓名职衔轻轻地念出声来，并抬头看看对方的脸，意在表示重视对方。

有来有往。接受了他人的名片后，应当即回敬一张本人的名片，如身上未带名片，应向对方表示歉意。

精心存放。接到他人名片后，也可将其放置于自己的名片夹内或上衣口袋里，注意不要在名片上写字。他人名片要与本人名片区别放置。

(3) 名片的索要。

一般最好不要直接开口向他人索要名片。若想主动结识对方或者有其他原因有必要索取对方名片时，可根据情况采取下列办法：

一是主动递上本人名片。其实是以名片换名片。如果担心对方不回送，可在递上名片时明言此意"能否有幸与您交换一下名片?"

二是委婉地索要名片。即用含蓄的语言暗示对方。例如,向尊长索要名片时可说"请问今后如何向您请教?"向平辈或晚辈表达此意时可说"请问今后怎样与你联络?"

(4) 拒绝给予名片。

面对他人的索取,不应直接加以拒绝。如确有必要这么做,则需用委婉的方法表达。可以说"对不起,我忘了带名片了。"或者"抱歉,我的名片用完了。"

(5) 交换名片的顺序。

交换名片的顺序一般是"先客后主,先低后高"。双方交换名片时,应当首先由位低者向位高者发送名片,再由后者回复前者。与多人交换名片时,应讲究先后次序。或由近而远,或由尊而卑依次进行。这里要注意不能跳跃式进行发送,甚至遗漏其中某些人,以免使对方产生厚此薄彼的误会。名片的递送应在互相介绍之后,在尚未弄清对方身份时不应急于递送名片,更不要把名片视同传单一般随便散发。

五、知识拓展

商务场合把握好自我介绍的时机

在商务场合,如遇到下列情况时,自我介绍就是很有必要的:

1. 与不相识者相处一室。
2. 不相识者对自己很有兴趣。
3. 他人请求自己作自我介绍。
4. 在聚会上与身边的陌生人共处。
5. 打算介入陌生人组成的交际圈。
6. 求助的对象对自己不甚了解,或一无所知。
7. 前往陌生单位,进行业务联系时。
8. 在旅途中与他人不期而遇而又有必要与人接触。
9. 初次登门拜访不相识的人。
10. 遇到秘书挡驾,或是请不相识者转告。
11. 初次利用大众传媒,如报纸、杂志、广播、电视、电影、标语、传单,向社会公众进行自我推介、自我宣传时。
12. 利用社交媒介,如信函、电话、电报、传真、电子信函,与其他不相识者进行联络时。

总的说来,当本人希望结识他人,或他人希望结识本人,或本人认为有必要令他人了解或认识本人的时候,自我介绍就会成为重要的交往方式。自我介绍常常会成为商务活动的组成部分,承担着拓展交际范围的重任,所以,有关自我介绍的商务礼仪必须烂熟于胸。

六、应用与考核

（一）案例分析

1. 小强陪同妻子外出时，遇到大学同学张芳、李红二人。小强首先为他妻子介绍了两名同学，又为两名同学介绍了他的妻子。

你认为小强的介绍有何不妥？正确的介绍方式应是怎样的？请同学们模拟示范表演，其他同学评议。

2. 某公司销售部胡经理约见了一个重要的客户。见面后客户就将名片递上。胡经理接过名片后随手将名片放在桌子上，两人继续交谈。过了一会儿，服务人员将两杯茶端上桌请两位经理饮用。胡经理喝了一口，将茶水杯放在了名片上，自己没有感觉到，客户方皱了皱眉头，很不高兴。

请针对以上两个案例谈谈你的看法，评价一下交际对象的社交礼仪行为有何不妥之处。

（二）模拟训练

A 公司总经理、副总经理、经理助理一行三人到 B 公司拜访，B 公司总经理、副总经理、办公室主任、经理助理一行出来迎接，你是 B 公司的经理助理，如何进行介绍并互递名片？请同学们模拟演练。

任务四　电话与微信礼仪

一、任务提出

> 李女士是某公司办公室职员，一天，有位客户打电话到你们办公室，说要找赵强赵经理。赵强是公司的一位销售部副经理，平时李女士管他叫小赵。他当时不在办公室，李女士接到这个电话应怎么办？如果客户留言要约赵强下午在军校广场见面，李女士该怎么做？
>
> 请你根据以上背景，现场模拟一下双方接打电话的情景。

二、教学实施建议

请几名同学分组演示这个通话过程，两人一组，教师和学生共同点评，教师示范。

三、任务分析

接通电话首先要报公司名称；在他人面前要恰当称呼自己的同事；要耐心、礼貌地与对方交流，询问对方是否需要留言，并做好相关记录。

四、知识要点

在维系人际关系的诸多方法之中，"交往"是必不可少的。在现代快节奏的现实社会生活中，交往不再单纯地局限于见面和走动，也可以借助于其他的通信、联络手段来实现。

电话交谈与面对面交谈相比，最大的特点是互相不能见面，人们只能通过声音去相互了解，这就需要我们在使用电话时，必须重视自己的"电话形象"。一个人的"电话形象"，主要是由他在使用电话时的语言、内容、态度、表情、举止以及时间感等构成的，被视为个人形象的重要组成部分之一。

（一）拨打电话的礼仪

使用电话时，开始于拨打电话者，他处于主动的地位。因此，电话交往的效果如何，拨打电话的一方起着非常重要的作用。一般情况下，需要注意以下三个方面：时间、内容、表达方式。

1. 时间

在快节奏的社会生活中，对于每个社会人来讲，时间都变得十分珍贵。因此，正确掌握打电话的时间礼仪显得尤为重要。所谓打电话的时间礼仪，包括通话时间及通话长度两个方面。

（1）通话时间。

按照惯例，可以通过以下两种方式选择通话的最佳时间：一是双方预先约定的时间，二是适当的通话时间。一般情况下，选择通话时间遵循不在早上 8 点之前、晚上 9 点以后、三餐之间、午休时间与节假日给人打电话的原则。

（2）通话长度。

在电话礼仪中，有一个"三分钟"原则，也就是以短为佳，宁短勿长。一般限定在 3 分钟之内，尽量不要超过这一限定。在一般情况下，问候的电话最好不要超过 1 分钟，约访电话最多不超过 3 分钟，产品介绍或服务介绍电话不超过 5 分钟。

2. 内容

在通话中，对于拨打电话的人来讲，一定要做到通话内容简明扼要，这是更好地限定通话时间的必要条件，同时也是正确拨打电话的礼仪规范。要做到内容简明扼要，应注意以下几个方面：

（1）调整心态，做好准备工作。

良好的心态会促进交流的状态，从而更好地控制谈话的节奏和效果。培养良好的心态，首先要具备以下几方面的优秀品质：热情、自信、真诚。

如果要谈的内容较复杂，可在纸上事先列出清单，尤其是业务电话。内容涉及时间、数量、价格，有所记录是非常必要的。这样一来，通话时照此办理，就不会出现丢三落四、没有条理的情况了。

（2）简明扼要，直言主题。

在通话时，问候完毕，就应长话短说，直言主题，切勿讲空话，说废话，无话找话和短话长说。

3. 表达方式

（1）语言。

在通话中，有三句话被称为"电话基本文明用语"，具体指：

① 问候语。

当对方拿起听筒后，应当有礼貌地称呼对方，亲切地问候"您好"，然后再言其他事宜。

② 自我介绍语。

只询问别人，不介绍自己是不礼貌的。在电话中"自报家门"时，可以报出全名、单位、职务等，具体的介绍方式要根据通话对象来选择。如果是私人交往，通常要报出全名；如果是非常正式的公务交往，则报出本人所在的单位、全名及职务最为正规。

③ 结束语。

为了不让自己的礼貌待人有始无终，在结束通话之前，应当有礼貌寒暄几句，如"再见""谢谢""祝您工作愉快"等。

（2）态度、举止。

打电话时，虽然对方看不到你的面容，但是除声音之外，你的态度和情绪直接影响着你的通话效果，所以，在打电话的过程中，你的态度和举止一定要谦和、文明。讲话时语言要尽量流利，吐字清晰，声调平和，这样能使人感到非常的舒适。在通话时不要把话筒夹在脖子下，然后手做其他的事情，这是非常不礼貌的，也不要趴着、仰着或把双腿放在桌子上。

（二）接听电话礼仪

接电话的一些基本礼仪规范与打电话是一样的，但仍有一些值得注意的地方。根据具体接听情况的不同，可以分为接听本人电话、代接电话两种情况。

1. 接听本人电话

（1）及时接听电话。

电话铃声一响，如果没有特别要紧的事情，应该尽快接听，最好在电话三响之前接听。如果铃声响太久，才姗姗来迟地去接电话，说明自己过于妄自尊大，由于特殊原因导致铃声响太久才接听电话时,要在接听电话之初向拨打电话的人表示歉意;但如果铃声响过一次就匆匆接听,则显得操之过急。

(2) 热情应对电话。

① 拿起听筒后,首先要向拨打电话者问好并自报家门。这可根据拨打电话的人作自我介绍的几种模式酌情选择。但在私人住所接听电话时,有时为了隐私和自我保护,我们可以用重复的电话号码作自我介绍。

② 在接听过程中,要全神贯注,不能三心二意。更不能一边接听电话一边和别人对话,或者是一边接听电话一边做其他的事情。

③ 在接听电话时,应该尽量避免打断对方的谈话,但是为了更好地沟通,可以用"嗯""是""好""对"等词做简短的回应,以求达到更好的效果。

④ 结束电话一般由拨打电话一方提出来,然后彼此道别,说一声"再见",再礼貌地挂上电话。

2. 代接电话

在办公室经常会遇到帮别人接电话的情况。在这种情况下,要更加热情认真,以维护所在单位或公司的良好形象。一个称职的职员或秘书,一定要恰当地处理、圆满地答复外界打来的每一个电话。替别人接电话时,可根据情况决定是否询问对方姓名、单位名称,以便在接转电话时为接电话人提供方便,但也要很好地尊重别人的隐私。切忌在不了解对方的动机时,随便说出指定受话人的行踪和其他个人信息,比如手机号、家庭电话等。

在现实生活中,我们经常接到拨错的电话,遇到这种情况,我们千万不要恶语伤人,而是要耐心地解释,如有可能,还应该向对方提供一些帮助。

(三) 移动电话礼仪

为了更好地保持自己的电话形象,在使用手机时,我们一定要遵守一些约定俗成的使用规则。

1. 手机的使用场合

虽然为了通信与联络的方便,我们会习惯性地随时将手机带在身边,但是,有一些场合是不适合使用手机的。

(1) 不能在会议过程中或和别人洽谈时使用手机。

(2) 不能在剧院、电影院、音乐厅、博物馆等要求保持安静的地方大张旗鼓地使用手机。

(3) 为了自己和他人的安全,在飞机上、加油站一定要关闭手机,开车中不要接打手机。

(4) 在公共场合特别是在楼梯、电梯、路口、人行道等地方,不可以旁若无人地使用手机,应该把自己的声音尽可能地压低,而绝不能大声说话。

(5) 必要时关掉手机。在会议中和别人洽谈时,最好的方式还是把手机关掉或调到震动状态，这样既显示出对别人的尊重，又不会打断发话者的思路。

如果非要回话，采用静音的方式发送手机短信是比较合适的。

2．手机的文明置放

无论是在社交场所还是在工作场合，放肆地使用手机已经成为礼仪的最大威胁之一，手机礼仪越来越受到关注。当手机不使用时，应放在适当的位置。

（1）常规位置。

在公共场合不使用手机时，要放在合乎礼仪的常规位置。放手机的常规位置应是随身携带的公文包内或上衣的内袋中。

（2）其他位置。

在参加会议或公务会面时，手机最好放在不起眼的地方，如口袋内、背后、手边等，不要放在桌上。

3．打手机前要考虑对方是否方便

给对方打手机时，尤其当知道对方是身居要职的人时，首先想到的是，这个时间对方是否方便接听，并且要有对方不方便接听电话的准备。在给对方打手机时，注意通过从听筒里听到的回音来鉴别对方所处的环境。如果很静，应想到对方在会议中，有时大的会场能感到一种空阔的回声，当听到噪声时对方就很可能在室外，开车时的隆隆声也是可以听出来的。有了初步的鉴别，对能否顺利通话就有了准备。但不论在什么情况下，是否通话还是由对方来定为好，所以"现在通话方便吗"通常是拨打手机的第一句问话。

4．能打座机就不打手机

在没有事先约定和不熟悉对方的前提下，我们很难知道对方什么时候方便接听电话。所以，在有其他联络方式时，还是尽量不打对方手机为好。由于手机话费相对较高，而且通信属于个人私事和个人秘密，因此，联系不熟悉的人时可先拨打其办公室座机，有急事需拨打手机时则应注意讲话言简意赅。如果需要长时间通话，应主动询问对方是否需要拨打其座机电话。

5．工作期间不要用搞笑彩铃

手机在职场上起着举足轻重的作用，但有的人往往忽略手机的使用礼仪，这主要体现在手机不分场合地响起铃声以及在与人交谈中频频接打电话。此外，不恰当的铃声设置和彩铃也会令你失礼于人。公务员、公司管理人员等由于岗位性质的需要，应该以稳重的形象示人。因此，在工作场合中，如果响起刺耳的手机铃声会打扰别人，甚至会令人反感。

6．收发短信的注意事项

不要在别人能注视到你的时候查看短信。一边和别人说话，一边查看手机短信，是对别人不尊重的表现。

在短信的内容选择和编辑上，应该和文明通话一样重视。因为通过你发的短信，可以反映出你的品位和水准。所以不要编辑发送或转发不健康的短信。

四、微信礼仪

微信已经取代短信、电话，成为工作中最常用的沟通方式。在工作方式比较严谨和传统的机关单位，微信使用不当会出现很多问题。所以要注意以下几点：

（一）不要滥用截屏

截屏功能与职场大多数礼仪背道而驰。两个人的聊天是非常私密的行为，发送出去与暴露他人和自己的隐私没有区别。在职场上使用微信截图要格外谨慎，不要随意截屏为证，更不可随意把截屏发送给第三者。

（二）微信群里的规矩

单位的微信交流群，主要是为了工作。在工作群里聊天，如果不是工作必要，一定要适可而止。同时，不要随便拉陌生人进入群里，以免泄露工作秘密。

（三）慎用语音

虽然微信交流方式很丰富，有文字、语音、表情等，但交流时对方性格、身处环境、职位高低等都是必须要考虑的。对于那些职位比自己高的人，最好是直接打电话，不要使用语音。

（四）注意沟通效率

单位里使用微信沟通，一定要考虑对方处境。比如对方身处领导岗位，事务极其繁忙，这时候切勿使用"看到请回复""在吗"这些词，要直接切入主题。如果稍微感到沟通效率低下，可马上致电询问。设想沟通对象处境，随时调整沟通节奏，工作会更加顺畅。

（五）区分朋友圈和工作圈

朋友圈是每个人的一张网络面孔。若工作和生活共用一号，一定要注意朋友圈分组。你发了一条在亲戚朋友们看来逗趣的内容，同事上级看到了可能是另一个感受，或许会不知不觉间造成一些误会和偏见。

（六）勿滥用私人化表情

对私人化、真人截图等比较特殊的表情的认可，只限于私人圈子。

（七）不要处理太复杂的问题

单位工作，准确和效率永远是第一位的，微信的即时性提高了工作效率，但要注意严谨程度。对于复杂问题，仍要电话沟通或面谈。

（八）及时回复信息

及时回复他人信息是一种美德。

五、知识拓展

大学生使用手机注意事项

1. 在课堂上和自习室要关机,不能接听电话;
2. 在图书馆要把手机调成振动,接听来电时,要马上走到走廊、楼梯口等不影响他人的地方,同时要注意讲话的声音尽可能放低;
3. 任何时候使用手机时,不要影响其他同学的学习和正常的休息;
4. 给老师和其他人拨打电话,没有特殊情况最好不要在午休时间和晚上九点以后,以免影响别人休息。
5. 手机是一种通信工具,不是比阔或炫耀的资本,在任何情况下,不要引起周围同学的注视或不愉快。

六、应用与考核

(一)案例分析

案例1. 有一位节能产品销售人员,他在没有充分了解自己所从事的业务的情况下就盲目地拨通了客户的电话。

"您好!某总,我是某某公司的某某,我公司最近开发出了一款新产品,不知您感不感兴趣?"

"噢!我现在正在开会。"

"我只占用您两分钟时间,简单介绍一下我们的产品。"

"这个……我们的会议很重要,开完会再说吧!"

"我想,这个产品对你们公司节约能源很重要。我还是给您简单介绍一下吧!"

"不用了,我们不需要。"

说完,对方"啪"的一声就挂断了电话。

问题:请你分析一下这名销售人员的电话销售礼仪有什么不妥之处?

分析:打电话要找合适的时机,还应提前做好准备,必要时列好提纲。电话销售更要首先了解对方是否方便听自己介绍,不要让顾客反感。

案例2. 下面是一位顾客与女客服人员之间的电话对话

女:喂!

客:我找张经理。

女:不在哦!你下次再打。

客:可不可以帮我留话呢?

女:我说过他不在嘛!我也不知道他什么时候回来。

客：那你还是帮我留个话好吗？

女：好啦！好啦！你等一下（拿纸声……电话没按HOLD，一面咕哝："讨厌！不在就不在，留话又不一定看得到，真烦！"）

客：我姓陈，耳东陈，电话是5886611。

女：这样就可以了。

客：谢谢啊！

女：（直接挂断电话）

问题：指出女客服人员做得不好的地方，请同学用符合礼仪规范的语言模拟此情境进行电话沟通。

分析：客服人员要礼貌热情地接电话，使用规范的礼貌用语，并且要让顾客先挂电话。

（二）模拟训练

甲公司的王经理和李秘书电话约好去拜访国际饭店公关部的刘经理，在此之前王经理和刘经理没有见过面，李秘书和刘经理相互认识。请模拟他们电话预约及在酒店相见后的情景，主要注意以下几方面的礼貌礼节：电话礼仪、打招呼、介绍、握手、递名片、引领入座、交谈、送行。

项目三　拜访与接待礼仪

技能目标

使学生了解拜访礼仪与接待礼仪的重要性；掌握拜访与接待的礼仪规范与技巧；同时掌握拜访与接待过程中的交谈礼仪。

素质目标

在公务活动和家庭交往中具备拜访与接待能力，具备一定的交谈能力和沟通技巧。

任务一　拜　访　礼　仪

一、任务提出

> 东华公司业务员小沈将代表公司去一家同等规模的公司与相关人员洽谈商业合作事宜。拜访前，小沈应做好哪些充足的准备工作？在拜访过程中，小沈应该注意哪些事项？拜访结束后小沈又应该做好哪些收尾工作？

二、教学实施建议

播放公务拜访短片。
课堂分组讨论，请同学们上台情景模拟进行演示。

三、任务分析

1. 小沈作为东华公司的业务员，代表公司形象，必须在拜访前做好充足准备。包括提前约定、仪表修饰、洽谈内容的准备等。
2. 在拜访过程中要准时赴约，从容洽谈，适时告退。
3. 在拜访结束后，应该以电话或者邮件的形式，向对方公司表示感谢。

四、知识要点

拜访是公务和家庭交往中最常见的沟通形式，公司之间的相互交流，家庭中的登门拜访，都体现了中国人的好客之情。掌握拜访礼仪不但能为自己和企业树立良好的形象，也能促进经营活动的展开并进一步加深朋友之间的感情。

（一）准备拜访的礼仪

拜访分公务拜访和家庭拜访，无论是何种性质的拜访，最重要的一点是在拜访之前做好充足的准备工作。

1. 预约拜访的时间

拜访前应事先通过打电话、发送短信、发送传真、上网联系等方式与被拜访人约好拜访时间，这样可以给被访者以准备的时间，还可以避免扑空或打扰被访者的计划。

如果是公务拜访应尽量避开周一，因为大多数人在周一的事务都比较多，而且有些单位还有可能在周一召开例会；如果是家庭拜访则应避免选择在被访人休息、吃饭的时间前往。拜访双方将拜访时间约定后，如果遇到特殊情况或突发事件，拜访人要及时告知被访人，重新约定拜访时间。

2. 仪表准备工作

在仪表仪态方面，拜访者要衣着得体、打扮适度，塑造良好的个人形象。

拜访者的衣着除了整洁、舒适之外，还要符合自身所处的环境及拜访对象的身份。在拜访过程中选择恰当的服饰，既可以显得尊重对方，又有助于提升代表单位的形象，切忌采取过分夸张的衣着和打扮，以免在拜访的过程中使气氛尴尬。

3. 内容准备工作

如果是公务拜访，拜访者要明确自己此次拜访的目的，围绕此行的目的，将相应的资料（如名片等）准备齐全；如果是家庭拜访，拜访者也要根据此次拜访的目的了解相关的情况，比如主人的生活习惯、性格爱好、有无禁忌等。

（二）公务拜访礼仪

1. 等待会见时的礼仪

（1）准时赴约。

拜访礼仪中最重要的一点就是拜访要守时。让拜访对象无故干等，是严重失礼的事情。事先与对方约好拜访的时间和地点，作为拜访者最应注意的就是严守约定的时间。通常在约定时间的两三分钟前到达约见地点即可，提前的时间最好不要超过五分钟，因为提前太多会给对方太冒失的感觉，而这样做也有可能会影响被访人在预约时间之前的工作。因此，公务拜访必须准时赴约。

如果在约定的时间，拜访者确实遇到了特殊情况，而这种情况没有事先预料到，则拜访者一定要先给被访者打电话，告诉他自己有可能迟到，并且尽量准确地说出大概要迟到多长时间。假如拜访者此时处于既无法打电话，又没有其他办法和对方取得联系的情况时，要以最快的方式赶到预约地点，然后诚恳地向对方道歉，并陈述迟到的理由，请求对方的谅解。如果是对方将晚点到，而拜访者将要先到，则要充分利用等待的时间，比如，可以整理一下文件，或询问接待员可否在接待室休息一下。

（2）等待会见。

拜访者如约到达拜访单位，首先要告诉接待员（助理）自己的姓名、单位名称、约见的时间和约见人的姓名，并递上自己的名片以便接待员通知被访人。之后，拜访者要在接待员指定的区域等候，如果冬季穿着外套的话，可以询问接待员外套可以放在哪里，如果是雨天，同样要询问接待员将雨具放置何处。

（3）耐心等候通报。

在等待会见的过程中，如果被访者的上一个约见还没有结束或手头的事务没有处理完，作为拜访者要在接待员指定的区域（贵宾室、休息室、会客厅或会议室）耐心等候。等待的时候拜访者要保持安静，不要试图通过谈话来消磨时间，这是一种不礼貌的行为，因为这样既显得来访者没有涵养，又会打扰别人的工作。

如果拜访者提前到达被访单位，此时注意不要在该单位内乱走动，更不要乱翻别人的资料、档案。在拜访地借用电话时，要尊重主人，经主人允许后方可以使用，并且在使用过程中要祛繁就简，不要因烦琐的小事过长时间地占用别人的电话。

拜访者准时赴约，可是在接待室等了二十分钟还没有人来与自己会面，这时拜访者千万不要显出一副不耐烦的样子，也不要频繁地看表，可以问接待员（助理）："您能否告诉我，××先生（女士）何时有空呢？"得到明确回复后，如果你等不及那个时间，可以向接待员（助理）解释一下并要求另约时间。此时不管你有多生被访者的气，也一定要对接待员（助理）有礼貌，不能将自己的不满发泄给接待员（助理），更不能做有失礼貌的事情。

2. 会见时的礼仪

（1）与被访者见面。

拜访者在接待员（助理）的引领下进入被访者办公室，进门时拜访者的神态要稳重大方，眼睛要迎着对方，向被访人走过去之后做自我介绍。如果和被访者是第一次见面，还应主动递上自己的名片。

在介绍自己的时候，通常第一次介绍自己要使用全称，第二次才可以改成简称。如果直接使用简称容易造成不必要的麻烦。（比如在河北，我们习惯称河北大学为"河大"，可是在河南省一提到"河大"，大家首先想到的是河南大学。）所以尽管自己所在的单位和部门头衔较长，也要先讲全称，在大家都熟悉的情况下再用简称。

同时自我介绍的内容也要全面，一般包括单位、部门、职务、姓名，介绍时要简短全面，一气呵成。

（2）稍作寒暄。

寒暄的主要用途，是在拜访过程中打破僵局，缩短人与人之间的距离，向拜访对象表示自己的敬意。可以说，在公务拜访时，若能选用适当的寒暄语，往往会为双方进一步的交谈做出良好的铺垫。与初次见面的人寒暄，可选用"您好""很高兴能认识您""见到您非常荣幸"。若想更文雅一些，可选用"久仰"，或者说"幸会"。还可以选择更自然随意的寒暄，比如"早听说过您的大名""某某人经常跟我谈起您"，或是"我早就拜读过您的大作"等。

在公务拜访中，还可以将寒暄语与问候语合二为一。总之，寒暄要因人、因时、因地而异，无论选用何种形式的寒暄语，只要具备简洁、友好与尊重的特征就能达到效果。

（3）就座。

稍作寒暄之后，拜访者就要按照被访者的安排就座。入座时要轻而稳，坐好后应双肩放松，后腰背挺直。对于膝部的要求，女士要双膝并拢，男士膝部可分开但不要超过肩宽。另外，女士穿裙装入座时，应用手将裙后摆稍微拢一下，再慢慢坐下，以免将裙摆弄皱导致起身后不雅。

公务拜访入座后，接待员（助手）会向拜访者奉茶，而作为拜访者接受奉茶也有相应的注意事项：

首先要真诚地说声"谢谢"；其次，动作要规范、大方；再次，喝茶时要文雅大方。

（4）直入主题，接洽拜访事宜。

双方会面后，拜访者应尽可能快地将谈话进入正题，以免浪费别人宝贵的时间。进入正题之后要围绕拜访的目的，清楚直接地表达自己要说的事情，不讲无关紧要的事情。

拜访者陈述完后，要用心聆听对方的意见。在交谈中切忌打断对方，切忌补充对方、纠正对方、质疑对方。"十里不同风，百里不同俗。"不同文化背景的人考虑同一问题，未必能得出相同的结论。公务拜访礼仪的核心，就是要尊重别人。每个人的职业背景不一样，受教育程度不一样，考虑问题的角度也不相同，所以待人要宽容，不能把自己的是非判断标准强加于人。即使双方意见存在分歧，也要心平气和地寻找解决问题的办法，或是大家先各自冷静思考，以后再约时间商讨。不能因情绪激动使双方陷入尴尬的局面。

（5）适时告辞。

在交谈过程中拜访者要注意观察被访人的举止、表情，当此次拜访可告一段落时，拜访者应转换话题或口气，当被访人有结束会见的表示时，拜访者应立即起身主动伸手与被访者握手告辞，说过"再见"后，拜访者就要准备离开了。若拜访者告辞时正巧被访者的事务很多，拜访者要礼貌地请对方留步，不麻烦被访者远送。

（二）家庭拜访礼仪

1. 事先约定

像公务拜访一样，家庭拜访同样要事先约好时间，以免吃闭门羹或当不速之客，还可以避免打乱朋友的日常安排。

家庭拜访的时间不要选在对方休息和用餐的时间，以免打扰别人。最好选择在节假日的下午或平日晚饭后前去拜访，但最好不要选择在周末的晚上去拜访。平日晚上拜访，还要注意不要影响别人的休息和其他家务工作，因此拜访的时间要尽量缩短。

家庭拜访在约好时间后仍要准时赴约，如果遇到特殊情况不能准时到达，拜访者应及时通知对方，因为失约是非常不礼貌的行为。

2. 注重仪容仪表

家庭拜访中拜访者同样要注意仪容仪表。虽然不需要像公务拜访那样正式，拜访者的衣着也要整洁、朴素、大方，穿戴要与季节、环境、气氛和主人家的情况相协调，以营造良好的拜访气氛。

3. 拜访中的礼仪

（1）敲门。

按照约定的时间准时到达拜访地，在进门前要以食指和中指的指关节轻轻敲门，而不能以拳头捶门，也不宜以手掌拍门，更不允许破门而入。即使所拜访处的门开着，作为客人也不能直接进屋，可在门口敲门或是扬声通知主人，并且要等主人招呼再进门。

（2）进门就座。

进门后，客人可将帽子、大衣、手套、雨具等征求主人的意见后放在妥善的地方，还要征询主人是否需要换拖鞋，若是几句话就可以办完的事，则可不必进行此步骤。进到屋里拜访者要向在座的长者、熟人和其他客人打招呼，待主人安排座位后再就座。后来的客人到达时，先到的客人可以站起来，等待介绍或点头示意。主人端茶点烟，客人要起身道谢，双手相接，主人递水果、糖等食物时要等年长者和其他客人动手后再取用。

（3）言谈举止。

拜访的时候烟头、纸屑、果皮等杂物不要随地乱丢，应放在垃圾筒内，或放在主人指定的地方。如果是带孩子就访，在进屋后要引导孩子和在座的长辈打招呼，还要告诉孩子懂礼貌，不要随便乱拿主人的物品，更不要在屋内打闹、喧哗。不要过多地对房间里的摆设进行评论甚至批评，更不要随便乱动主人家的摆设和物品。

（4）时间不宜过长。

家庭拜访的时间不宜过长，拜访者要留意主人的表情变化及相关情景，选择适当的时间告辞，并且在临别时要向主人道谢。拜访者要注意掌握好交谈时间，要在落座后直入主题，无故耽误大家的时间是很不礼貌的行为，也容易引起他人的反感，给别人留下不好的印象。

五、知识拓展

一些特殊的拜访

1. 请朋友帮忙办事

在这种特殊的家庭拜访中，同样要预约时间、准时到达、敲门进屋，值得注意的是在交谈过程中不要兜圈子，应该开门见山，实事求是地把事情讲清楚。若朋友感到为难，作为拜访者就不要强人所难，要体谅对方。即便主人表示帮不上忙也同样要向对方表示感谢，不要因为自己的情绪做出不礼貌的行为。

2. 探望病人

(1) 要选择适当的时间。

尽量避免在病人休息和治疗的时候前往探望。如果探望的病人在住院，还应在医院规定的探望时间内前往。探望病人之前要提前预约，预约的同时可了解清楚探视时间及病人接受治疗的安排情况，这样既礼貌又能使双方都有所准备。

(2) 与病人交谈讲究分寸。

讲话时要神态自然，语调轻松，一般应先询问病人身体状况及治疗效果。在交谈的内容上，要多说一些轻松、安慰的话，或规劝安慰，或释疑开导，鼓励病人安心休息，早日康复，使病人淡化病痛带来的苦恼，同时增强病人战胜疾病的勇气。

(3) 从健康的角度出发，探望的时间应尽量短。

探望时间一般以十几分钟为宜，最多不超过半个小时。告别时，拜访者应送上礼品，所选的礼品要视季节、环境、个人习惯不同而异，但无论送病人何种礼物都要以有利于病人的健康为原则。

六、应用与考核

（一）案例分析

某政府部门传达室，一位先生前来拜访某领导。他拿起传达室的内线电话向楼内打电话："某局长吗？我是从某地方来的某处长啊，我现在要过去找你谈谈关于我们处人事调动的问题。"声音之高，让一屋子静坐等候的人都听得清清楚楚的。

讨论题：请结合案例分析这位先生有哪些不符合礼仪规范的行为，应该如何改正？

（二）模拟训练

甲公司业务员小刘要去乙公司与业务员小黄洽谈业务，请两位同学分别扮演小刘、小黄演示拜访中洽谈时的情景。

任务二　接待礼仪

一、任务提出

> 华南公司的前台小陈能说一口流利的英语，很喜欢打扮。一日，公司与法国某公司谈判，经理叮嘱她做会议服务，并要求她好好准备。谈判时，小陈拿来了茶杯准备斟水，只见她花枝招展，一对大耳环晃来晃去，五颜六色的手镯碰撞有声，高跟鞋叮叮作响。她从茶叶筒中拈了一撮茶叶放入杯中……这一切都引起了经理和法国客商的不满。法国客商面带不悦之色，把茶杯推得远远的，经理也觉得十分尴尬。作为前台，小陈的穿着有何不妥之处？在接待过程中，小陈的行为有哪些不符合礼仪规范呢？

二、教学实施建议

播放商务接待短片。
课堂分组讨论，请同学们上台进行情景模拟，演示如何倒茶水。

三、任务分析

1. 小陈作为公司的前台人员，代表着公司的形象，必须要注重自己的仪表礼仪，以给来访客人留下较好的印象。穿着要符合办公人员的要求，不配带与穿着不符的夸张饰品。

2. 客人对公司的良好印象是从一次次交往中得到的。对于初次来访的客人，对公司的第一印象是从他首先看到的人身上得到的。小陈应注意自己的站立行走仪态，不能用手直接拿茶叶，应该使用工具，注意卫生。

四、知识要点

接待同样是公务和家庭交往中最常见的沟通形式之一。热情有度、符合礼仪规范的接待能让拜访者有宾至如归的感觉，尤其在公务洽谈中，恰如其分的接待能推进洽谈的顺利展开。

1. 接待准备要想到，面面俱到为最好。
2. 接待态度很重要，热情周到带微笑。
3. 接待过程表现好，善始善终关系牢。

（一）接待的原则

迎送客人既是工作中最常用到的礼仪，也是家庭生活中不可缺少的一部分。热情周到的接待能给客人留下良好的印象，也可为人们之间的交流营造出轻松、愉快的气氛。

为了达到这些良好的效果，必须符合接待来访的三个基本原则：

1. 若拜访者事先已与接待方预约，则作为接待方应做好相应的准备工作。
2. 客人来访，接待者要态度亲切、热情周到、有条不紊，使客人有宾至如归的感觉。

如果拜访者为多人同来时，接待方还要做到对等接待、一视同仁、平和热忱，令拜访者感觉自己是受欢迎的。

3. 注意访客的生活中是否存在诸如民族、宗教及个人信仰方面的风俗和禁忌，在接待时做到因人施礼。

（二）公务接待礼仪

公务接待礼仪分为外事接待礼仪、一般接待礼仪和前台接待礼仪。

1. 外事接待仪式

（1）准备工作。

外事接待单位为圆满完成任务，一般需要设立专门的接待小组，全面负责一切接待事宜。接待工作首先应了解来访者的基本情况，弄清代表团的国别、名称、成员名单、来访目的等内容。如需要根据客人要求预订宾馆或返程机票，还应索取来宾护照的复印（传真）件。掌握了以上情况后，再制定一份周密的（中外文）书面接待活动日程安排（表），包括迎送、会见、会谈、签字仪式、宴请、参观游览、交通工具、餐寝时间、陪同人员等详细内容。日程安排应尽量事先征询来宾意见，还要考虑来宾的风俗习惯和宗教信仰。

在拟定日程草案时，除了遵循通常的礼仪程序以外，还要考虑以下一些因素：

访问的目的和性质。访问者同东道国的哪些人和事有特殊关系；访问者过去是否曾经来访过，哪些项目过去已经看过，如何使本次访问更具特色；来访者的年龄及身体状况能适应的活动限度；访问者中其他成员的特殊要求与安排（特别是主宾夫人），有时可以另行安排一些有意义的活动。

日程安排应松紧适当。主方为了让客人在有限的时间内，多看一些东西，多接触一些人，常常容易把日程排得太满，没有轻松休息的时间。有些大型代表团来访，为了达到更好的效果，可以安排他们分组活动。有的次要活动，可以安排代表团其他成员参加，以减轻主宾的劳累。

（2）迎送礼仪。

首先要根据来访者的身份，确定迎送规格。根据国际惯例，主要迎送人通常同来宾的身份相当。遇有高层来宾来访，要按上级接待部门的通知要求安排相应领导人出面迎送，组织好迎送仪式、场地布置、献花、照相、录像、组织群众场面等内容，比如飞机（车、船）抵离时间、献花人员的挑选和鲜花花束（花环）的准备、介绍宾主相见的方式、车辆顺序的编排、座次的安排、国旗的悬挂等，都要逐项落实。

其次，在迎宾时，外宾下飞机（车、船）后，礼宾人员应主动将迎宾人员姓名、职务一一介绍给来宾，迎宾人员随即与来宾人员握手表示欢迎。如遇外宾主动与迎宾人员拥抱时，迎接人员应做相应表示，不要退却或勉强拥抱。如需献花，应安排在迎宾的主要领导人与客人握手之后进行。所献鲜花忌用菊花、杜鹃花、石竹花或黄色花朵等，切勿使用来宾国禁忌的花朵。

乘车时，应先请客人从右侧上车，陪同主人再从左侧上车。

（3）接待礼仪。

接待规格可以从多方面反映出来，但领导人的接见尤其重要。在拟订接待计划和安排活动日程时，对领导人的接见，要给予特别的重视。

接待期间的生活安排十分重要。住房、坐车、生活起居，要尽量使其舒适、方便、安全、饮食可口。住房可由东道主安排分配后，再征求客人意见；也可将房间位置图提前交给对方，请对方自行安排。

关于饮食安排方面，应按外宾的习惯和爱好，尽量做好。还应按外宾习惯，在房间内准备一些饮料、水果等，供其随时取用。

2. 一般接待礼仪

对前来访问、洽谈业务、参加会议的外地客人，应首先了解对方到达的车次、航班，安排与客人身份、职务相当的人员前去迎接。迎接客人应提前为客人准备好交通工具。

接到客人后，应首先问候"一路辛苦了""欢迎您来到我们这个美丽的城市""欢迎您来到我们公司"等。然后向对方作自我介绍，如果有名片，可向对方奉上名片。

主人应提前为客人准备好住宿，帮客人办理好一切手续，并将客人领进房间，同时向客人介绍住处的服务、设施，将活动的计划、日程安排交给客人，并把准备好的地图或旅游图、名胜古迹等介绍资料送给客人。

3. 前台接待礼仪

针对不同客人的接待：

接待上级或客户应该热情地请他们到会客厅就座，并给他们倒上一杯茶，马上告知领导，再按领导的指示接待、安排。

对于领导的亲朋，应请他们到会客厅就座，并马上通知领导，再按领导的指示接待。对于公司内部的管理人员，如果他们有急事要见领导的话，要马上通报，以免误事。

对于推销人员,就要先让他们稍等,然后打电话给相关部门。如果相关部门有意向或者事先有约的话,就要指引他们过去。对于没有事先约定的,可以委婉地让他们离开,比如让他们把资料留下,并告知他们回头会请领导过目,如果领导感兴趣,会及时主动和他们联系。

对于客户来说,有些客户来访的目的是很简单的,根本不需要领导出面就可以解决。可以介绍他们去找相关部门的主管或者相关人员交涉。先替他们联系一下,然后再向他们指明该部门的名称、位置。如果不好找,最好能引领客人去。

(三) 家庭接待礼仪

1. 迎客礼仪

(1) 事先准备。

如果客人是提前预约来访,主人要在预约的时间前做好准备。要把家庭环境稍作布置,搞好卫生,还要事先准备好茶具及饮料、水果、烟具等。

(2) 迎接客人。

客人如约而至,主人要提前出门迎接,最好是主人夫妇一同前往相迎,并且女主人在前,男主人在后,迎客时对长者或体弱者可上前搀扶。如果客人携礼物前来,主人要双手接过,并道谢"让您破费了",同时,客人告辞时主人还要回赠客人礼物。如果是客人突然造访,主人也要热情相迎,若室内来不及打扫,要向客人道歉。另外,在仪容仪态方面,迎接客人时主人虽然不必着正装,但也要穿戴整洁、舒适、合体、大方。

若客人是初次来访,主人还要把客人介绍给其他家人或在座的其他客人。接待客人时主人的表情要面带微笑,步履轻松,不能有疲惫心烦之相。

2. 待客礼仪

(1) 热情接待。

待客时,主人要尽量从始至终对客人热情周到,使客人感到像在自己家一样亲切。客人进屋后主人要先接过他的外套、帽子、雨具并妥善安置,并递给客人拖鞋,安顿客人就坐,然后奉茶、递烟、端出糖果。还要注意主人要用双手奉茶、送糖果,以示对客人的敬重,主人还可以代为客人剥糖果、削果皮、点烟,同时要注意卫生。如果客人带小孩来访,可以找些玩具、书画、儿童食品招待小客人,千万不要忽视了他们。

(2) 如何交谈。

家庭接待在交谈时可以闲话家常,内容视具体情况而定。此外,还不宜在客人面前与家人发生口角、训斥孩子。如果是父母的客人造访,在长辈们谈话的过程中自己不要随意插嘴。若客人和长辈在谈重要问题,作为晚辈打过招呼之后就可以回避了。

3. 送客礼仪

(1) 委婉留客。

客人告辞时,主人可以婉言相留。等客人起身后,主人再起身相送,不能客人一讲要走，主人就先站了起来。若客人逗留的时间过长，又不好直接催促，可以减少说话，不往茶杯里添水作为暗示。

（2）礼貌送客。

送客时，要客人在前，主人在后，送至大门口，主人要向对方发出"以后再来"的邀请。

五、知识拓展

接待的禁忌

1. 要避免消极的身体语言。培根说过："行为举止是心灵的外衣。"在别人看来，你的一言一行，都是当时心理的真实反映。所以，一些消极的身体语言，也必然给人消极的联系。这些消极的身体语言在接待中要坚决避免：看手表、打哈欠、坐姿不规范，以及斜视、翻眼、过频地眨眼等。

2. 不要随便让人代劳。如果你是接待人员或者客人是来拜访你的，你就必须责无旁贷、善始善终地做好招待工作。尽量不要中途甩下来访者或让他们过久地坐冷板凳，否则会给人不被重视、受冷落的感觉。而且，如果临时换成其他人来接待，也很容易造成交接上的差错，以致造成整体接待上的缺憾。

3. 不要以自我为中心。既然接待工作是为企业之间的商务往来服务的，那么接待中的一切服务工作，都要为来访者着想和服务。例如，不要在来访者和其他人面前说方言俚语等。

六、应用与考核

（一）案例分析

天地公司的李萌是一名新员工，她在前台负责接待来访的客人和转接电话，还有一个同事小石和她一起工作。每天上班后一到两个小时之间是她们最忙的时候，电话不断，客人络绎不绝。一天，有一位与人力资源部何部长预约好的客人来访。小石正在接电话，李萌转告客人说："何部长正在接待一位重要的客人，请您等一下。"正说着，电话铃又响了，李萌赶快去接电话，忽略了客人的感受。小石接完电话，赶紧为客人送上一杯水，与客人闲聊了几句，以缓解客人的情绪。

请结合案例评价两位前台接待人员做得好不好。

（二）模拟训练

接待员张艳正在公司前台接电话，电话是一个客户打来的，事情较为复杂。这个时候进来两位客人，一位已经预约了，一位还未预约。他应该怎样处理才能使电话里的客人和来访客人都满意。请四位同学分别演示打电话的客户、两位来访者和张艳。其他同学对他们的演示进行评价并说明理由。

任务三　交 谈 礼 仪

　　交谈是人们表达思想、交流信息和表达情感最直接、最快捷的方式，是拜访与接待礼仪中最重要的环节，也是建立良好人际关系的重要途径。交谈不单单是对语言的组织与运用，还制约着人与人之间的理解与沟通。其关键在于懂得交谈的礼仪和技巧，注意交谈对象和话题的选择。

一、任务提出

　　刚参加工作不久的小李去同事家参加同事聚会，就餐开始时，他对一位年纪比较大的同事老王表现得十分尊重，对他说："您多吃菜，多喝几杯。"可是酒过三巡之后，却对老王说："您多喝点啊，我们今后吃吃喝喝的机会还多着呢！您可是吃一顿少一顿……"这让老王十分尴尬。小李在同事聚会中，没有注重哪方面的礼仪？具体有哪些不符合礼仪规范的行为？

二、教学实施建议

　　播放得体的交谈短片。
　　课堂分组讨论，请同学们上台情景模拟聚会中的交谈。

三、任务分析

　　1. 小李在同事聚会中，没有注意交谈礼仪。
　　2. 小李在讲话时没有注意场合、氛围和他人的忌讳，不善于控制自己的言行，不懂得使用恰当的语言与别人交流，违反了交谈的礼仪原则，更不会使用交谈的技巧，使原本高兴的场合变得不愉快。

四、知识要点

　　一般而言，交谈有正式交谈与非正式交谈之分。前者在正式场合，大多会严肃认真，有着既定的主题和特定的谈话对象；后者则是在非正式场合，相比之下显得轻松愉快，没有限定的主题，谈话对象也不太固定。因此，从礼仪规范的角度来看，正式交谈与非正式交谈时的态度、话题等均有所不同，但均符合5W1H原则，即：

1. 明确交谈对象，同谁（Who）交谈。
2. 明确交谈目的，为什么（Why）交谈。
3. 明确交谈方式，用哪种方式（Which）交谈。
4. 明确交谈主题，谈什么（What）内容。
5. 明确交谈场合，在哪里（Where）交谈。
6. 明确交谈技巧，怎样交谈（How）。

（一）见面交谈的语言艺术

交谈是人们通过语言相互交流的一种方式。交谈要想顺利进行，交谈双方必须学会寒暄以及交谈的礼仪和技巧。

1. 寒暄

寒暄和交谈是社交和商务活动中的重要内容，是人与人之间表达情感的一种方式。寒暄是会客的开场白，是交谈的序幕；交谈则是人们互相接触交往而进行的谈话，它是人们增进了解和建立友谊的重要方式，也是人们传递信息、交流情感的重要形式。要使寒暄与交谈达到预期的交往目的，就必须遵循一定的礼节。

2. 寒暄时应该注意的问题

（1）态度要真诚，语言要得体。

客套话要运用得妥帖、自然、真诚，言必由衷，为彼此的交谈奠定融洽的气氛。要避免粗言俗语和过头的恭维话，如"久闻大名，如雷贯耳""今日得见，三生有幸"等，就显得极不自然。

（2）要看对象。

对不同的人应使用不同的寒暄语。在交际场合男女有别、长幼有序，彼此熟悉的程度也不同，寒暄时的口吻、用语、话题也应有所不同。一般来说，上级和下级、长者和晚辈之间交往，如前者为主人，则最好能使对方感到主人平易近人；如后者为主人，则最好能使对方感到主人对自己的尊敬和仰慕。

（3）寒暄用语要恰如其分。

如过去中国人见面，喜欢用"你又发福了"作为恭维话，现在人们都在想方设法减肥，再用它作为恭维话恐怕就不合适了。西方的女士在听到人家赞美她"你真是太美了"时会很兴奋，并会很礼貌地以"谢谢"作答。倘若在中国女士面前讲这样的话就要特别谨慎，弄不好会引起误会。

（4）要看场合。

在不同的地方使用不同的寒暄语。拜访人家时要表现出谦和，不妨说一句"打扰您了！"；接待来访者时应表现出热情，不妨说一句"欢迎""您好""谢谢"这类词，可在较大范围、各类人物之间使用。

3. 谈话时的礼仪

（1）语速、语调有度。

说话时的速度应适中。谈话的速度要缓急有度，应给对方品味和思考的机会。在谈到重点问题时，应慢而有力，引起对方的注意；与人正面交谈时，声音一般不宜太大，应以对方能听清楚为准，说话的声音轻而柔是态度友好的表示。

（2）不要卖弄自我。

交谈时不能滔滔不绝地只谈自己，或是老谈与自己有关的事，诸如自己的家人、工作、想法；或借题发挥一味地炫耀自己，自吹自擂，卖弄自己，不考虑对方的心理感受。交谈中应该以平等的态度礼貌待人，即使自己具有权威性，也应多以商量的口气说话，多给别人说话的机会，以增加对方的参与意识，缩短双方的距离，切忌给别人居高临下和自以为是的印象。

（3）注意调适气氛。

谈话时要注意听者的反应，要能察言观色。说话时，眼睛要看着对方，观察对方是否热心倾听，并不时地征询对方意见，给对方发表观点的机会。当发现对方对自己提出的话题不理不睬或避而不答时，应立刻打住或转移话题，及时调整谈话内容或谈话方式。

（4）平等相待为上。

谈话时要把对方看作平等的交流对象，尊重对方的人格，这是以礼相待的前提。与人谈话时应将对方摆在与自己同等的位置上，以商量的口吻、温和的语调，用对方能接受的言辞进行交谈。

（5）不要冷落他人。

多人交谈时，谈话人不要把注意力集中在其中一两个熟悉的人身上，并只与之交谈，而应当不时与在场的其他人交谈，或以目光交流，关照一下其他人。发现谈话场合有人长久不语，应及时使他融入谈话气氛之中，或是适当地提示，使他发表看法。

4. 提高语言交际的技巧

由于交谈的对象、气氛、环境的不同，谈话的内容、方式也应灵活机动，不断进行调整，使自己能够在任何条件下，坦然地与人交谈并赢得好感，这就是谈话的技巧。要把握谈话的技巧，就必须注意以下几个方面。

（1）话题的选择。

所谓话题，就是谈话的中心。话题的选择反映着谈话者品位的高低。选择一个好的话题，可以使谈话的双方找到共同的语言，也预示着谈话成功了一大半。衡量话题是否合适的标准主要是对方是否感兴趣。

话题的选择要因人而异，也就是说根据交谈双方熟悉程度的不同，所选择的话题也应该有所不同。

与陌生人或关系不太熟悉的人谈话，往往要从无关紧要的"废话"开始说起，去寻找共同的话题，如天气、有关见闻、四周环境，甚至从对方的一件衣服开始，引起对方能够共同感慨的话题。

如对方与主人是同事，则可以从主人从事的工作开始谈起；如与主人是同乡，则可以聊些家乡的情况。

与熟人或朋友交谈，几乎所有的话题都可以作为谈资。

对于一般的家庭主妇，可以以生活的必需品、家庭、孩子教育等话题交谈；对于未婚女子，则可以以她们的职业、服饰等为话题。

与不同地位的人交谈，话题的选择要做到恰如其分，就必须根据交谈对象的具体情况来定，不要触犯他们的自尊。

（2）慎用掩饰。

在人际交往中，偶尔发生过失是难免的，但对他人的过失采取什么样的语言方式，会直接影响交际效果。在语言交际中有时需要我们设身处地地为他人着想，运用诚恳而得体的话语掩饰他人偶然的过失，从而维系和增进融洽、友好的交际。

（3）巧用委婉。

巧用委婉就是运用委婉、含蓄的语言表达信息，进行交际，有时直言快语并不生效，甚至还有失礼之嫌，如果运用隐藏、含蓄的委婉语言，反而会产生良好的交际效果。

（4）善用夸赞。

夸赞就是善用言辞称道人、恭维人，这是处事应具备的基本条件之一，是文明礼貌在社交活动中的基本反映，也是人们在语言交际中必须掌握的技巧，还是加深人际感情、强化交际、缩短人与人心理距离的重要交际手段。

（5）多用妙答。

妙答之妙主要在于说话有道理、有礼貌，反驳不用粗话，自卫不带谩骂，出言机智，理礼双全。

在具体的交际中，当一个人受到别人语言嘲弄、欺骗、指责时，很容易滋生愤怒情绪而丧失理智，因而挑选尖刻的语言进行反击，造成小不忍则乱大谋的后果。

（二）语言交际的一般要求与忌讳

1. 语言交际的一般要求

语言交际的基本要求包含内在和外在两个方面：其内在方面为提醒说话人必须时刻从内心关心与自己对话者的思想情绪；其外在方面为强调将这种关心用礼貌的语言表达出来。

语言交际礼仪的关键是尊重对方和自我谦让。然而，仅有这种良好的愿望却使用不当的表达方式，结果很可能事与愿违。所以交谈既要强调主观动机，又要讲求实际效果。如何使两者兼顾，切斯特菲尔德（Chesterfield）爵士作为国际礼法家推崇的谈话艺术大师，曾经留下了许多具有哲理性的忠告：

常常说话，但不要说得太长。

对什么人说什么话。

少讲故事，除非贴切而简短，以绝对不说为妙。

切不要拉住别人的衣袖或手讲话。

随和众人，不要独断自尊。

在成分复杂的人群中，避免辩论。

勿作自我宣传。

外表坦白而直率，内心谨慎而仔细。

谈话时正面视人。

不要随便播散或听受流言蜚语。

不要模仿他人，也不要赞许他人的模仿。

对于言谈交际的一些准则，我国古书中有大量记载，孔子曰"辞达而已矣"，即言辞达意就可以了。关于言谈与心理，我国古语有"言谈之道，攻心为上""发人曲衷，动之以情""以虚求实，曲得所谓"。

（1）交谈中态度要谦虚诚恳。

在交谈中只有谦虚礼让、多听少讲、先听后讲，才容易赢得对方的好感，才可能给人以诚恳谦虚、可以信赖、可以合作的印象。

（2）语气亲切，表情自然。

谈话的表情要自然，语言和气亲切，表达得体。说话时适当做些手势是可以的，但不要过多，也不要动作太大，更不能手舞足蹈。谈话时，双方应相互正视、相互倾听，不要东张西望、左顾右盼。

（3）语调平和、沉稳。

语调是人们流露真情的一个窗口，发音应清晰易懂，不夹杂地方乡土口音。应放低声调，语调委婉、柔和。

2. 语言交际的忌讳

在交谈中，除了要使用文明的语言、保持谦和的态度外，在谈话的方式方法上，还有一些细节性问题值得被认真推敲。从礼仪上来讲，应当明确在交谈中什么话当讲，什么话不当讲；在讲话时，应当怎样讲，不应该怎样讲等。现实中存在的、在交谈中有失礼仪的情况有以下七种：

（1）在交谈之中一言不发。

（2）在交谈之中打断他人讲话。

（3）在交谈之中讲方言。

（4）在交谈之中说话不文明。

（5）在交谈之中油腔滑调。

（6）在交谈之中"刀子嘴"，语言尖酸刻薄。

(7) 在交谈之中搬弄是非。

五、知识拓展

存在文化差异的语言交际

（一）中西文化差异

中国人初次见面，习惯请教对方尊姓大名、住址、年龄等，询问人家的底细；这不仅不被认为失礼，而且视为交际场上应有的礼节。但欧美社会是建立在个人主义基础上的，因此在和欧美人士交谈时，要特别注意不要问及对方的隐私。隐私，即不愿告诉他人或不愿公开的个人情况，它通常包括个人的年龄、婚否、经济收入、地址、家庭等。在与欧美人士的交际过程中应特别注意以下几点：

1. 欣赏物品，莫问价值

假如你到西方人士家中做客，发现对方家中新购置了一个款式新颖的衣帽架，或一件工艺品，你应该表示欣赏，说些得体的话，但绝不要问："你花多少钱买的？"因为西方人士只愿意议论一般的物价、行情，不愿意你问及他家中某件物品的价值。其理由也许是价值过低，有失身份；或者真的价值连城，又怕传出去有人见财起意。

2. 情同手足，莫问工资

西方人士忌讳别人问他的收入，往往除夫妻互相了解工资情况外，连父母与儿女之间、兄弟姐妹之间，也互不知道对方工资是多少。"你每月挣多少钱？"尽管我们认为提这类问题只不过是为了加深了解、增进友谊，但欧美人不这样看。我们应该尊重对方的习俗与感情。

3. 敬老尊贤，莫问年龄

中国古礼，讲究敬老尊贤，遇人问一声"贵庚"是很平常的事。欧美人却不愿意别人问他年龄，尤其是妇女，总希望别人看不出她有多大年龄。所以，你如果冒昧地这样问，是很失礼的。对医生来说，即便诊断中需要知道病人年龄，也是能不问就不问，对妇女多凭推测估猜她们的年龄。

4. 与人为友，莫问婚姻

出于对友人的关心，我们有时会亲切地问："你的个人问题解决了吗？"此处的"个人问题"就是"婚姻问题"的婉转说法。但是，你若用这句话去问欧美人，他们会感到莫名其妙。因为西方人士并不把婚姻问题看成像中国人认为的那种"终身大事"，而认为结婚、同居还是独身纯属个人隐私范围，外人不应干涉。而如果要了解对方这方面的情况，对欧美人必须婉言问之。你可以这样问"你和家人一起住在这里吗？"或问"你家里人很多吗？"如果对方一味谈父母兄妹之事，而闭口不谈丈夫或妻子，那就意味着对方尚未结婚或已经离婚。你对于想了解的问题也就心中有数了。

5. 与人约会，莫问住处

如果有欧美人士约你去喝茶或吃饭，你也用不着问他："Where do you live（你住哪儿）？" 因为他在请帖上一定会写得清清楚楚的。如果对方是商人，也不宜唐突地问他："What is your business（你做什么生意）？" 因为他的身份和生意，你在闲谈中自然可以明白的。如果他不说，那就表示他不愿意说，你也不要再问下去，因为那是个人的私事，以不详问为妙。

6. 关心他人，莫问身体

朋友之间一段时间未见，对方胖了，我们常会幽默地说："你发福了，恭喜恭喜。"因为我们的观念是生活好了，忧虑少了，心宽体胖，这是好事。然而，西方人，特别是妇女，常常因自己发胖而苦恼。因此，你如果看到对方长得人高马大，说"恭喜发福"，就会适得其反，令对方难堪。

7. 问候致意，莫问吃饭

在中国，人们见面时习惯问："你吃了吗？"这反映了几千年来中国"民以食为天"的传统观念，表现了人与人之间的关切之情。外国人对中国的历史、民俗不太了解，对这样的问候语，自然觉得莫名其妙。若你热情地问英国人："你吃了吗？"对方会理解你有意请对方吃饭，而对于未婚男女来说，又可理解为你想约对方。

（二）与西方人交谈时应注意的语言规范

社会文化制约着人们的语言行为，人们的语言行为反映一定的社会文化。来自不同文化背景的人交谈时，若忽视了这一事实，轻则会产生误会、难堪，重则会导致敌对情绪。与西方人交谈就得了解西方人的语言交际规范，通俗些说，就是何时何地对何人何事可以说或者不可以说什么话。谈话时不可以触犯"私人问题"，这是西方人的语言交际规范之一。此外，与西方人交谈时还要注意以下语言规范：

1. 说话时尊重对方的立场

人们做事固然以自己的为主体，但说话不妨尊重对方的立场。中国人看到朋友感冒，往往会说"多喝些开水"或"多穿点衣服"之类的话，以表示关心。但西方人独立意识比较强，受不了这种带有长者劝告的口吻，因此，不但不会感激你，反而会觉得很不舒服。

2. 己所不欲，勿施于人

孔子曾说过："己所不欲，勿施于人。"西方人把自己做的点心送给你时，一定会说自己用心自制的点心很可口；若是中国人，则必说自己做得不好。分明一桌子菜，硬说没菜，而且说菜不好吃，这在中国已成为习惯了，主客互相客气了事。但如果你的客人是欧美人，他便会奇怪了，他会认为这是一种侮辱，既然不是好吃的菜，为什么要请他来吃呢，而且菜够多了，偏要说少，岂非虚伪。

3. 有话不妨直说

欧美人一般都爱直率地表达自己的意见，个人意见不同时，也认为是正常的事情，对方绝不会因为你的不同意见而感到惊异或产生不快。有人做过调查，200个中国人提出请求，有124个是先说明请求原因，然后再提出请求；而在180个英国人提出的请求中，有113个是先提出请求，然后再附带说明请求的原因。由于这种差异，英国人的这种请求在中国人看来有些唐突无礼，而中国人的这种请求方式在英国人看来啰里啰唆，不着边际。

4. 不要过分客气礼让

中国人说"礼多人不怪"，可对西方人却不太适用，尤其是美国人性格开朗，办事干净利索，礼多反而觉得不诚恳。有个中国学生在电车上踩了一个美国人一脚，赶紧说："对不起！"美国人回答说："没关系！"可是中国学生又加一句："对不起，实在对不起，我是不小心的。"这回美国人根本就不会回答了。

六、应用与考核

（一）案例分析

李女士工作负责、精明能干，被派到一个法国外交官家去做管家。有一个星期天，外交官夫妇外出回来，李女士非常热情地迎上前问："回来了，你们去哪里了？"外交官夫人迟疑了良久，才说："我们去逛街了。"李女士接着又问："到哪里逛了？"对方被迫回答："友谊商店。""你们怎么不去国贸大厦和赛特购物中心啊？那里才热闹呢！"两天后，李女士被辞退了，她一直不明白，自己究竟错在哪里？

请结合案例分析李女士究竟错在哪里？她为什么会被辞退？

（二）模拟训练

角色扮演：以两三个人为单位，模拟合适的情景（如坐车、求职、旅游等），进行寒暄、交谈。

训练目标：练习与陌生人相见时如何寻找彼此的共同点，拉近距离，联络感情。

项目四 聚会礼仪

技能目标

掌握中西餐宴席间的礼仪、饮酒礼仪、宴请桌次与座位的安排；了解舞会礼仪。

素质目标

使学生在聚会中能灵活运用礼仪知识，提高学生的应变能力、社交能力和组织协调能力。

任务一 中餐宴会礼仪

一、任务提出

几天前李伟收到朋友的邀请函，邀请他周末参加他朋友的生日宴会，这个聚会是一次中餐聚会，在宴会上，李伟发现他邻座的小王吃饭时发出"吧唧吧唧"的声音，为了显示他的热情，小王还不停地为别人夹菜，吃完后，这个人还拿起桌上的牙签，当众剔牙，李伟感觉这顿饭吃得很不舒服。

在参加中餐聚会时，应注意哪些礼仪？

二、教学实施建议

把学生分成若干小组，配以简单道具，模拟聚会场景，可以设正反面人物进行现场表演，让同学们做总结，最后老师进行点评。真正做到学中做，做中学。

三、任务分析

1. 李伟应该提前十五分钟到达。
2. 中餐宴会位子是分尊位、有排序的。

3. 在宴会上，要时刻注意自己的不雅行为，吃饭时不能发出声音。
4. 餐桌上，让菜不夹菜，因为你不知道别人想吃什么。
5. 在餐桌上，不能当众剔牙，这种不雅行为会影响别人食欲。

四、知识要点

（一）中餐宴请的类型

随着社会的发展，人们的需求正向更高层次发展，丰富多彩的社交活动是必不可少的，人们为了联络感情，为了表示祝贺，为了欢迎或答谢他人，通常都会举行一定的宴请活动。宴请的类型有宴会、便宴、家宴、工作餐等。

宴会是一种大型聚餐活动，讲究环境、排场与气氛。礼仪要求严格，特别是对参加宴会的人数、席位的安排、菜肴数目都有严格的要求。

便宴是一种非正式宴会。形式简单、规模小且档次较低，对席位排列、菜肴数目不做规定，宴请过程比较简单。

家宴即在家里举行的宴请活动，形式比较简单，气氛轻松活跃，客人与主人的关系比较亲近，一般由主人亲自下厨做菜来招待客人。家宴礼仪讲究比较少。

工作餐是双方或多方进行工作洽谈而进行的聚餐，便于边吃边谈工作，没有座次的安排，形式灵活自由，在商务交往中应用较多。

（二）中餐宴请礼仪

1. 拟定宴请名单

这是整个准备活动的关键，因为客人的身份、宴请的目的、客人的级别及人数、客人与主人的熟识或融洽程度等都直接关系到后面的各个环节。确定名单时切忌搞大杂烩。

在确定客人名单后，还应确定陪同人员名单。这里有两个原则：一是要考虑双方级别和人数的对等，二是与宴请主题无关或对宴请目的没有帮衬作用的人最好不要出席宴会。

2. 确定宴请地点

根据宴会的规格选择相应的设宴地点，尽量做到有独特的风格，并考虑在何种规格下招待客人。如果有比较重要的人物到场，在宴请地点的选择上则不能过于随意。如果客人不愿意被更多的人发现自己的行踪，则应选择一个比较清静些的地点。还要注意选择卫生条件好的酒店，用餐条件太差，会影响大家的食欲，影响宴请效果。

3. 宴请的时间

宴请日期一般要避开客人工作最繁忙或是有重要活动的日子和时间段，一般要根据客方的时间来安排，以表示自己的诚意。注意避开有禁忌的日子。

4. 宴会邀请

时间地点确定后即向拟请的客人发出正式邀请，如果时间允许应提前三至七天发出邀请，使对方有充分的准备时间。而宴请当天还要再邀一次，以免客人忘记。邀请的方式可选择当面邀请、电话邀请、发请柬邀请，但宴请的时间、地点、主要出席人及赴宴方式等细节要表述得清楚准确。另外，对于较重要的客人应主动派专车去接，注意有接必有送。

5. 提前到达

请客一方应比客人提前到达，并对周围的环境、桌椅的摆设、菜品的准备等事项做出安排。准备就绪之后，到饭店大门外去迎候客人，如果客人的级别较高，主人还应到外面迎候。

（三）宴请桌次与座位的安排

一般的宴会，除自助餐、茶会及酒会外，主人必须安排客人的席次。

1. 桌次的顺序

三加一原则：如果双方来得人较多需分桌用餐的话，应确定其中一桌作为主桌。确定主桌一般有三个原则：一是居中为上，即当三桌以上（且为单数时）并列时，以中间一桌为主桌；二是以右为上，即二桌并列时，以右面一桌为主桌，但二桌以上（且为双数）并列时，则需同时使用上面两个原则来确定主桌，即中间的右面一桌为主桌；三是以远为上，即离房间正门最远（即最靠里面）的一桌为主桌。除了上面三个原则外，还有一个如何确定左右方向的原则——面门原则，即以面对房间正门时的右面为上。

排完桌次，就要分配各桌的人员，一般情况下，应尽量将主客双方的主要成员安排到主桌用餐，每桌都应安排己方的人员。

2. 座次的顺序

（1）一般而言，宴会排位要注意下列原则：

以右为尊。席次的安排以右为尊。故如男女主人并座，则男左女右，以右为大。宾客席次的安排亦然，即以男女主人右侧为大，左侧为小。

职位或地位高者为尊，高者坐上席，依职位高低，即官阶高低定位，不能逾越；座位的末座，不能安排女宾。

（2）比较正式的场合，常用的排位法是面门居中的位置为主位（也称埋单席、主陪席），对面为副主陪席。主陪席的右侧为主宾，副主陪的右侧为第二贵宾席，主陪席的左侧为第三贵宾席，副主陪的左侧为第四贵宾席，依此类推。

（3）席位安排要适当并照顾各种实际情况，根据特殊因素灵活处理。

如遇主宾身份高于主人，像邀请了顶头上司，为表示对他尊重，可以让主宾坐在主人的位置上，主人则坐在主宾位置上，第二主人坐在主宾的左侧。

至于男女宾的安排，我国习惯按各人职务、身份排列，以便于谈话。如果有夫人出席，通常要与宴会女主人排在一起。如男主宾坐在男主人右上方，其夫人坐在女主人右上方。

如遇欧美人士，由于他们视宴会为社交的最佳场合，故席位按习惯穿插安排。即男女分座，排位时男女互为间隔。夫妇、父女、母子、兄妹等必须分开。

如果参加宴会的人不是很多，甚至主人一方出面的只是公司老总和他的秘书，按上述排位方法显然都是不合适的，因为将第二贵宾安排在秘书旁边都是不够尊重的。这时主陪与副主陪的位置通常不变，贵宾依次坐在主陪席的右侧和左侧，依此类推。

如果双方来的人数差不多，最好互相间隔着坐，有利于交流。不要自己人坐一边，对方坐一边，像是在谈判。

（三）道别

在酒席进行到接近尾声时，主人应提前结清账单。在结账前要礼貌地向客人询问一下是否还要点什么，如果客人及主陪都明确表示不要什么了，就可去埋单了。

如果给客人备有礼物时，应提前放在贵宾自带的车上，并给对方司机交代清楚，而在贵宾上车前说一声"给您准备了一份礼物放在车上了"即可。如果客人是宴请方派车接来的，则应负责首先将客人送回去，如果有送一些礼物，则一定要负责将礼物送到家。

（四）赴宴礼仪

1. 尽早答复

接到正式宴会请柬，能否出席，一般要尽早答复主人，以便安排席位。隆重、正式的宴会，被邀请人不能出席时，一般不可派代表出席，除非主人另提出邀请。

2. 适度修饰

赴宴前，最好稍作打扮。男士可穿套装，并剃须。注意鞋袜是否干净，以免尴尬。女士穿时装或旗袍，化淡妆。倘若不加任何修饰，仪容不洁，着装不雅，会被视为不尊重主人。

3. 赠送礼品

若送礼品给主人，要选出他真正喜欢或需要的东西。

4. 准点到场

赴宴要遵守约定的时间，既不要太早，也不能迟到。按请柬注明的时间，稍微提前一点。如果你与主人关系密切，则不妨早点到达，以帮助主人招待宾客，或做些准备工作。

出席宴请活动逗留时间长短应根据活动的性质和当地习惯掌握好。迟到、早退、逗留时间过短被视为失礼或有意冷落。

5. 各就各位

抵达宴请地点时，首先跟主人握手、问候致意。对其他客人，要笑脸相迎，点头致意，或握手寒暄，互相问好；对长辈老人，要主动让座请安；对小孩则应多加关照。

按照指定的桌次、位次就座。倘无明确排定，亦应遵从主人安排，或与其他人彼此谦让。入座时，应于主人、主宾之后就座，或与大家一道就座。抢在他人之前就座，是不合适的。

6. 认真交际

宴请或聚餐的主要目的在于交际，所以在用餐前后，尤其是用餐前稍事等候时，不要忘记尽可能地进行适当的交际活动。要问候一下主人，联络一下老朋友，争取认识几位新朋友。

7. 倾听致词

在正式宴会开始前，主人与主宾大都要先后进行专门的致词。当宾主进行致词时，务必要洗耳恭听，专心致志。此刻开吃、闭目养神，接电话、与人交谈都是不对的。

8. 适时告辞

主宾如需提前退席，应向主人道歉后悄悄离去。散席时，客人要向主人等致谢，握手告别。并与其他客人告别。

（五）宴席间的礼仪

（1）由左入座，按座位次序就座，不随便挪动桌椅。

（2）开始就餐：由宴请方主持开始。

（3）手机、钱包、烟盒及打火机等不要放在餐桌上。

（4）吃饭时，切忌狼吞虎咽，吧嗒嘴。不要吸烟或清嗓，谈话时不应含着食物。

（5）不应在用餐时吐东西，如遇太辣或太烫之食物，可赶快喝下冰水调适或到洗手间处理。

（6）女士用餐前应先将口红擦掉，以免在杯或餐具上留下唇印，给人不洁之感。

（六）点菜礼仪

入席后，要先请主宾点菜，其余的客人也要一一让到。客人往往不好意思点名贵的菜肴，客人点完之后，主人再合理安排。点菜既要突出本地、本店的特色，又要照顾主宾的喜好。

（七）饮酒礼仪

1. 斟酒

酒水应当在饮用前再斟入酒杯。在侍者斟酒时，勿忘道谢，但不必拿起酒杯。

有时，主人为了表示对来宾的敬重、友好，会亲自为客斟酒。这时客人必须端起酒杯致谢，必要时，还须起身站立，或欠身点头为礼。有时，亦可向其回敬以"叩指礼"，向对方致敬。

斟酒时注意三点，一是面面俱到，一视同仁；二是注意顺序。可依顺时针方向，从自己所坐之处开始，也可先为尊长、嘉宾斟酒；三是斟酒需要适量，注意不同的酒斟的量不一样。

2. 敬酒

敬酒，亦称祝酒。在敬酒时，通常要讲一些祝愿、祝福之言。致祝酒辞是主人的优先权。祝酒辞不要太长，要有幽默感，应当与场合相吻合。在他人敬酒或致词时，其他在场者应一律停止用餐或饮酒。应坐在自己座位上，面向对方认真地倾听。

敬酒应遵循一定的次序，按职务高低和年龄尊卑依次敬酒。

敬酒时不应有遗漏，如果是多桌进餐，其他桌上的客人也应照顾到。频频举杯祝酒，会使现场氛围热烈而欢快。致正式的祝酒辞，应在特定的时间进行，比如在宾主入席后、用餐前或在吃过主菜之后、上主食之前进行，并以不影响来宾用餐为宜。

3. 饮酒禁忌

饮酒时应注意酒风，不可成心把别人灌醉；不可通宵达旦无节制地狂欢酗酒；不可在席上强人所难；不可在酒席上出现争执、佯醉等不良之风；不可失言、失态。忌酒后言行失控，不可借酒发疯、言语失控；忌在工作前日饮酒，上班前还醉意朦胧，这样会影响工作。

（九）中餐的上菜程序

1. 茶

餐前准备好茶水。

2. 凉菜

通常由荤素搭配组成。

3. 热炒

视规模选用滑炒、软炒、干炸、爆、烩、烧、蒸、浇、扒等组合。

4. 主菜

主菜又称为大件、大菜，主菜的道数通常是四、六、八等偶数。在豪华的餐宴上，主菜有时多达十六或三十二道，但普通是六道至十二道。其出菜顺序多以口味清淡和浓腻交互搭配，或干烧、汤类交配列为原则。最后通常以汤作为结束。

5. 主食

主食指主菜结束后所供应的点心等，如蛋糕、馅饼、面条、饺子、包子、米饭等。

6. 水果

最后是水果，爽口、消腻。

（十）使用筷子的礼仪

使用筷子的正确方法是用右手执筷，大拇指和食指捏住筷子的上端，另外三个手指自然弯曲扶住筷子，并且筷子的两端一定要对齐。在使用过程当中，用餐前筷子一定要整齐码放在饭碗的右侧，用餐后则一定要整齐地竖向码放在饭碗的正中。

使用筷子的禁忌有：

忌将筷子长短不齐地放在桌子上；

忌用大拇指和中指、无名指、小指捏住筷子，而食指伸出；

禁止把筷子的一端含在嘴里，用嘴来回去嘬，并不时地发出咝咝声响；

忌用餐时用筷子敲击盘碗，因为过去只有乞丐才用筷子击打饭盆；

忌用筷子来回在桌子上的菜盘里巡找，在菜盘里不停地扒拉挑拣；

忌使用一只筷子去插盘子里的菜品；

忌把一副筷子插在饭中递给对方；

忌在用餐时将筷子随便交叉放在桌上。

（十一）夹菜与让菜礼仪

一道菜上桌后，须等主人或长者动手后再去取食。如果是可以旋转的桌子，要将新上的菜先转到主人或长者面前。等到菜转到自己面前时再动筷，不可抢在邻座前面。不要把夹起的菜放回菜盘中，又伸筷夹另一道菜。遇邻座夹菜要避让，谨防筷子打架。

一般让菜但不夹菜。可向对方介绍有特点的菜，不要反复劝菜，也不要为其夹菜。如果需要给其他人夹菜的时候，要用公筷。

（十二）中餐酒菜的搭配

酒水的主要功能，是在用餐时开胃助兴。正式的中餐宴会通常要上白酒与红葡萄酒。尽量不要喝高度酒。正规的中餐宴会一般不上啤酒。啤酒在便餐、大排档中更为多见。

（十三）用餐完毕的结账礼仪

用餐完毕准备离去时，服务人员经过你身边时轻声唤住他，礼貌地说："请帮我们结账。"提高嗓门大叫埋单，或者手握钞票挥来挥去，会影响其他人用餐的情趣与安宁。结账工作是男士的专利，即使是女士请客，或平均分摊消费额，亦应由男士招请服务人员结账。

（十四）中餐注意事项

（1）吃面或条状的食物，动作要轻，防止面带着汤乱溅。每次用筷子卷绕的面条不宜太多。取"鳝鱼粉丝"等细长食物时，把餐碟端到所取食物旁边，再夹到自己的餐碟中，避免汤四溅或条状食物太长而把筷子挑得太高仍不能成功，有失大雅。

（2）不要发出不必要的声音，狼吞虎咽是粗俗的表现。

（3）中餐宴席进餐伊始，服务员送上的第一道湿毛巾是擦手的。上龙虾、鸡、水果时，会送上一只小小的水盂，其中漂着柠檬片或玫瑰花瓣，是洗手用的。

（4）不要挑食，不要只盯住自己喜欢的菜吃，或者急忙把喜欢的菜堆在自己的盘子里。用餐的动作要文雅，夹菜时不要碰到邻座，不要把盘里的菜拨到桌上，不要把汤泼翻。

（5）不要一边吃东西，一边和人聊天。

（6）嘴里的骨头和鱼刺不要吐在桌子上，可用餐巾掩口，用筷子取出来放在碟子里。不要用手去嘴里乱抠。用牙签剔牙时，应用手或餐巾掩住嘴。不要让餐具发出任何声响。

（7）在主人还没示意结束时，客人不能先离席。

五、知识拓展

筷子的来历

在使用筷子之前，我们的祖先也经历过用手抓饭吃的过程。但热粥汤羹又如何抓取得了呢？于是不得不随地折取一些草茎木棍来帮助进食。筷子，可谓中国的国粹。它既轻巧又灵活，在世界各国的餐具中独树一帜，被西方人誉为"东方的文明"。我国使用筷子的历史可追溯到商代。《史记·微子世家》中有"纣始有象箸"的记载，纣为商代末期君主，以此推算，我国至少有三千多年的用筷历史了。先秦时期称筷子为"挟"，秦汉时期叫"箸"。古人十分讲究忌讳，因"箸"与"住"字谐音，"住"有停止之意，乃不吉利之语，所以就反其意而称之为"筷"。这就是筷子名称的由来。

六、应用与考核

（一）案例分析

1．案例：张小姐是华瑞公司新聘用的公关部经理，明天她要负责宴请立华公司的业务经理，她预定了一个地理位置合适的餐馆，环境、卫生、服务皆一流。安排了参加人员及车辆，准备了茶、酒和饮料。

2．提问：张小姐的安排是否符合接待礼仪？

（二）模拟训练

模拟中餐宴请过程。

任务二　西餐宴会礼仪

一、任务提出

中快公司的张经理要请刚从英国归来的朋友王先生吃西餐，安排自己的秘书小何去作陪，你认为小何在吃西餐时，应注意什么？特别提示：秘书小何是第一次吃西餐。

二、教学实施建议

同学们按不同的角色上台模拟吃西餐的情景，模拟完毕请几名同学做点评，最后老师示范并讲解。

三、任务分析

应该了解并掌握吃西餐的礼仪。

四、知识要点

西餐主要是对西方国家，即欧洲各国菜点的统称。西餐以法式、英式、美式、俄式为菜式代表。

（一）座次、入席与离席

正式宴会上，男女主人要在大厅里迎接客人。男主人引领女主宾最先入席，请她坐在自己右边。在西式家庭宴会中，女主人是宴会中真正的主人，应最后一位进入餐厅。

入席：西餐入席的规矩十分讲究，男女主人分别坐在长方形桌子的上下方，女主人的右边是男主宾，男主人的右边是女主宾。其他客人的坐法是男女相间。男士在上桌之前要帮右边的女士拉开椅子，待女士坐稳后自己再入座。大家落座之后，主人拿餐巾，客人再拿餐巾。入席后餐巾应平放在膝盖上。

宴会结束时，主人首先站起来，宣布散席。先让女宾离席，然后是男宾。无论是离席或入席，男宾都要帮助女宾拉开椅子，协助离席或入席。离席后，不可急忙告退，应等待女主人出门送客，才可握手言别。

（二）西餐餐具的使用

西餐的餐具是刀、叉、盘子，另外还有一些专用餐具，用于吃一些特殊菜肴。

1. 刀叉的使用方法

一般是右手持刀、左手持叉，将食物切成小块，然后用叉送入口内。

英国式的刀叉使用要求在进餐时，始终右手持刀，左手持叉，一边切割，一边叉而食之。通常认为，这种方式较为文雅。

美国式的做法是先右刀左叉，一口气把餐盘里要吃的东西全部切好，然后把右手中的餐刀斜放在餐盘前方，将左手中的餐叉换到右手，再以之大吃。这种方式比较省事。

2. 刀叉的使用顺序

从外侧依次向内取用。在宴会时，每吃一道菜用一副刀叉，一般情况下刀叉摆放的顺序是每道菜上桌的顺序，刀叉用完了，意味着上菜也结束了。

刀叉有不同规格，用途不同而决定刀叉尺寸的大小也有区别。吃肉时，不管是否要用刀切，都要使用大号的刀。吃沙拉、甜食或一些开胃小菜时，要用中号刀，叉或勺一般随刀的大小而变。喝汤时，要用大号勺，而喝咖啡和吃冰激凌时，则用小号为宜。

不要在没有进餐完毕的时候，就把刀和叉向右叠放在一起，握把都向右，这样服务员会以为你已经就餐完毕，会把你的饭菜撤下去。如未吃完，应刀口向里，摆成八字置于盘子左右两边。

如果刀叉不小心掉到地上，不要自己弯腰去捡，而是请服务生过来替你捡起换新。

（三）西餐的上菜程序和吃法

西餐上菜程序通常是：头盘；汤；副菜；主菜；蔬菜类菜肴；甜品和点心；咖啡和茶。除此之外，还有餐前酒和餐酒。没有必要全部都点，一般前菜、主菜（鱼或肉择其一）加甜点是最恰当的组合。点菜并不是由前菜开始点，而是先选一样最想吃的主菜，再配上适合主菜的汤。宴会开始后，每一道菜上来时，亦要经主人让菜，才能开始进餐。

1. 头盘

西餐的第一道菜是头盘，也称为开胃品。常见的开胃品有鱼子酱、鹅肝酱、奶油鸡酥盒、焗蜗牛等。开胃菜一般都有特色风味，味道以咸和酸为主，且数量少，质量较高。

2. 汤类

西餐的第二道菜就是汤。大致可分为清汤、奶油汤、蔬菜汤和冷汤等类型，包括各式奶油汤、海鲜汤、意式蔬菜汤、俄式罗宋汤等。冷汤的品种较少，有德式冷汤、俄式冷汤等。喝汤的方法是先用汤匙由后往前将汤舀起，将汤匙的底部放在下唇的位置将汤送入口中。碗中的汤剩下不多时，可用手指将碗略微抬高。

3. 副菜

通常水产类菜肴与蛋类、面包类、酥盒菜肴品都称为副菜，是西餐的第三道菜。因为鱼类等菜肴的肉质鲜嫩，比较容易消化，所以会放在其他肉类菜肴的前面。吃鱼类菜肴讲究使用专用的调味汁，品种有鞑靼汁、荷兰汁、酒店汁、白奶油汁、大主教汁、美国汁和水手鱼汁等。

4. 主菜

西餐的第四道菜，也称为主菜。主菜有牛肉、羊肉、猪肉、鸡、鸭、鹅，还有兔肉和鹿肉等野味，其中最有代表性的是牛肉或牛排。主菜都需要用刀切割。牛排按其部位又可分为沙朗牛排（也称西冷牛排）、菲利牛排、"T"骨型牛排、薄牛排等。其烹调方法常用烤、煎、铁扒等。肉类菜肴配用的调味汁主要有西班牙汁、浓烧汁、蘑菇汁、白尼斯汁等。

吃法是用叉子将整片肉固定，再将刀沿骨头插入，把肉切开。边切边吃。必须用手吃时，会附上洗手水。当洗手水和带骨头的肉一起端上来时，意味着"请用手吃"。吃后，将手指放在装洗手水的碗里洗净。吃一般的菜时，如果把手指弄脏，也可请侍者端洗手水来洗。

5. 蔬菜类菜肴

蔬菜类菜肴在西餐中称为沙拉，可以安排在肉类菜肴之后，也可以和肉类菜肴同时上桌，可以算为一道菜，或称为一种配菜。和主菜同时服务的沙拉，称为生蔬菜沙拉，一般用生菜、西红柿、黄瓜等制作。沙拉的主要调味汁有醋油汁、法国汁、千岛汁、奶酪沙拉汁等。

熟食的蔬菜通常和主菜的肉食类菜肴一同摆放在餐盘中上桌，称为配菜。

6. 甜品和点心

西餐的甜点是在主菜后食用的。它包括所有主菜后的食物，如布丁、冰激凌、奶酪、水果、面条、炸薯片、三明治等。吃冰淇淋、布丁等甜点用点心叉和匙；水果可上可不上，如果有用叉子取用；面条用叉子卷食；炸薯片、三明治等食物，不用刀叉，可以用手取食。取食时，仅用拇指和食指，之后可用餐巾擦拭双手。

7. 咖啡、茶和水果

西餐最后是上饮料、咖啡或茶，有时也可以安排水果。

喝咖啡一般要加糖和淡奶油。加糖后应用小茶匙搅拌。饮用时应右手拿杯把，左手端垫碟，直接用嘴喝，不要用小勺舀着喝。饮过之后不宜将匙再放入杯中。茶一般要加香桃片和糖。吃水果时应先用水果刀切成瓣再用刀去掉皮、核，用叉子叉着吃。

（四）西餐饮酒礼仪

1. 西餐中酒菜的搭配

吃西餐时，每道不同的菜肴要配不同的酒水，吃一道菜便要换上一种新的酒水。西餐宴会中所上的酒水，可分为餐前酒、佐餐酒、餐后酒等三种。它们各自又拥有许多具体种类。

餐前酒，别名开胃酒，有香槟、味美思、雪利酒或吉尔酒等较淡的酒。佐餐酒，又叫餐酒，均为葡萄酒，大多数是干葡萄酒或半干葡萄酒。餐后酒，是在用餐之后助消化的酒水，最常见的是利口酒，又叫香甜酒，还有"洋酒之王"美称的白兰地酒。

西餐讲究"白酒配白肉，红酒配红肉"。白肉，即鱼肉、海鲜、鸡肉。红肉，即牛肉、羊肉、猪肉。此处所说的白酒、红酒，都是葡萄酒。

饮不同的酒水，要用不同的专用酒杯，包括香槟杯、红葡萄酒杯、白葡萄酒杯以及水杯等。可依次由外侧向内侧进行取用，亦可"紧跟"主人的选择。

2. 西餐中的饮酒礼仪

酒类服务通常是由服务员负责将少量酒倒入酒杯中，让客人鉴别一下品质是否有误。只需把它当成一种形式，喝一小口并回答"Good"。接着，侍者会来倒酒，这时，不要动手去拿酒杯，而应把酒杯放在桌上由侍者去倒，但不要忘了向服务员致谢。

握杯应用大拇指、食指和中指三根手指轻握杯脚，小指放在杯子的底台固定。

饮酒前应有礼貌地品一下酒，先欣赏一下酒的色彩，闻一闻酒香。继而慢慢品味。喝酒时绝对不能吸着喝，而是倾斜杯子，像是将酒倒在舌头上似的喝。轻轻摇动酒杯让酒与空气接触以增加酒味的醇香，但不要猛烈摇晃杯子。此外，一饮而尽、边喝边透过酒杯看人、拿着酒杯边说话边喝酒、吃东西时喝酒、口红印在酒杯沿上等，都是失礼的行为。

如果是在宴会上，服务员打开酒瓶后，先要上一点递给主人品尝。主人应先饮一小口仔细品评、然后再尝一口，感到所上的酒完全合乎要求时，再向服务员示意斟酒。

（五）西餐仪表仪态礼仪

1. 穿着

吃饭时穿着得体是欧美人的常识。男士要服装整洁；女士要穿套装和有跟的鞋子。

2. 女士优先

进入餐厅时，男士应先开门，请女士进入。入座、餐点端来时，应女士优先。

3. 就坐

由椅子的左侧入座。当椅子被拉开后，身体在几乎要碰到桌子的距离站直，领位者会把椅子推进来，腿弯碰到后面的椅子时，就可以坐下来。用餐时，上臂和背部要靠到椅背，腹部和桌子保持约一个拳头的距离，两脚交叉的坐姿最好避免。

4. 餐巾的使用

点菜完毕，在前菜送来前的这段时间把餐巾打开，往内折三分之一，让三分之二平铺在腿上，盖住膝盖以上的双腿部分。

5. 进餐仪态

进餐时，应闭嘴咀嚼，不要发出声音。同时避免刀叉酒杯相互碰撞发出声音，不要弄洒东西。

（六）西餐禁忌

（1）用餐时身体不要离开餐盘，千万不要把餐盘端起来，狼吞虎咽地吃。

（2）用餐时，不要当众解开衣服纽扣，或脱下衣服。

（3）不要拿自己的餐具为别人夹菜或递取食物。

（4）不要在别人用餐时，拨弄自己的头发，更不允许化妆。

(5) 在西餐餐桌上不可以当众剔牙。在西方人看来，当众剔牙是一种极不文明的举止。

(6) 打喷嚏时，要迅速用餐巾挡一下，并对大家说声"对不起"。

(7) 吃西餐的席间不允许抽烟，只有咖啡上来了，表示西餐结束时，方可抽烟。

五、知识拓展

西 餐 菜 系

因地域、民族、风俗、宗教信仰的不同，西餐的菜式种类较多。

1. 法式菜

法国菜式选料广泛，用料新鲜，加工精细，烹调考究，滋味鲜美，花色繁多。蜗牛、马兰、百合等均可入菜；烹饪加工讲究急火速烹，以"半熟鲜嫩"为菜肴特色，牛、羊肉只烹至五六成熟，烤鸭近三四成熟即可食用。另外，烹调时注重不同的菜肴用不同的酒来调味。

2. 英式菜

英国菜式选料广泛，口味清淡。多选用肉类、海鲜和蔬菜，烹调上讲究鲜嫩和原汁原味，所以较少用油、调味品和酒。盐、胡椒、酱油、醋、芥末、番茄酱等调味品大多放在餐桌上由客人自己选用。英式名菜主要有薯烩羊肉、烤羊马鞍、鸡丁色拉、烤大虾、冬至布丁等。

3. 俄式菜

俄国菜式选料广泛，油大味浓，制作简单，简朴实惠。俄式菜喜用鱼、肉、蔬菜作原料。口味以酸、甜、咸、辣为主，喜用奶油调味，烹调方法较为简单，肉禽类菜肴要烹制全熟才食用。俄式名菜主要有鱼子酱、罗宋汤、串烤羊肉、鱼肉包子、酸黄瓜等。

4. 意式菜

意大利菜式汁浓味厚，讲究原汁原味，喜用橄榄油、番茄酱，调味用酒较重。意式菜以面制品见长，如通心粉、比萨饼等。意式名菜主要有铁扒干贝、红焖牛仔肘子、馄饨、通心粉蔬菜汤、三色比萨、肉馅春卷、肉末通心粉等。

5. 德式菜

德国菜式丰盛实惠，朴实无华。德式菜喜用灌肠、腌肉制品，口味以咸中带酸、浓而不腻为特点，喜用啤酒调制，烹调方法较为简单，某些原料，如牛肉有时生食。德式名菜有酸菜咸猪脚、苹果烤鹅、鞑靼牛排等。

6. 美式菜

美国菜式是在英式菜的基础上发展起来的，所以继承了英式菜简单、清淡的习惯。美式菜甜中带咸，喜用水果和蔬菜作原料来烹制菜肴，如苹果、葡萄、梨、菠萝、橘子、芹菜、番茄、生菜、土豆等。美式名菜主要有蛤蜊浓汤、丁香火腿、圣诞火鸡、苹果色拉等。

六、应用与考核

（一）案例分析

刘小姐和一位姓张的男士在一家西餐厅就餐，姓张的男士点了海鲜大餐，刘小姐则点了烤羊排，主菜上桌，两人的话匣子也打开了，男士边听刘小姐聊起童年往事，边吃着海鲜，心情愉快极了，正在陶醉的当口，他发现有根鱼骨头塞在牙缝中。男士心想，用手去掏太不雅了，所以就用舌头舔，舔也舔不出来，还发出啧啧喳喳的声音，好不容易将它舔吐出来，就随手放在餐巾上。之后他在吃虾时又在餐巾上吐了几口虾壳。刘小姐对这些不太计较，可这时男士拉起餐巾遮嘴，用力打了一声喷嚏，餐巾上的鱼刺、虾壳随着风势飞出去，其中的一些正好飞落在刘小姐的烤羊排上。接下来，刘小姐话也少了许多，饭也没怎么吃。

请指出本例中姓张的男士的失礼之处。

（二）模拟训练

现场模拟一下三人吃西餐的情景。

任务三　自助餐礼仪

一、任务提出

今天，王先生全家过周末，去吃自助餐，在用餐过程中。首先王先生用盘子盛了满满的几大盘，说省得总去取了。他的妻子带着孩子，拿着盘子挑来拣去，还不时地把菜夹起来闻闻又放下，用餐完毕，王先生的妻子还把吃剩下的蛋糕，统统装到了背包里。

请指出王先生一家人在用餐过程中的不符合自助餐礼仪之处。

二、教学实施建议

课前老师提前布置任务，课上学生分组，进行讨论，辅助简单道具进行现场模仿，最后师生共同进行点评，纠正错误。

三、任务分析

1. 自助餐应时刻注意取菜方法。
2. 自助餐应注意少量多次取用,避免不必要的浪费。
3. 自助餐要注意夹菜用具专用,不得随意挪动。
4. 自助餐中剩余食品是不允许客人带出的。

四、知识要点

(一) 自助餐

自助餐也叫冷餐会、不预备正餐,就餐者自行选择食物、饮料,或立或坐,与他人一起或独自一人用餐。它是国际上通行的一种非正式的宴会,在大型的商务活动中尤为多见。

1. 自助餐的优点

(1) 免排座次。

自助餐不固定用餐者的座次,可免除座次排列的麻烦,便于用餐者自由地进行交际。

(2) 节省费用。

自助餐多以冷食为主,不上高档的菜肴、酒水,可节约主办者的开支,避免浪费。

(3) 各取所需。

自助餐上,主人不必担心众口难调的问题,客人可以根据自己偏爱的口味随意选取菜肴。

(4) 招待多人。

自助餐可方便用来款待数量较多的来宾,不必担心招待不过来。

2. 安排自助餐的礼仪

(1) 时间的安排。

自助餐可以是早餐、午餐或晚餐,每次用餐的时间不宜过长。自助餐经常被安排在各种商务活动之后,作为其附属的环节之一。自助餐的用餐时间不必进行正式的限定。只要主人宣布用餐开始,大家即可动手就餐。在整个用餐期间,用餐者可以随到随吃,不必提前恭候、统一退场,在与主人打过招呼之后,随时都可以离去。

(2) 地点的安排。

自助餐安排在室内外进行皆可。通常,选择在大型餐厅、露天花园之内进行。大小既能容纳下全部就餐之人,又能为其提供足够的交际空间就可以了。

(3) 食物的准备。

在自助餐上，为就餐者所提供的食物大致应当包括冷菜、汤、热菜、点心、甜品、水果以及酒水等几大类型。可酌情安排一些时令菜肴或特色菜肴。在准备食物时，务必要保证供应，还须注意热菜、热饮的保温问题。

(4) 主人对客人的招待。

① 安排服务者。

自助餐上的侍者需由健康而敏捷的男性担任，主动向宾客提供一些辅助性的服务。同时负责补充供不应求的食物、饮料、餐具等。

② 照顾好宾客。

在自助餐上对宾客要做到一视同仁，但对主宾需要特殊照顾，陪同其就餐，与其进行适当的交谈，为其引见其他客人等。但要给主宾留一点自由活动的时间，不要始终伴随其左右。

③ 充当引见者。

在自助餐期间，主人一定尽可能地为彼此互不相识的客人多创造一些相识的机会，并且积极为其牵线搭桥，充当引见者。

3. 自助餐的用餐礼仪

(1) 排队取菜。

在享用自助餐时，讲究先来后到的原则，排队选用食物。千万不要乱挤、乱抢、乱插队。

(2) 循序取菜。

取餐顺序按西餐顺序，吃一道取一道。多种菜肴盛在一起，会导致甜咸混杂，相互窜味。

(3) 取菜方向。

依顺时针方向取菜，才可避免跟别人撞在一起。

(4) 多次少取。

允许反复取菜，但每次应当只取一小点，不要一次装得太多。

(5) 积极交际。

在自助用餐时，应主动寻找机会，积极地与其他人进行交际活动。

(6) 送回餐具。

用餐完毕，自行将餐具送回指定的位置。有时可将餐具留在餐桌上由侍者负责收拾。

(7) 避免外带。

就餐者在用餐现场可以自行享用，不许携带回家。

(二) 酒会

酒会是一种便宴形式。常为社会团体或个人举行纪念活动和庆祝生日，联络和增进感情而用。

1. 酒会的类型

酒会按举行时间的不同可分为两种类别：正餐之前的酒会和正餐之后的酒会。而对于正餐之后的酒会，在请帖中则常以聚会或家庭招待会代替。

（1）正餐之前的酒会。

正餐之前的酒会习惯上被称为鸡尾酒会，用鸡尾酒来唱主角。始于下午6时左右，持续约2小时。一般不备正餐，只备酒水和点心。有明确的时间限制，一般在请帖中都会写明。

（2）正餐之后的酒会。

正餐之后的酒会通常在晚上9时左右开始，一般不严格限定时间的长短，客人可以根据自身情况确定告辞时间。餐后酒会通常可以不供应食品。

2. 酒会的特点

（1）以酒水和冷食为主。

会上不设正餐，略备酒水、点心、菜肴等，而且多以冷味为主，也称作冷餐会。

（2）不限衣着。

参加酒会时，不必像正式宴请那样刻意修饰，只要做到端庄大方、干净整洁即可。

（3）不必准时。

酒会到场与退场的时间一般可由宾客自己掌握，没有必要像出席正规宴会那样准时。

（4）不排席次。

酒会不排桌次、位次，用餐者一般采用站立姿势。设置一些座位，供疲惫时稍作休息。

（5）自选菜肴。

宾客根据自己口味和需要去餐台选择点心、菜肴和酒水，也可通过侍者选取。

（6）自由交际。

由于不设座位，酒会具有较强的流动性，宾客之间可自由组合，随意交谈。

3. 酒会组织者的工作

在筹备酒会时，要着重考虑以下几个方面：

（1）给客人提供方便。

酒会成功的重要因素之一就是让客人容易找到自己想要的东西。香烟及果仁、点心之类的食品应方便持拿，最好将其置于房间各处，以方便取用；酒水准备充足，供应及时。给不饮酒的客人准备无酒精饮料。

（2）避免延迟开始。

酒会对准时出席的要求不如正宴那么严格，但若许多客人姗姗来迟，以致酒会推迟开始，则会使主人非常难堪。聪明的主人一定会让少数好友准时到达，并赖以协理酒会事宜。

4. 酒会上的用餐礼仪

（1）掌握餐序。

标准的酒会餐序依次为开胃菜、汤、热菜、点心、甜品、水果，也有不备热菜的酒会。鸡尾酒在餐前或吃完甜品时喝。酒会上用餐，切忌大吃大喝，最好做到合理搭配，取食有度。

（2）排队取食。

在酒会上用餐时，无论是去餐台取菜，去酒吧添酒，还是从侍者的托盘中取酒，都应做到礼貌谦让，遵守秩序，排队按顺时针方向进行拿取。

（3）多次少取。

酒会上就餐时要遵循"多次少取"的原则。由于酒会采用自助形式，要由宾客自己取食，因此宾客取食时的表现会成为其礼仪素养水平的重要表现。

（4）禁止外带。

一般酒会上的酒水和食品都供应充足，宾客可按自己需要享用，但绝对不可外带。

（5）勿施于人。

在酒会上，除家人、至交外，不要擅自去替别人代取酒水、点心、菜肴。

5. 酒会上的交际

酒会的交际意义远远大于酒会的饮食意义。因此，在酒会上交际时也要讲究适当的礼仪原则，以免事与愿违，或处于孤立情况。酒会交际应注意的问题主要有以下几个方面：

（1）主动攀谈，尊重他人。

（2）保持风度，照顾女宾。

（3）适量取酒，饮酒有度。

（4）适时告辞，不忘致谢。

五、知识拓展

自助餐的来历

据考，自助餐的真正起源是八至十一世纪北欧的斯堪的纳维亚半岛，那时的海盗们每有所猎获的时候，就要由海盗首领出面，大宴群盗，以示庆贺。但海盗们不熟悉也不习惯当时中西欧吃西餐的繁文缛节，于是便独出心裁，发明了这种自己到餐台上自选、自取食品及饮料的吃法。以后的西餐业者将其文明化、规范化，并丰富了食物的内容，就成了今日的自助餐。很多西方专业自助餐厅现在还冠以"海盗餐厅"的名字，就是这个缘故。

六、应用与考核

（一）案例分析

龙腾公司负责人决定在企业开业典礼结束后，举办一次大型的自助餐会以招待来宾、表示感谢，如果你是该企业的负责人，你该做哪些准备？

（二）模拟训练

请同学们自行组织到自助餐厅就餐，遵守礼仪。

任务四　舞 会 礼 仪

一、任务提出

北京长城公司一行五人，近日要来河北华夏公司参观学习，华夏公司相关负责人委派办公室的小王在招待晚餐后组织一场舞会，以示对兄弟公司员工的欢迎，你认为小王应如何组织这场舞会？组织过程中应注意哪些环节？

二、教学实施建议

请同学们帮助小王组织一场舞会，并在课堂上进行现场演练。舞会目的一是锻炼学生们的组织协调能力和语言表达能力，二是锻炼学生们的临场应变能力。最后由老师进行点评。

二、任务分析

根据参加舞会的人数选择舞会场地，安排举办舞会的时间，确定参加舞会的人员。遵守舞会礼仪。

四、知识要点

（一）舞会的不同种类

1. 大型舞会

大型舞会是一种非常正式的舞会，会与酒会或餐会合并举行，并且有乐队伴奏，时间是晚上七点到凌晨一点。与会人士都要穿着礼服。

2. 餐舞

餐舞是同晚餐一起举办的大型舞会。它是结合了晚宴、舞会和表演的社交活动。主人通常会提供香槟酒，现场还有大型的乐队和表演者助兴。时间大概是晚上七点到凌晨一点共六个小时。

3. 餐后舞

餐后舞是指不供应晚餐，等宾客吃完饭之后再跳舞的一种舞会。

4. 面具舞会

参加人必须穿礼服、戴面具，显得神秘而有趣。每个人的真实面貌完全隐藏在各式面具中，无论性别、职业、年龄。

5. 化装舞会

参加人身着奇装异服，扮成阿拉伯王子、中古骑士、吉普赛人、水手等，很有戏剧效果。

6. 主题舞会

设计一个特别的主题，参加者按照这个主题打扮后参加舞会，例如学生的毕业舞会。

（二）组织舞会

舞会是酬宾交友的较好形式，一定要精心准备，力求气氛热烈。

1. 时间的安排

（1）时机。

举办舞会最好为其找一个恰当的名义，如庆祝生日、纪念结婚、晋职升学、欢度佳节、款待贵宾，等等。在一般情况下，周末和节假日非常适宜举办舞会。

（2）时间。

确定举办舞会的时间，要考虑两点：一是不要令人过度疲劳，二是不要有碍工作和生活。在正常情况下，舞会适合于傍晚举行，结束时间以不超过午夜为好，其最佳长度为2~3小时。

2. 场地的安排

场地布置要雅致美观，场地大小与被邀客人多少有关，给客人拥挤或空旷的感觉都会影响舞会气氛；舞池的灯光应当在柔和之中又有所变化；音响音量要适度；地面要平整光滑；舞池的周围最好设置足够的桌椅，供客人休息使用。

3. 舞曲的选择

选择众人熟悉、节奏鲜明、旋律优美的曲目作为舞曲。曲目安排有快有慢，各取所需。一般用《友谊地久天长》《一路平安》等作为尾曲，使来宾知道"舞会到此结束"。

4. 邀请客人

（1）约请。

最好提前一周以适当的方式向对方发出正式邀请。正式场合用书面邀请。

（2）限量。

在筹办舞会时，以舞池面积为重要依据，规定参加者的具体数量。

（3）定比。

组织舞会要确保男女数量相当。

5．接待来宾

为确保舞会的顺利进行，应安排好舞会的主持人、招待员、保安人员及伴舞者；并且准备好茶点、水果、纸巾等。

（三）参加舞会

1．修饰与着装

参加舞会前，要对个人的形象进行修饰。女士化妆的重点是美容和美发。穿短袖或无袖装时要剃去腋毛。服装避免过露、过透、过短、过紧。舞鞋最好有跟。香水不要过量。男士化妆的重点是美发、剃须、护肤和祛味。男女着装都必须干净，整齐，美观，大方。舞会上不能戴帽子、墨镜，不能穿拖鞋、凉鞋、旅游鞋，不应穿外套。

舞会上要注意保持口腔卫生，如果是外伤患者、感冒患者等，不宜参加舞会。

2．邀请舞伴

（1）邀请对象。

舞会上的头一支舞曲，男士要去邀请与自己一同前来的女士共舞。从第二支舞曲开始，男主人应邀请男主宾的女伴跳舞，而男主宾则要回请女主人共舞。接下来，男主人要依次邀请在礼宾序列上排位第二、第三的男士的女伴各跳一支舞曲，被男主人相邀共舞的女士的男伴，则应同时回请女主人共舞。

男宾应当依礼邀请下列女士共舞：舞会的女主人、被介绍相识的女士、旧交的女伴、坐在身旁的女士。女士被男宾相邀后，与其同来的男伴应回请该男宾的女伴共舞。

舞会上一对舞伴只宜共舞一支曲子。结束曲时，男士应与一同前来的女士再跳一次。

（2）如何邀请。

邀请舞伴，力求文明、大方、自然，讲究礼貌。不要勉强对方，尤其不要出言不逊，或是与其他人争抢舞伴。男士要步履稳重地走到女士面前，稍弯腰鞠躬，微笑轻声说"请您跳个舞，可以吗"或者"请您赏光跳支舞好吗"。

一曲音乐结束后，男士应将舞伴送回她原来的座位，待其落座后，说一声"谢谢，再见！"然后离去。

（3）拒绝对方。

舞会上通常不宜拒绝他人的邀请。非要回绝邀请，要注意不要伤害对方的自尊。要起身相告具体原因，并向对方致歉"实在对不起"。可以使用委婉、暗示的托词如"已经有人邀请我了""我累了，想休息一会儿""我不会跳这种舞""我不熟悉这首舞曲"。

拒绝别人的邀请后，不要马上接受他人的邀请，否则对前者不礼貌。

被人拒绝后，要不恼不怒，始终保持绅士风度。

（四）跳舞时的礼仪

步入舞池的时候，要女先男后，由女士选择跳舞的具体方位。而在跳舞的过程中，则由男士带领，男士在先，女士在后。跳舞时的行进方向，都必须按照逆时针方向进行。在跳舞时，舞姿要端庄。除了以手相互持握外，身体的其他部位保持大约一拳的距离，除交谈外，不要长时间盯着舞伴的双眼。万一不慎碰撞或踩踏了别人，应当主动地向对方道歉。舞会上不要高声谈笑，舞会进行时，不要穿越舞场，更不要打断他人跳舞。

当有乐队演奏时，一曲舞毕，跳舞者应先面向乐队立正鼓掌以示感激，然后再离开。这时男士要把自己邀请的女士送回其原来的休息处，道谢告别之后，再去邀请其他女士。

五、知识拓展

国际标准交谊舞的种类

1. 现代舞

现代舞起源于欧洲，具有端庄、含蓄、稳重、典雅的风格和绅士风度。舞步流畅，轻柔洒脱，舞姿掩盖，起伏有序，音乐节奏清晰，舞蹈富于技巧性，是老少皆宜的舞系。

（1）华尔兹（Waltz）。

华尔兹舞亦称贺舞，是现代舞中历史最悠久、生命力最强的舞蹈形式。"华尔兹"一词最初来自古德文Walzel，意思是"滚动""旋转"或"滑动"。

华尔兹的风格特点是庄重典雅，华丽多彩。其动作流畅，起伏婉转多变；舞姿飘逸优美，文静柔和。跳舞时，男伴似王子气宇轩昂，女伴似公主温文尔雅，雍容大方。华尔兹音乐为3/4节拍，节奏中等，每分钟20～30小节。

（2）探戈舞（Tango）。

探戈舞起源于非洲中西部的民间舞蹈探戈诺舞。

探戈舞是最早被英国皇家舞蹈协会肯定，并加以规范的四个标准舞蹈之一。它综合了世界各种探戈舞的精华，以其刚劲挺拔、潇洒豪放的风格和独有的魅力征服了舞坛。探戈舞步独树一帜，斜行横进，步步为营，俗称"蟹行猫步"。探戈动作刚劲锐利，欲进又退，欲退还前，动静快慢，错落有致，沉稳中见奔放，闪烁中显顿挫。探戈音乐速度中等，气氛肃穆，以切分为主，听之铿锵有声，振奋精神。

（3）狐步舞（Slow Foxtrot）。

狐步舞起源于美国黑人舞蹈。1914年夏，美国人哈利·福克斯模仿马在慢步行走时的动作，并设计了一种舞蹈形式，这种舞蹈形式迅速在全美风行。人们也称狐步为福克斯。现在国际上跳的狐步舞是英国的约瑟芬·宾莉改编的。

狐步舞的风格特点是除了具有华尔兹的典雅大方、舒展流畅和轻盈飘逸之外，更具有狐步舞独有的平稳大方、悠闲自在、从容恬适的韵味。狐步舞的舞步轻柔、圆滑、流畅，方位多变且不并步。在动作衔接中呈现出降中有升、升中有降的线行流动状。狐步音乐4/4拍，速度中庸，节奏明快，情绪幽静而文雅，基本节奏与探戈相反，是慢快快（SQQ）。

（4）快步舞（Quick Step）。

快步舞从美国民间舞（P、E、E、P、BODY）改编而成，早期的快步舞吸收了快狐步的动作，后又引入芭蕾的小动作，使动作更显轻快灵巧。现在大家跳的是英国式的快步舞。

快步舞的风格特点是轻快活泼，富于激情。舞步洒脱自由，饱含动力感和表现力。快步舞音乐为4/4拍，每分钟50小节，基本节奏是慢慢快快（SSQQ），慢快快慢（SQQS）。

（5）维也纳华尔兹（Viennese Waltz）。

维也纳华尔兹起源于奥地利北部山区的农民舞，是历史最悠久的舞蹈。维也纳华尔兹的风格特点是动作舒展大方，连绵起伏，节奏清晰，旋律活泼，动作优美，舞步轻快流畅，旋转性强。维也纳华尔兹的音乐是3/4拍，每分钟60小节。在比赛中常被放在第5个舞种进行，要求选手有充沛的体力才能从容地完成。

2. 拉丁舞

拉丁舞中，伦巴的历史最悠久，舞型最成熟，原始的风味糅和有时代感的新鲜线条，透露恋爱的剧情，气氛迷人，动容入情。而桑巴、恰恰恰和牛仔舞却刻意突出身体的感受，以淋漓尽致的律动为能事，充分表达青春欢乐的气息。至于斗牛舞，则气势轩昂，炫耀夸张，戏剧化的效果最强。

（1）伦巴（Rumba）。

现代伦巴舞是由古巴舞融合16世纪非洲黑人舞的西班牙（波莱罗）舞并逐渐完善得来的。伦巴舞的音乐缠绵、浪漫，舞蹈风格柔媚、抒情，伦巴舞是表现爱情的舞蹈，与其他拉丁舞不同的特点是它的舞步在运行中，髋部富有魅力地扭摆，上身自由舒展，在抑扬的韵律节奏下，具有文静、含蓄的风格，更加展示了女性婀娜多姿的美态。伦巴舞因在拉丁舞中历史悠久，舞型成熟和它那异国情调的独特风格，被誉为"拉丁舞之魂"。伦巴舞音乐为4/4拍，4拍走3步，每分钟27小节。

（2）恰恰恰（Cha - Cha - Cha）。

恰恰恰舞由非洲传入拉美后，在古巴获得了很大发展，它是模仿企鹅姿态创编的舞蹈。在动作编排上一反男子领舞的习惯，男女动作不求统一整齐，且多半是男子随后。恰恰恰舞的音乐曲调欢快有趣，为4/4拍，每分钟29~32小节，4拍跳5步。恰恰恰名称动听,节奏欢快易记,邦伐斯鼓和沙球的咚咚沙沙声与动作相吻合,舞蹈又有诙谐、花哨的风格,所以备受欢迎,是拉丁舞中最流行的舞蹈。它与伦巴舞一起被称为"姊妹舞"。

(3) 牛仔舞(Jive)。

牛仔舞原是美国西部20世纪20、30年代盛行的牛仔舞蹈,舞步带有踢踏动作。节奏明快,动作粗犷,带有举持舞伴和甩动的动作,是表现牧人强健体魄和自由奔放情绪的舞蹈,具有独特的魅力。牛仔舞音乐为4/4拍,每分钟44小节,舞曲欢快,有跃动感,舞步丰富多变,其强烈的扭摆和连续快速的旋转,常使人眼花缭乱,亢奋热烈。

(4) 桑巴(Samba)。

桑巴舞是巴西农村的摇摆桑巴舞传入城市后演变而来的,曾在里约热内卢狂欢节上公开表演,以它微妙的节奏和强烈的感情倾倒了巴西人,逐步成为巴西的民族舞,是巴西音乐舞蹈的灵魂。20世纪20—30年代桑巴舞传入欧美。桑巴舞的风格特点是动作粗犷,起伏强烈,舞步奔放、敏捷,富有强烈的感染力。它在移动时是沿舞程绕场行进的,因此它是拉丁舞中行进性的舞蹈。桑巴舞音乐为2/4拍,每分钟48~56小节。

(5) 帕索多布累(Paso Doble)(斗牛舞)。

帕索多布累起源于西班牙,是模仿西班牙斗牛士动作,有西班牙风格进行曲伴奏的一种拉丁舞。在舞蹈中,男士象征斗牛士,女士象征斗牛士的斗篷,因此舞蹈应表现出男子强壮英武和豪迈昂扬的气概。帕索多布累舞音乐为2/4拍,每分钟60小节,一拍跳一步。

六、应用与考核

(一) 案例分析

某日,小张要带着女朋友去参加朋友的生日舞会,小张穿着牛仔裤、运动鞋就去了,他的女朋友穿着时尚的紧身短袖上衣、超级短的裙子,在临走之前,还使劲在衣服上喷洒香水。

请指出小张和他女朋友哪些方面不符合礼仪。

(二) 模拟训练

自定主题组织一场舞会。

项目五　会议礼仪

🌿 技能目标

通过学习会议礼仪的各种知识，了解会议的分类和各自的作用，理解会议包含的要素，掌握各种会议在组织过程中的要求和需要注意的环节。

🌿 素质目标

通过学习会议礼仪知识，能够组织规范的会议，提高自己的综合素质与能力。

任务一　会议筹备工作礼仪

一、任务提出

> 某市教育局准备召开关于该市职业教育改革的工作会议，由某职业技术学院出面承办此次会议。该职业技术学院将如何做好此次职业教育改革工作会议的筹备工作呢？

二、教学实施建议

请全班同学分组进行讨论，拟定筹备方案，请1~2组同学进行模拟表演。在准备会议之前，要明确召开会议的基本目的，是要传达上层决策者的精神、策略还是为了解决某个具体问题或危机。

三、任务分析

会议召开是否成功与会议的筹备工作息息相关，与会人员一定要遵守常规，讲究礼仪，细致严谨，而且分工要明确，要认真筹划会议前期、中期和会议后的筹备工作，保证会议井然有序，并做好相关预案。

四、知识要点

(一) 会议之前

在所有会议的组织工作中，会前的准备组织工作最为重要。基本上包括以下九个方面。

1. 根据会议规模，确定接待规格

所有会议实施之前必须先行确定其主题和规模，这些由主持单位的领导决定。通常由单位的一位主要领导直接负责。而负责筹备会议的工作人员，则应围绕会议主题，将领导议定的会议的规模、时间、议程等组织落实。通常要成立一个专门的会务组，负责研究布置会议接待的有关工作，明确分工，责任到人。

2. 会议通知和会议日程的拟发

会议通知必须写明召集人的姓名或组织、单位名称，会议的时间、地点、会议主题以及会议参加者，会务费，应带的材料以及联系方式七项重要内容。按常规，举行正式会议均应提前向与会者下发会议通知。会议通知是指由会议的主办单位发给所有与会单位或全体与会者的书面文件，同时还包括向有关单位或嘉宾发的邀请函件。重要的会议，通知文件后应附有回执。

会议通知一般要求在会议前15～30天之内寄出，这可以使对方有充足的时间把会议回执寄回来。

会议通知下发以后，应设法保证其能够被及时送达，不被耽搁延误。

3. 会议文件的起草

会议上所用的各种文件材料，一般应在会前准备妥当。需要认真准备的会议文件，主要有会议的议程、开幕词、闭幕词、主题报告、大会决议、典型材料、背景介绍等。所有会议流程形成的文本必须在与会代表报到时一并提供。

4. 常规性准备

根据会议的规定，要与外界做好沟通。比如向有关新闻部门、公安保卫部门进行通报。

5. 会场的选择

选择会场，要根据参加会议人数和会议的内容综合考虑。

6. 会议会场的布置

(1) 一般大型的会议，需要根据会议的内容在场内悬挂与会议主题有关的横幅。

(2) 在会场门口张贴欢迎和庆祝标语。

(3) 可在会场内适当地摆放盆景或花卉。

(4) 较正式的会议都需摆放座位签、茶杯，摆放注意整齐、美观。

7. 会议接待人员应提前进入接待岗位

会议接待人员应该在与会者到来之前提前进入各自的岗位、并迅速进入工作状态。一般接待工作分为以下几个岗位：签到；引座；接待。

8. 会议用品的准备

各种会议用品应准备齐全，如纸张、本册、笔具、文件夹、姓名卡、座位签以及声像用具等。

9. 会议资料的准备

会议资料印制要足量，并且要装订整齐，应配备好笔和笔记本。

（二）会议期间

主要任务为：必要服务；餐饮服务安排；做好会议记录；编写会议简报。

（三）会议之后

主要任务为：形成文件；处理材料；协助与会者返程。

五、知识拓展

会议记录的要点和内容

会议记录是开会时当场将会议基本情况和会议报告、发言、讨论、决议等内容如实记录下来的文书。会议记录有关内容与涉及要点内容如下：

（一）标题

1. 会议名称＋文种。如"某市会计事务所廉政监督员年会会议记录"。
2. 文种。如"会议记录"。

（二）正文

正文的构成为：首部＋主体＋结尾

1. 首部。会议概况，包括会议名称、会议时间、会议地点、会议主持人、会议出席、列席和缺席情况，会议记录人签名等。以上内容应在主持人宣布开会前填写好。

2. 主体。会议内容，包括：

(1) 会议议题。如果有多个议题，可以在议题前分别标上序号。

(2) 发言人及发言内容。记录每人的发言时都要另起一行，写明发言人的姓名，然后加冒号。

(3) 会议决议。决议事项应分条列出，有表决程序的要记录表决的方式和结果。

(4) 结尾。另起行，写明"散会"并标注散会时间。

(5) 尾部。右下方写明"主持人：（签字）""记录人：（签字）"。

六、应用与考核

（一）案例分析

某机关定于某月某日在本单位礼堂召开总结表彰大会，发了请柬邀请有关部门的领导与会，并在请柬上写清楚了开会的时间、地点。

接到请柬的几位部门领导很重视此次会议，提前来到礼堂开会。一看会场布置不像是开表彰会的样子，经询问礼堂工作人员才知道，今天上午礼堂召开座谈会，该机关的总结表彰会改换地点了。几位领导都很生气，改地点了为什么不重新通知。事后，会议主办机关的领导才解释说，因会议筹备工作人员工作粗心，在发请柬之前还没有与礼堂负责人取得联系，一厢情愿地认为不会有问题，便把会议地点写在了请柬上，等开会的前一天下午去联系，才知得礼堂早已租给别的单位用了，只好临时改换会议地点。但由于邀请的单位和人员较多，来不及一一通知，结果造成了上述失误。尽管主办机关领导事后登门道歉，但造成的不良影响也难以消除。

讨论：请针对以上案例谈谈此次会议筹备工作中出现的问题，并说说正确的做法。

（二）模拟训练

在课堂上分组演练，模拟会议筹备过程中应该做好的准备工作。

任务二　会议座次排序

一、任务提出

某公司在某省举办大型新品推荐会。参加此次大型新品推荐会的人员多是来自同行业各个公司的经理。本次活动得到了媒体的广泛关注。当地政府也对此活动产生了浓厚的兴趣，该公司也向当地政府发出了邀请函。省长由于有另外一个活动，不能确定是否能来便由副省长代表参加此项活动。推荐会即将开始时，省长却来到了活动现场。各嘉宾已经在台上就座。但发现没有省长的台签和座位，会议主办方十分尴尬。

1. 此公司在举办大型新品推荐会时安排的座次有不当之处吗？请说明理由。
2. 在筹备此次大型新品推荐会时应提前做好哪些准备工作？

二、教学实施建议

组织同学们现场模拟会议现场的布置，按来宾职务安排好座次，摆放好台签。

三、任务分析

在举行正式会议时，一般应该提前排定与会者的座次，尤其是要提前准备好与会者中具有重要身份的人的预留位置。

四、知识要点

座次安排的分类

1. 环绕式的座位安排

在会场中不设立主席台，座椅、沙发、茶几应摆放在会场的四周，不明确座次的具体顺序，一般与会者在入场后自由就座。这样的座次安排，比较人性化，没有明显的地位尊卑之分，这与茶话会的主题最相符，也最流行，但不适合一些主题严谨的会议。

2. 散座式的座位安排

散座式安排，大多适合在户外举行的联欢会或是联谊会，座椅、沙发自由地安放组合，甚至可由与会者根据个人要求而随意安置，这样就容易创造出一种宽松、惬意的社交环境。这是一种体贴的安排，适合与会者私下沟通和交流，但这种座位安排方式只适合主题轻松的会议。

3. 圆桌式的座位安排

面门为上、以里为尊，这就是圆桌式座位安排的基本原则，适用于回避座次概念的内部会议或者多边谈判。圆桌会议要刻意体现与会人员平等互利的原则，淡化地位尊卑概念。

4. 方桌式的座位安排

在方桌会议中，特别要注意座次的安排。如果只有一位领导，那么他一般坐在长方形桌子的短边，或者是比较靠里的位置。以会议室的门为基准点，在里侧是主宾的位置。如果是由主客双方来参加的会议，一般分两侧来就座，主人坐在会议桌的右边，而客人坐在会议桌的左边。方桌会议适用于内部会议或者双边谈判。

5. 主席台式的座位安排

在会场上，主持人、主人和主宾要被有意识地安排在一起就座，这个在安排座位时有明确的规则。首先主席台必须排座次、放座次牌，以便领导对号入座，主席台座次的排列，领导为单数时，主要领导居中，排位第二的领导在主要领导左手位置，排位第三的领导在主要领导右手位置；领导为偶数时，排位第一、第二的领导同时居中，排位第二的领导依然在主要领导左手位置，排位第三的领导依然在主要领导右手位置。主席台座次排列为前排高于后排、中间高于两边、右边高于左边。主持人的位置可以在前排中间也可以在最右端，发言席在主席台正前方或右前方。台下与会人员与主席台面对面，遵循同样的座次原则。

五、知识拓展

国际会议座次排列

在国际交往中，座次排列是一个不可忽视的问题，并且有一些特殊的要求和规则。在国际交往中的一些特定场合，人们对座次的要求是比较讲究的。这些特定的场合一般是官方活动、政府间交往、国际组织交往、国际会议、官方会议和初次交往。提一个最简单的问题：座次排列中，分左右排列，哪边高呢？

在国内的政务交往中，往往采用中国的传统做法，以左为尊。中国传统做法是左边高一点。其实国际社会上通行的做法和我们相反，以右为高。国际惯例是以右为尊，商务礼仪遵守的是国际惯例，一般以右为上，坐在右侧的人为地位高者。

六、应用与考核

（一）案例分析

某市接受上级领导检查，按照上级要求，需要召开一次座谈会。本次座谈会的会务工作交给小张来准备，小张选定了一个有长方形会议桌的会议室作为会议地点。小张将上级带队领导的座签安排在了会议桌窄面最上方，本市参会领导和上级检查组的领导座签按照职务顺序分别摆放在了上级带队领导的左侧和右侧。当会议快要开始时，参会人员都进入了会场，准备就座的时候，发现上级检查组的领导和本市领导面露尴尬，都不好意思入座。最后，本市领导另安排人重新将会议座位调整了一下。会议因此被耽误了15分钟。

请你帮小张分析一下问题到底出在哪里？

讨论：请结合案例分析座次安排的不当之处。

（二）模拟训练

根据会议座次礼仪安排，模拟组织会议，安排座次。

任务三　会议中服务礼仪

一、任务提出

> 某市正在召开座谈会，会务秘书小刘正在会务组值班室值班，这时进来一位参会单位的工作人员，声称要找他们单位的参会领导，小刘便让他自己到会场去找。过了一会儿，一个工作人员匆匆跑来，告诉她为会议提供热水的机器坏了，让她尽快通知事务管理局的工作人员来修理，小刘说："快下班了，我哪知道他在哪儿啊？"便不再管这件事情。过了一会儿，她看了看表，快到下班时间了，估计不会再有什么事，便离开了值班室。
> 请指出以上案例中小刘在会议服务礼仪中的不当之处。

二、教学实施建议

举例、示范并模拟一次会议。如何在开会期间做好与会务相关的服务工作，提高会议服务人员的职业化素养。

三、任务分析

在各种会议活动中，员工要事先拟定好服务事项，在会中做好服务、会后做好总结。能够根据不同的场合灵活得体地运用服务礼仪，树立单位形象并赢得其他单位的信任和支持。

四、知识要点

会议进行中的服务要做到稳重、大方、敏捷、及时，主要包括敬茶、倒茶、续茶等服务礼仪。

（一）敬茶服务礼仪

如果是在工作单位待客，就要由秘书、接待人员为来宾上茶。接待重要的客人时，则应由本单位在场的职位最高者亲自为之上茶。上茶也有规律可循，先为客人上茶，后为主人上茶；先为主宾上茶，后为次宾上茶；先为女士上茶，后为男士上茶；先为长辈上茶，后为晚辈上茶。如果来宾人数比较多，采取以进入客厅的门为起点，按顺时针方向依次上茶的方式最为妥当。

上茶时要用双手捧上，从与会领导的左后侧双手将茶杯递到领导面前，尽量避免从领导的正前方上茶。

（二）斟茶、续茶服务礼仪

斟茶不宜倒得太满，以茶待客要注意"酒满茶半"之说，也就是为客人斟茶时以刚过半杯为宜。斟茶时动作轻盈、敏捷。杯子要放在与会者桌上的右上面。要用双手敬茶，杯把在客人的右边。端茶时手指不能触及杯沿。

（三）其他会议服务礼仪

（1）准备会后服务工作。

会议进行之中，就应为会后服务做好准备。如，会后要照相，应提前将场地、椅子等布置好，让摄影师做好摄影的准备。另外，会后的用车也应在会议结束前安排妥善。

（2）会后服务。

会议结束后，全部接待人员应明确分工，做好善后处理工作。

（3）根据与会者情况，安排好与会者的交通工具，使其顺利踏上归程。

（4）清理会议文件。

① 根据保密原则，回收有关文件资料。

② 整理会议纪要。

③ 发出新闻报道。

④ 将主卷归档。

⑤ 撰写会议总结。

五、知识拓展

酒店会议服务礼仪

酒店会议是目前备受推崇的会议形式，其严谨、高端的商务气息对于服务礼仪的要求也更高。酒店服务是酒店的核心竞争力，因此培养服务员的服务礼仪和职业素养是酒店服务的重要事件。

（一）酒店会议服务礼仪的特点

1. 规范性

（1）布置规范：具体体现在座次摆放、鲜花摆放、便笺摆放、茶杯摆放等方面均应按礼仪规范布置，而且要体现礼宾次序及会议档次。

（2）程序规范：具体体现为会议服务的各项程序、流程都是事先确定、事先计划好的，重要的部分还要通过主办方反复审核。接待服务中，对礼仪服务人员应进行分工。接站、签到、引领等各个环节都有规范安排，并根据经验以及主办方的要求提供相应的预案。这样才能做到会议服务中忙而不乱。

2. 灵活性

(1) 会议服务虽是按计划进行，各项流程都有条不紊，但也会常常出现一些突发情况：如临时有电话或有事要告诉参会人员，工作人员应走到与会人员身边，轻声转告；如果要通知主席台上的领导，最好用字条传递通知，避免工作人员在台上频繁走动和耳语而分散他人注意力，影响会议效果；若会场上因工作不当发生差错，工作人员应不动声色，尽快处理，不能惊动其他人，更不能慌慌张张、来回奔跑，以免影响会议气氛和正常秩序。

(2) 注意调整会议室的温度、湿度，创造一个舒适的环境。会议厅中的温度，夏天一般宜控制在24℃～25℃，冬天在20℃～22℃。

3. 时间性

(1) 一般会议的时间性很强，都强调准时开始，准时结束。由此制定的服务方案也应体现出这样的特点，以时间段来划分接待方案，保证专人定时服务到位。

(2) 会议过程中，一方面强调会议的时间性，一方面又要对会议的延时、改期等做各种应对预案；与此同时，会议前的准备工作也应根据时间计划准时优质完成，如会议资料的准备、会议场所的布置、会议设备的调试等。如果在规定的时间内没有完成，则势必会给会议服务工作带来不便。

(二) 酒店会议服务礼仪流程

1. 会前准备工作

会前准备是工作中的重要环节，目的在于使会议服务人员做好充分的思想准备和完善的物质准备。

(1) 了解会议基本情况。服务员接到召开会议的通知单后，首先要了解以下情况：出席会议的人数，会议类型、名称，主办单位，会议日程安排，会议的宾主身份，会议标准，会议的特殊要求及与会者的风俗习惯。

(2) 调配人员，分工负责。会前，主管人员或经理要向参加会议服务的所有人员介绍会议基本情况，说明服务中的注意事项，进行明确分工。使所有服务员都清楚地知道工作的整体安排和自己所负责的工作，按照分工，各自进行准备工作。

2. 会议服务程序

会议开始前30分钟，服务员要各就其位准备迎接会议宾客。如果与会者是住在本酒店的客人，只需在会议室入口处设迎宾员；如果与会者不在此住宿，还应在本店大厅门口处设迎宾员欢迎宾客，并为客人引路。

(1) 宾客到来时，服务员要精神饱满、热情礼貌地站在会议厅的入口处迎接客人并配合会务组人员的工作，请宾客签到、发放资料、引领宾客就座等。

(2) 会议进行中间适时续水。服务动作要轻、稳，按上茶服务规范进行。

(3) 会议过程中，服务员要精神集中，注意观察与会者有无被服务的需求。

（4）会议如设有主席台，应有专人负责主席台的服务。在主讲人发言时，服务员要随时为其添茶续水。

（5）会议结束时，服务员要及时提醒客人带好自己的随身物品。

3. 用餐时员工服务礼仪

在客人用餐时要先向客人表示问候，把餐单递送给客人，请客人点餐。

客人点餐时要主动介绍酒店的特色食物和饮品。

4. 会议结束

（1）宾客全部离开会场后，服务员要检查会场有无客人遗忘的物品。如发现宾客的遗留物品，要及时与会务组联系，尽快转交失主。

（2）清理会场要不留死角，特别留意有无未熄灭的烟头，避免留下安全隐患。

（3）清扫卫生，桌椅归位，关闭电源，关好门窗，再巡视一遍，确认无误后锁门离开。

（三）服务中的注意事项

（1）如宾客表示会议期间不需服务时，服务员要在会场外面值班，以备客人需要代办其他事务。

（2）会议进行中，如果有电话找与会宾客，服务员应问清被找宾客的单位、姓名，然后有礼貌地通知被找的宾客，如果不认识要找的宾客，应通过会务组人员去找。绝不可以在会场高喊宾客姓名。

六、应用与考核

（一）案例分析

小刘的公司应邀参加一个研讨会，该研讨会邀请了很多商界知名人士以及新闻界人士参加。老总特别安排小刘和他一道去参加，同时也让小刘见识下大场面。

研讨会开始前，负责研讨会的工作人员为大家准备了热茶水，可是小刘不喜欢这个茶水的味道，便要求工作人员为他换一杯热咖啡。一位贴心的工作人员便提供了自己的咖啡为他倒上，研讨会开始后，小刘又叫工作人员为他续一杯咖啡，并叮嘱他这次要多加些糖。此时坐在小刘身边的参会人员都对他投来异样的眼光，老总坐在他身边也感觉很不自在。小刘却不明白，为什么在研讨会上大家都用异样的眼光看自己。自从这次研讨会之后，老总再也没有带他出席过任何大型会议。

不管是参加自己单位还是其他单位的会议，都必须遵守会议礼仪。因为在这种高度聚焦的场合，稍有不慎，便会严重损害自己和单位的形象。

讨论题：

你认为小刘的举止是否合乎礼仪规范？小刘应该怎么做才是正确的？

(二) 模拟训练

模拟在会议接待服务礼仪当中应注意的礼仪规范。

任务四　参加会议人员礼仪

一、任务提出

> 某市召开专题工作会议，在开会期间，有一个参会人员的手机总是时不时地响起，铃声悦耳，他还在会议上接打电话，与会人员都面有不悦，会议总是不断地被打断，他的个人行为影响了会议的进度。
> 请根据以上案例分析参会者应注意哪些礼仪。

二、教学实施建议

在课堂上模拟会议情境，注意会议礼仪中手机的使用规范，遵循会议礼仪。

三、任务分析

参加会议的人员在参会时应认真听讲，把手机调成静音模式或是直接关掉，不要私下小声说话或交头接耳，在发言人发言结束时应鼓掌致意，中途退场应轻手轻脚，不影响他人。这样既显示出对别人的尊重，又不会打断正在发言者的思路。参与人员应时刻注意自我形象，严格遵守会议纪律，以确保礼仪规范。

四、知识要点

（一）会议主持人的礼仪

会议主持人，也称会议主席或负责召集会议的领导人，在小型会议中又叫会议召集人。主持人的主要职责是负责按会议议程，当场全权组织和推进会议。

1. 主持人的具体职责

（1）事先熟悉和掌握会议议程，使会议严格按议程规定进行。

（2）提醒与会者注意本次会议的宗旨和目的，保证会议不偏离主题。

（3）引导与会者发言，维持会场秩序。

(4) 控制会议时间，按时开始，按时结束。

各种会议的主持人，一般由具有一定职位的人来担任，其礼仪表现对会议能否圆满成功召开有着重要的影响。

2. 主持人的姿态

主持人主持会议时，其仪态姿势都应自然、大方。

3. 主持人的语言表达

主持人语言表达的总体要求是口齿清楚、思维敏捷、积极启发、活跃气氛、符合主持程序。作为主持人，一定要明确会议目的和主题，从会议开始到会议结束，一切语言表达都应紧紧围绕会议目的和主题。

（二）会议发言人的礼仪

会议发言有正式发言和自由发言两种，前者一般是领导报告，后者一般是讨论发言。

正式发言者，应衣冠整齐，发言时应口齿清晰、讲究逻辑、简明扼要。如果是书面发言，要时常抬头扫视一下会场，不能低头读稿，旁若无人，发言完毕后应对听众的倾听表示谢意。

自由发言则较随意，需要注意的是，发言应讲究顺序和秩序，不能争抢发言；发言应简短，观点应明确；与他人有分歧时，应以理服人，态度平和，听从主持人的指挥，不能只顾自己。

如果有会议参加者对发言人提问，应礼貌作答，对不能回答的问题，应机智而礼貌地说明理由，对提问人的批评和意见应认真听取，即使提问者的批评是错误的，也不应失态。

（三）会议参加者礼仪

会议参加者应衣着整洁，仪表大方，准时入场，进出有序，依会议安排落座，开会时应认真听讲，不要私下小声说话或交头接耳，发言人发言结束时，应鼓掌致意，中途退场应轻手轻脚，不影响他人。

1. 注意身份，举止得体

会议的主持人、报告人以及在主席台上的就座者，都应遵守端庄得体、高雅规范的着装原则，不要太随意休闲，否则会给与会者留下不尊重自己、不尊重他人的印象。

一般与会者出席会议时，也要听从会议组织者的安排，在指定区域就座。不允许"擅自离队"，寻找无人、偏远之处就座。

列席代表应特别注意个人身份。在有表决议程的会议上，没有表决权的列席代表，千万不要举手表决，以免因统计失误给会议组织者造成困扰。

2. 严守时间，遵守秩序

遵时守约是现代人的基本素质，参加会议，必须准时。在本地开会也应提前 5~10

分钟到达会场，以便有充裕的时间签名、领取材料，并找到就座之处。去异地参加会议，最好提前一天报到，以便熟悉有关情况。

提倡正点开会，正点散会，不要轻易延迟开会时间。提倡限时发言，发言者要有明确的时间观念。在准备发言时，要切记少讲、精讲；届时发言时，要控制好发言的时间，不要没完没了地大讲特讲。

3. 集中精力，凝神聆听

每一个与会者，在会议期间都要聚精会神，专心听讲，并记好笔记，以便会后掌握、理解会议精神。他人发言时，更要专心听讲，尊重对方。

五、知识拓展

参会者开会时应注意的礼仪技巧

参会者在进入或离开会场时要服从指挥，注意秩序，不争先恐后，以免造成拥挤堵塞，发生事故。走向座位时，速度要快，脚步要轻，动作幅度要小，尽量不要发出太大的响声。坐下后，应立即集中注意力听讲，注意遵守会场纪律，不随便走动或发出声响，恭候报告人到来。当报告人到来时，会场应立即安静下来，并报以热烈的掌声。在报告过程中，每个人应端坐静听，不交头接耳窃窃私语，不打瞌睡，不无故中途离席。报告人说到精彩处听者应鼓掌表示赞同，报告结束也应以长时间的热烈掌声表示感谢。

参会者应遵循以下八条：

1. 守时。无论是开会还是赴约，有教养的人从不迟到。他们懂得，即使是无意迟到，对其他准时到场的人来说，也是不尊重的表现。

2. 谈吐有节。不随便打断别人的谈话，先听完对方的发言，然后再去反驳或者补充对方的看法和意见。

3. 态度和蔼。在同别人谈话的时候，应望着对方的眼睛，集中注意力；而不是翻东西，看手机，心不在焉，显出一副无所谓的样子。

4. 语气适中。避免高声喧哗，在待人接物上，应始终保持心平气和，以理服人。不能扯开嗓子说话，否则会影响周围的人。

5. 注意交谈技巧。尊重他人的观点和看法，即使自己不能接受或不赞同，也不能当着他人的面指责对方是"瞎说""废话""胡说八道"等，而是陈述己见，分析事实，讲清道理。

6. 不自傲。在与人交往相处时，不要强调个人特殊的一面，也不要有意表现自己的优越感。

7. 信守诺言。即使遇到某种困难也不食言，自己讲出来的话，要竭尽全力去完成。

8. 关怀他人。不论何时何地，对妇女、儿童及老人，要经常表示出关心并给予最大的照顾和方便。

六、应用与考核

（一）案例分析

小李代表本单位参加市里召开的一个座谈会，该座谈会除了市领导参加以外，还邀请了很多专家、学者。会上，市领导要求各参会单位根据讨论的事项说出本单位今后需要如何去做。结果小李并没有谈论如何去做，反而罗列了一大堆的困难，使得领导非常尴尬，会议也没有取得好的效果。

讨论：
1. 小李失礼的地方表现在哪里？
2. 参加各种会议应该注意哪些礼仪？

（二）模拟训练

组织一次会议，模拟会议情景，重点模拟参会人员的礼仪。

任务五　各种类型会议礼仪

一、任务提出

某地政府为了推动当地旅游事业的发展，准备召开一次新闻发布会，邀请了众多新闻媒体，负责这次新闻发布会接待工作的工作人员应如何安排较为妥当？

讨论新闻发布会应该注意的礼仪细节。

二、教学实践建议

观看新闻发布会、展览会等几种常见的会议短片视频，根据上述案例分析各种类型的会议礼仪需要注意的细节。

三、任务分析

掌握各种类型的商务会议礼仪知识，是现代人从事公共关系活动的必备常识。只有了解掌握并成功运用它们，才能达到理想的效果。

四、知识要点

简单介绍在几种常见类型的会议中所要注意的礼仪。

（一）例会的礼仪

例会是指有固定时间、固定人员、固定地点的制度性会议。会议的内容以传递信息、交流情况，讨论，安排、布置工作为主。

例会礼仪应注意以下几点：

（1）例会是制度性会议，参加者应准时赴会，一般不用发通知或公告，也不必事先通知，但如果临时取消一次，则应该及时通知全体人员。如遇到特殊情况确实不能出席的应当事先请假，并告知主持人。

（2）例会的座位安排多排成"口"字形或"圆桌型"，与会者可以团团围坐，显得集中紧凑。

（3）"短小精悍"是例会的基本风格，参加会议的人应当事先做好准备，每一个与会者发言时应该一个接着一个不要冷场，讨论工作要紧扣议题。主持会议的人应当把握好顺序和节奏，要及时控制，不要脱离会议的主题，切忌把例会开成"马拉松式"的长会。如果对某一问题争论不休，主持者应考虑另择时间专门开会解决。讨论时不要打断别人的发言，发生争执时要提醒大家保持发言次序和应持的态度。

例会内容一般都是大家职责范围内的事务，例会分为周办公经营管理例会、月办公经营管理例会、行政管理例会、部门工作例会等。

（二）报告会的礼仪

报告会是邀请某专家、学者、先进人物、领导干部或其他人士进行专门报告的会议。报告会常见内容有专题报告、学术报告、形势报告、先进事迹报告、典型报告，等等。报告会可以是一个人报告，也可以是多人报告。报告会礼仪应注意以下几点：

1. 选好报告人

报告人是报告会最重要的人员，既要有名望，又要对报告内容有真知灼见。要选择与会议主旨密切相关的，有专长、有造诣、有影响的人做报告人。

2. 介绍情况

主办单位要向报告人介绍举办报告会的目的、意义，对报告人的希望、要求，介绍有关背景、听众情况等。

3. 以礼相待

要注意安排好接送工作和招待应酬。报告前，主持人要向听众介绍报告人，并在场作陪。报告结束时，可以作简明扼要的讲话，并向报告人致谢。需要录音或事后印发的，应事先征得报告人同意。

（三）座谈会的礼仪

座谈会是一种形式自由，参加人员没有标准的讨论型会议，一般是邀请有关人员一起交谈，讨论一个或某些问题，以达到沟通信息、增进感情的目的。

座谈会礼仪应注意以下几点：

（1）发放通知的具体注意事项。发放邀请通知要提前3天，通知参会者时，要把目的、内容、形式、时间、地点和要求讲清楚，说明举办人、主持人、其他参加人。

（2）组织者要做好迎、送、招待工作。主持人在座谈开始时，要向大家介绍与会者，以及会议目的、内容和座谈形式。

（3）座谈会应有一个热烈、融洽的气氛。要注意使每个与会者都有发言的机会。

（四）表彰会的礼仪

表彰大会是以组织的名义表彰某些集体或个人的先进事迹并宣布给予奖励的会议，"热烈、欢快、隆重"是表彰会的基本氛围。

表彰大会的礼仪应注意以下几点：

1. 会场的布置

会场布置要有气氛，可以悬挂大红条幅。会场大小要与与会人数相当。

2. 做好迎送工作创造气氛

表彰大会气氛要求热烈而且隆重，会场要呈现"表彰"气氛，对表彰者的迎送要周到、热情。特别是被表彰者走上主席台领奖时，要播放一些比较欢快的乐曲。

3. 会议发言要简短精练

有关领导宣读的祝辞不宜太长，除了表示祝贺外，主要表达向被表彰者学习的愿望。被表彰的个人或集体代表在发言时，除表示感谢外，也可适当表达自己进一步努力的方向。被表彰的个人或集体代表发言结束，主持人要引导全场热烈鼓掌，这既是对发言者的尊重，也是为了进一步渲染、烘托会议气氛。

（五）展览会的礼仪

所谓展览会，对商界而言，主要是指相关单位为了介绍单位的业绩，展示单位的成果，推销单位的产品、技术或专利，而以集中陈列实物、模型、文字、图表、影像资料的形式供人参观了解，所组织的宣传性的聚会。有时，人们也将其简称为展览，或称之为展示会。

展览会礼仪，通常是指商界单位在组织、参加展览会时，应当遵循的规范与惯例。对参会人员的要求如下：

1. 要维护单位的整体形象

在参与展览时，参展单位的整体形象直接映入观众的眼里，因而对参展单位的影响极大。参展单位的整体形象，主要包括展示物的形象与工作人员的形象两个部分。对于二者要给予同等的重视，不可偏向其一。

展示物的形象，主要由展品的外观、展品的质量、展品的陈列、层位的布置、发放的资料等构成。用以进行展览的展品，外观上要力求完美无缺，质量上要优中选秀，陈列上要既整齐美观又讲究主次，布置上要兼顾突出主题与吸引观众的注意力。

工作人员的形象，工作人员应当统一着装。最佳的选择，是穿本单位的制服，或者是穿深色的西装、套裙。在大型的展览会上，参展单位若安排专人迎送宾客，则最好请其身穿单色鲜艳的旗袍，并胸披写有参展单位或其主打展品名称的大红色绶带。全体工作人员皆应在左胸佩戴标明本人单位、职务、姓名的胸卡，礼仪小姐可以除外。

2. 要待人礼貌

不管是宣传型还是销售型的展览会，参展单位的工作人员都必须真正地意识到观众是自己的上帝，为其热情而竭诚地服务则是自己的天职。全体工作人员都要礼貌待人，热情服务。

当观众走近自己的展位时，工作人员要面带微笑，主动地向观众问好，以示欢迎。

在任何情况下，工作人员均不得对观众恶语相加，或讥讽嘲弄。对于极个别不守展览会规则而乱摸乱动、乱拿展品的观众，仍须以礼相劝，必要时可请保安人员协助，绝不能对观众动粗，进行打骂、扣留或者对其非法搜身。

3. 要善于运用解说技巧

工作人员在向观众介绍或说明展品时，应当掌握展品的性能和特质，善用解说技巧。

（六）茶话会礼仪

茶话会是社交活动中最易沟通感情的一种会议形式。各种类型的茶话会，应是既简单节俭，又轻松高雅。

1. 茶话会目的

茶话会是为了联络老朋友、结交新朋友而具有对外联络和招待性质的社交性集会。参加者可以不拘形式地自由发言，而且会上备有茶点。茶话会一般不排座次，起码座次安排不会过于明显。可以自由活动，与会者不用签到。

2. 茶话会的举办

茶话会礼仪，具体内容主要涉及会议主题的确定、来宾邀请、时间地点的选择、茶点的准备、座次的安排、会议的议程、发言等七个方面。

（1）茶话会的主题。

可以分为三类，即联谊、娱乐、专题。

以联谊为主题的茶话会，最为常见；以娱乐为主题的茶话会，为了活跃气氛会安排一些文娱节目，并以此作为茶话会的主要内容，文娱节目以现场的自由参加与即兴表演为主；专题茶话会，是在某个特定的时刻，或为某些专门问题而召开的茶话会，以听取某些专业人士的意见，或是和某些与本单位有特定关系的人士进行对话。

（2）确定主题、发出邀请。

确定好茶话会的主题后，主办单位必须围绕主题来邀请相关来宾，尤其要确定好主要的与会者。

来宾可以是本单位的顾问、社会知名人士、合作伙伴等各方面人士。

茶话会的来宾名单一经确定，应立即以请柬的形式向对方提出正式邀请。按惯例，茶话会的请柬应在半个月之前被送达或寄达被邀请者手上，被邀请者可以不必答复。

（3）时间、空间的具体选择是茶话会取得成功的重要条件。辞旧迎新、周年庆典、重大决策前后、遭遇危难挫折的时候，都是召开茶话会的良机。

根据惯例，举行茶话会的最佳时间是下午四点钟左右。有些时候，也可以安排在上午十点钟左右。在具体进行操作时，也不用墨守成规，应该以与会者特别是主要与会者的方便与否以及当地人的生活习惯为准。茶话会往往是可长可短的，关键是要看现场有多少人发言，发言是否踊跃。如果把时间限制在一个小时到两个小时之内，效果往往会更好一些。

适合举行茶话会的场所主要有：

① 主办单位的会议厅。

② 宾馆的多功能厅。

③ 主办人的私家客厅。

④ 主办人的私家庭院或露天花园。

不合适举办茶话会的场所有：高档的营业性茶楼或茶室，餐厅、歌厅、酒吧等地方。

（4）茶点的准备。

茶话会不上主食，不安排品酒，只提供茶点。茶话会是重"说"不重"吃"的，不必在吃的方面过多下功夫。

除主要供应茶水外，在茶话会上还可以为与会者略备一些点心、水果或是地方风味小吃。按惯例，茶话会举行后不必再聚餐。

（七）新闻发布会的礼仪

新闻发布会是媒介公关经理应用频率比较高的一种方式，无论是公司成立新部门、发布新战略，还是公司推出新产品、签约新项目等重大事件或者其他类型的信息发布，都必须有一个正式或非正式的途径通知新闻媒体，发布会便成了一个常见的甚至必不可少的手段。

新闻发布会是媒体获得新闻最重要的一个途径，几乎100%的媒体将其列为最常参加的媒体活动。由于新闻发布会上的人物、事件都比较集中，时效性又很强，所以参加发布会可以免去预约采访对象、采访时间的一些困扰。

1. 新闻发布会的时间选择

新闻发布会的时间通常也是决定新闻何时播出或刊出的时间。多数平面媒体刊出新闻的时间是在获得信息的第二天，因此把发布会的时间尽可能安排在周一、周二、周三的下午为宜，会议时间保证在1小时左右，这样可以相对保证发布会的现场效果和会后见报效果。

在时间选择上还要避开重要的政治事件和社会事件，媒体对这些事件的大篇幅报道任务，会冲淡企业新闻发布会的传播效果。

2. 新闻发布会的地点安排

场地可以选择户外（事件发生的现场，便于摄影记者拍照），也可以选择在室内。根据发布会规模的大小，室内发布会可以直接安排在企业的办公场所或者酒店。

3. 新闻发布会的席位摆放

（1）摆放方式：确定主席台人员。

需摆放席卡，以方便记者记录发言人姓名。摆放原则是"职位高者靠前靠中，自己人靠边靠后"。摆放回字型会议桌的发布会，发言人坐在中间，两侧及对面是参加人、新闻记者坐席，这样便于沟通。同时也有利于摄影记者拍照。注意席位的预留，一般在后面会准备一些无桌子的坐席。

（2）发布会其他道具安排。

最主要的道具是麦克风和音响设备。一些需要做投影展示的，道具准备还应包括投影仪、笔记本电脑、连接线、上网连接设备、投影幕布等，相关设备在发布会前要反复调试，保证不出故障。

4. 新闻发布会进行过程中应遵守的礼仪

（1）搞好会议签到。

要搞好发布会的签到工作，让记者和来宾在事先准备好的签到簿上签下自己的姓名、单位、联系方式等内容。记者及来宾签到后，工作人员需按事先的安排把他们引到会场就座。

（2）严格遵守程序。

要严格遵守会议程序，主持人要充分发挥主持者和组织者的作用，宣布会议的主要内容、提问范围以及会议进行的时间，一般不要超过两小时。主持人、发言人讲话时间不宜过长，否则会影响记者提问，对记者所提的问题应逐一予以回答，不可与记者发生冲突。会议主持人要始终把握会议主题，维护好会场秩序，主持人和发言人会前不要单独会见记者或提供任何信息。

（3）注意相互配合。

在发布会上，主持人和发言人要相互配合，明确分工，各司其职，不允许越俎代庖。在发布会进行期间，主持人和发言人通常要保持一致的口径，当新闻记者提出的某些问题过于尖锐或难于回答时，主持人要想方设法转移话题，不使发言人难堪。而当主持人邀请某位记者提问之后，发言人要给予对方适当的回答，礼貌回复新闻记者和主持人。

(4) 态度真诚主动。

发布会自始至终都要注意对待记者的态度，因为对待记者的态度如何直接关系到新闻媒介发布消息的质量。作为新闻媒体界的专业人士，记者希望接待人员对他们尊重热情，并了解他们所在的新闻媒介及其作品等；希望提供工作之便，如一条有发表价值的消息，一个有利于拍到照片的角度等，记者的合理要求要尽量满足。在对待记者时千万不能趾高气扬，态度傲慢，一定要温文尔雅，彬彬有礼。

(5) 选择好发言人。

举办新闻发布会，一般由单位指定的发言人发布信息和回答记者提问。因此，事先确定好新闻发布会的发言人至关重要。发言人要能随机把握会场气氛，措词文雅而有力，风趣而庄重，头脑要机敏，口齿清晰，具有较强的语言表达能力，尤其是当记者提出一些棘手的、尴尬的或涉及组织秘密的问题时，发言人更要头脑冷静，能够随机应变，绝对不能认为这是记者在无理取闹而横加指责。

5. 新闻发布会的几个误区

(1) 没有新闻的新闻发布会。

有些企业并没有重大的新闻，但为了保持一定的影响力，证明自己的存在，也要时不时地开个发布会。造成的后果是，企业虽然花了不小的精力，但几乎没有收获。

(2) 新闻发布的主题不清。

从企业的立场出发，主办者发布的新闻没有新意和意义，偏离了主题，在媒介眼中，就形同废纸。

(3) 回答问题含糊。

有的企业在传播过程中，怕暴露商业机密，凡对涉及具体数据的问题总是回答得含含糊糊，谈到敏感话题就"环顾左右而言他"，不是无可奉告就是正在调查。这样一来，媒体想知道的，企业没办法提供；媒体不想搭理的，企业又不厌其烦。

五、知识拓展

公司年会场地布置技巧

公司年会是公司为庆祝一年来的业绩而举行的会议。选择合适的场地尤为重要。大型的企业年会，会场布置得庄严、大气，会提升企业的形象和气势；对于一个小型的企业年会，现场布置得温馨、高雅的话，可以营造出企业和谐的氛围。场地布置的要素基本上都一样，可以按照以下几点去做：

(一) 年会场地舞台背景

舞台背景是整个年会的核心，能够营造出年会的气氛，尤其是精心设计、精心搭建的舞台背景，可以直接营造一个恢弘大气、喜庆祥和的气氛。再加上精致的舞台及讲台搭配，便完成了重要的一步。

（二）年会签到

签到是一个很重要的环节，不可忽视。到会者首先要签到。年会签到可以用传统的签到方式，也可以用创新的签到方式，比如选用最新的电子签到方式。无论是怎样的签到方式都应该被重视，并要精心设置。

（三）会场设备

涉及的设备主要取决于年会的需求，高质量的音响、大幅面的投影设备，搭配上精心设计的主题年会背景，可以凸显出年会精心的布置以及主办企业的实力和风采。

（四）会场摆台

年会的摆台形式大多采用圆桌式，可以选用典雅的金色、喜庆的红色或者华贵的紫色来点缀精致的桌布和椅套，以增加年会的主题色彩。

（五）会场装饰

年会会场装饰包括地面装饰、空间装饰、天花板装饰等，可以根据公司规模来选定不同规格的装饰，将一些空白的或者容易被忽视的角落和细节完善起来，为年会锦上添花。

六、应用与考核

（一）案例分析

服装公司为了开拓春季服装市场，拟召开一个服装展示会，推出下一批春季新款时装。秘书小张拟订了一个方案，内容如下：

1. 会议名称："2016年某公司春季时装秀"。
2. 参加会议人员：上级主管部门领导2人，行业协会代表3人，全市大中型商场总经理和业务经理以及其他客户约150人，主办方领导及工作人员20名。另请模特公司服装表演队若干人。
3. 会议主持人：某公司负责销售工作的副总经理。
4. 会议时间：2016年2月20日上午9点至11点。
5. 会议程序：来宾签到→发调查表→展示会开幕→上级领导讲话→时装表演→展示活动闭幕→上级领导讲话→收调查表→发纪念品。
6. 会议文件：会议通知、邀请函、请柬、签到表、产品意见调查表、服装公司产品介绍资料、订货意向书、购销合同。
7. 会场布置：蓝色背景帷幕，中心挂服装品牌标识，上方挂展示会标题横幅，搭设T形服装表演台，安排来宾围绕就座，会场外悬挂大型彩色气球及广告条幅。

8. 会议用品：纸笔等文具、饮料、照明灯、音响设备、背景音乐资料、足够的椅子、纪念品（每人发某服装公司生产的 T 恤衫 1 件）。

9. 会务工作：安排车接送来宾，展示会结束后为来宾安排工作午餐。

讨论：小张的会议方案有无需要改进的地方？

（二）模拟训练

模拟制作出一套规范的会议方案。

项目六　商务礼仪

技能目标

掌握商业洽谈、销售、签字、庆典及剪彩等礼仪的相关内容。

素质目标

提高学生在商务礼仪中的组织协调能力以及与人沟通的能力,提升职业素养,强化职业意识。

任务一　商业洽谈礼仪

一、任务提出

北京中茂集团经过前期调研,决定与上海康城消防技术有限公司进行合作,共同开发烟感探测系统。受中茂集团邀请,康城公司如约抵达北京。中茂集团李总等人对康城公司的张总一行人员进行了迎接,并把张总请到会议室,就共同开发烟感探测系统进行洽谈。

二、教学实施建议

在课堂上首先用图片及短片向学生展示商业洽谈的情境,然后模拟该情境,让学生体会洽谈的气氛,遵循洽谈的礼仪。

三、任务分析

根据北京中茂集团和上海康城消防技术有限公司的背景及工作内容要求,需要注意以下几项内容:

1. 作为主方的中茂集团和作为客方的康城公司应注意洽谈时的就座位置。
2. 双方在谈判时应着正装，言谈举止应庄重大方。
3. 双方人员应明确分工，在洽谈中把握好各个环节的重点，并做到知己知彼，有的放矢。

四、知识要点

有位商务专家曾经说过："礼仪是双方洽谈时最重要的沟通桥梁。"正规、正式的洽谈，都是极其注重礼仪的。绝大多数正式的商务洽谈，本身就是按照一系列约定俗成的礼仪和程序进行的庄重的会晤。因此，在洽谈中既要讲究策略，又要讲究礼仪。

商务洽谈又称商务谈判，指在商务交往中，存在着某种关系的有关企业，为了保持接触、建立联系、进行合作、达成交易、拟定协议、签署合同、要求索赔，或是为了处理争端、消除分歧，而坐在一起进行面对面的交流与协商，以求达成某种程度上的妥协。

（一）商业洽谈的准备工作

1. 商业洽谈的心理准备

商务洽谈中，谈判的双方虽然不是敌对的关系，但也存在利益的冲突和矛盾。在没有任何技巧与原则的谈判中，谈判者往往会陷入难以自拔的境地，要么谈判陷入僵局，要么双方在达成协议后总觉得双方的目标都没有达到。因此，洽谈者要做到：

（1）创造企业价值，享受工作。
（2）注重诚信，尊重对方。
（3）调整自我心态，肯定对方。
（4）善于倾听，认清谈判本质。

2. 商业洽谈的技术性准备

（1）确定谈判人员。

一般情况下，要求双方谈判代表的身份、职务要相当。谈判代表要具备良好的素质，如相关知识丰富、举止得体、谈吐文雅、外在形象得体等。

（2）收集信息，提供资料。

洽谈前一定要详尽地了解双方的形势、目的、意图、退让条件和标准等，做到知己知彼，从而加大获胜的筹码。

① 我方信息。

我方信息包括经济实力、技术实力、竞争实力等，需要洽谈者客观定位己方的优势和不足等，力争在洽谈中取得主动权。

② 对方信息。

了解对方公司的基本情况，如对方的法人资格、资信状况、经营范围、法定地址等。

洽谈方的基本情况，如主谈人员的年龄、学历、资历、个人爱好及对我方公司的态度，等等。

洽谈方的社会文化背景，如风俗习惯、价值观念、文化信仰等。

(3) 熟悉洽谈的程序。

洽谈包括七个步骤：探询、准备、磋商、小结、再磋商、终结、洽谈的重建。每一步骤都需要洽谈者具体问题具体分析，要做到随机应变、灵活应对。

(4) 学习有关洽谈策略。

洽谈成功不仅要凭借实力，更要灵活运用洽谈策略。常用的洽谈策略有：声东击西、避实就虚、以退为进、出奇制胜、利用时限、以强制弱等。

3. 商务洽谈的礼仪准备

(1) 仪表要求。

出席洽谈的人员，男士应剃须，将头发打理整齐；女士应选择端庄的发型，并且化淡妆。

在服装上应穿着简约、高雅、规范、正式的礼仪服装。可能的话，男士应穿深色三件套西装和白衬衫，打素色领带，配深色袜子和黑色系带皮鞋。女士则应穿深色西装套裙和白衬衫，配肉色长筒连裤丝袜，穿黑色高跟或半高跟皮鞋。

(2) 时间的确定。

准时到达，体现对谈判方的礼貌，并表示出交往的诚意。

① 避免在身心处于低潮时进行谈判，如中午经过长途跋涉后。

② 避免在星期一早上进行谈判，因为在心理上未进入工作状态。

③ 避免在连续紧张工作后进行谈判，因为此时人的思绪比较混乱。

④ 避免在身体不适时进行谈判，因为很难使自己专心致力于谈判。

⑤ 避免在人体一天中最疲劳的时间进行谈判。下午16：00—18：00这段时间，是人在心理上、生理上的疲劳都达到顶峰的时候，容易焦躁不安，思考力减弱，工作效率低下。

(3) 地点的确定。

洽谈地点的确定，应通过各方协商而定。担任东道主的一方出面安排洽谈，一定要注意做好各方面的礼仪工作。在洽谈会的台前幕后，恰如其分地运用礼仪迎送、款待、照顾对方，可以赢得信赖，获得理解与尊重。

(4) 谈判环境的布置与礼仪。

谈判环境应合乎以下要求：

① 空气和温度：谈判地点应配备空调设备，温度控制在18℃～22℃，相对湿度控制在40%～60%为宜。

② 光线与色调：谈判房间应光线明亮，使谈判者能看清材料、书写笔录并清晰地

感受到对方的举止表情等行为语言。

③ 装饰与陈设：谈判环境的装饰与陈设要高雅明快，给人以空间宽阔之感。房间里可适度陈设谈判桌椅、沙发、衣帽橱架，墙壁上可有艺术品，茶几上可有相应的盆栽或插花点缀，并备有待客的香烟、饮料、水果等。

④ 宁静勿哗：谈判场所周围环境应肃静、幽雅，使人心情舒畅。

（5）座次的安排。

在谈判场合，双方的主谈者应该居中坐在平等而相对的位置，台桌和椅子的大小应当与环境和谈判级别相适应。会客厅越大或谈判级别越高，台桌和椅子通常也应相应较大、较宽绰。

① 举行双边洽谈时，应使用长桌或椭圆形桌子，宾主应分坐于桌子两侧。

② 若桌子横放，则面对门的一方为上座，留给客方坐；背门的一方为下座，由主方坐。

③ 若桌子竖放，则应以进门的方向为准，右侧为上，留给客方坐；左侧为下，由主方坐。

在进行洽谈时，各方的主谈人员应在自己一方居中而坐，其他人员依照职务的高低自近而远地分别在主谈人员的两侧就座。假如需要译员，则应安排其就座于次主谈人的位置，即主谈人的右侧。

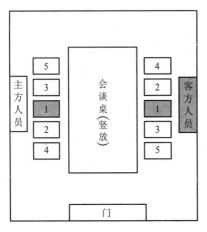
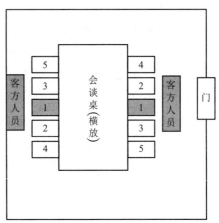

4. 洽谈遵循的方针

（1）尊敬对手。

在洽谈过程中，不管发生任何情况，都应尊敬对手，这样才能给对方留下良好的印象，并在今后进一步的商务交往中，发挥潜移默化的功效，换得对方与我方的真诚合作。在洽谈过程中，态度友好、面带微笑、语言文明、彬彬有礼，有助于消除对手的反感、漠视和抵触心理。

（2）依法办事。

在商务洽谈中，商务人员应自觉地树立法制思想。洽谈中所进行的一切活动，都必须遵守国家的法律法规，以保障通过洽谈而获得的利益。

（3）平等协商。

洽谈中坚持平等协商，需要注意以下两个方面的问题：一方面，强调洽谈各方在地位上的平等一致，相互尊重，不可以仗势压人、以大欺小；另一方面，强调洽谈各方在洽谈中的协商和谅解，而不是通过强制、欺骗，来达成一致。要做到平等协商，就要以理服人，要说理、以理评理。只有这样，才能说服对方。

（4）互惠互利。

商务人员谈判时，必须争取利己又利人的谈判结果。在商务交往中，既要讲竞争，又要讲合作。自己的利益不应建立在损害伙伴和对手利益的基础上，而应当是互惠互利的。这也是商界的公德，商务人员在洽谈中必须遵守。

（5）学会妥协。

某谈判大师曾说过："所谓洽谈，就是一连串的不断要求和一个又一个的不断妥协。"任何一次洽谈，都没有绝对的胜利者和绝对的失败者。有关各方通过洽谈，都能或多或少地满足或维护自身的利益。正可谓，各方在某种程度上达成了妥协，洽谈就获得了双赢。

（二）商务洽谈的礼仪过程

1. 谈判之初

谈判之初，谈判双方接触的第一印象十分重要，言谈举止要尽可能营造出友好、轻松的谈判气氛。

（1）自我介绍。

做自我介绍时要自然大方，不可露傲慢之意。如有名片，要双手接递。介绍完毕，可选择双方共同感兴趣的话题进行交谈，稍作寒暄，以沟通感情，营造温和的气氛。

（2）姿态动作。

谈判之初的姿态动作对把握谈判气氛也起着重大作用。如注视对方时，目光应停留于对方双眼至前额的三角区域正方，这样会使对方感到被关注。其次手势动作要自然，不宜乱打手势，以免造成轻浮之感。切忌双臂在胸前交叉，此举易显得傲慢无礼。谈判之初的重要任务是摸清对方的底细，因此要认真聆听，细心观察对方的举止表情，并适当给予回应，这样既可了解对方意图，又可表现出对他人的尊重与礼貌。

2. 谈判之中

这是谈判的实质性阶段，主要是报价、查询、磋商、解决矛盾、处理冷场。

（1）报价。

要明确无误，恪守信用，不欺蒙对方。在谈判中报价不得变换不定，对方一旦接受价格，就不再更改。

（2）查询。

事先要准备好有关问题，在和谐的气氛下提出，态度要开诚布公。切忌气氛比较冷淡或紧张时查询，言辞不可过激或追问不休，以免引起对方反感甚至恼怒。但对原则性问题应当力争不让。对方回答查问时不宜随意打断，答完时要向解答者表示谢意。

(3) 磋商。

讨价还价事关双方利益，容易因情急而失礼，因此更要注意保持风度，心平气和，求大同，存小异。发言措辞应文明礼貌。

(4) 解决矛盾。

要就事论事，保持耐心、冷静，不可因发生矛盾就怒气冲冲，甚至进行人身攻击或侮辱对方。

(5) 处理冷场。

此时主方要灵活处理，可以暂时转移话题，稍作松弛。如果确实已无话可说，则应当机立断，暂时中止谈判，稍作休息后再重新进行。主方要主动提出话题，不要让冷场时间持续过长。

(三) 正式谈判中的礼仪

主场谈判、客场谈判在礼仪上习惯称为主座谈判和客座谈判。主座谈判因在己方所在地进行，为确保谈判顺利进行，己方主方通常需做一系列准备和接待工作；客座谈判因到对方所在地谈判，客方则需入乡随俗，入境问禁。

1. 主座谈判礼仪

(1) 主座谈判的接待准备。

① 成立接待小组。

一般由企业的行政办公室负责。涉外谈判还应备有翻译。

② 了解客方基本情况，收集有关信息。

可向客方索要谈判代表团成员的名单，了解其姓名、性别、职务、级别及一行人数，以此作为确定接待规格和食宿安排的依据。了解客方对谈判的目的要求、食宿标准、参观访问以及观光游览的愿望；掌握客方抵离的具体时间、地点、交通方式，以安排迎送的车辆和人员及预订、预购返程车船票或飞机票。

③ 拟订接待方案。

根据客方的意图、情况和主方的实际，拟订出接待计划和日程安排表。还要将其他的活动内容、项目及具体时间一一拟出，如迎送、会见、宴请、游览观光、娱乐等。

④ 迎送工作。

如客方是远道而来的，主方要在到达前15分钟赶到，接站时为方便双方确认，最好举接站牌。主方迎接人员可以按身份职位的高低顺序列队迎接，并由主方领导人先将前来迎接的人员介绍给客方人员，再由客方领导介绍其随行人员，双方人员互相握手致意。

2. 客座谈判的礼仪

客座谈判时，主动配合对方接待，对一些非原则性问题采取宽容的态度，以保证谈判的顺利进行。谈判期间，对主方安排的各项活动要准时参加，通常应在约定时间的五分钟之前到达约定地点。到主方公司做公务拜访或私人访问要先预约，不做不速之客。对主方的接待，在适当的时间以适当的方式表示感谢。

（四）谈后签约

签约仪式上，双方参加商务谈判的全体人员都要出席，共同进入会场，相互握手致意，一起入座。双方都应设有助签人员，分立在各自一方代表签约人外侧，其余人排列站立在各自一方代表身后。助签人员要协助签字人员打开文本，用手指明签字位置。双方代表各在己方的文本上签字，然后由助签人员互相交换，代表再在对方文本上签字。签字完毕后，双方应同时起立，交换文本，并相互握手，祝贺合作成功。其他随行人员则应该以热烈的掌声表示喜悦和祝贺。

（五）商务谈判的语言礼仪

1. 谈判的语言要针对性强

在商务谈判中，双方均通过各自的语言来表达自己的愿望和要求，因此谈判语言的针对性要强，要做到有的放矢。模糊、啰唆的语言，会使对方疑惑、反感，降低己方威信，造成谈判的障碍。针对不同的商品、谈判内容、谈判场合和谈判对手，要有针对性地使用语言，才能保证谈判的成功。

2. 谈判中表达方式要婉转

谈判中应当尽量委婉，这样易于被对方接受，从而达成一致，获得成功。

3. 谈判中要会灵活应变

谈判形势的变化是难以预料的，当遇到一些意想不到的尴尬事情时，要求谈判者具有灵活的语言应变能力与应急手段，巧妙地摆脱困境。

4. 恰当地使用无声语言

商务谈判中，谈判者通过姿势、手势、眼神、表情等非发音器官来表达的无声语言，往往在谈判过程中能发挥重要的作用。在一些特殊气氛下，有时需要沉默，恰到好处的沉默可以取得意想不到的良好效果。

五、知识拓展

商业谈判的九大技巧

（一）倾听

一个谈判高手通常会提出很尖锐的问题，然后耐心地倾听对方的意见。商务专家说，如果我们学会如何倾听，很多冲突是很容易解决的。问题的关键是倾听已经成为被遗忘的艺术，而很多商人都忙于确定别人是否听见他们说的话，而不去倾听别人对他们说的话。

（二）充分的准备

要取得商业谈判的成功，必须在事前尽可能多地搜集相关信息。例如，你的客户的需要是什么，他们有什么选择。因此事先做好功课是必不可少的。

（三）高目标

有高目标的商人做得更出色。期望的越多，得到的越多。卖家的开价应该比他们期望得到的要高，买家还价则应该比他们准备付的要低。

（四）耐心

管理专家认为，谁能灵活安排时间，谁就有优势。如果谈判时对方赶时间，你的耐心能对他们造成巨大的影响。

（五）满意

如果在谈判中对方感到很满意，你已经成功了一半，对方满意意味着他们的基本要求已经达到了。

（六）让对方先开口

找出谈判方渴望达到的目的的最好方法就是劝诱他们先开口。他们希望的可能比你想要给的要低，如果你先开口，有可能付出的比实际需要的要多。

（七）第一次出价

不要接受第一次出价。如果你接受了，对方会再压低价格，先还价再做决定。

（八）让步

在商业谈判中，不要单方面让步。如果你放弃了一些东西，必须相应地再从对方那里得到一些东西。如果你不这样做的话，对方会向你索要更多。

（九）离开

如果一个交易不是按照你计划中的方向进行，你该准备离开。永远不要在没有选择余地的情况下谈判，因为如果在这种情况下谈判，你就使己方处在下风。

六、应用与考核

（一）案例分析

1. 案例：

一天下午，亨达公司要与某企业举行洽谈会，并准备就双方技术合作事项达成协议。该公司的秘书王林事先作了大量的准备工作。但就在当天临近中午时，王林发现有关技术监督管理方面的资料没有准备，他急忙通过各种方式查找这类资料。资料终于找到了，可会谈也马上要开始了，王林只能担心地等待谈判结果。洽谈会开始后，双方就准备好的协议草案展开了充分讨论。最后，对方企业的代表提出了质量监督方面的问题，因为这对于合作项目的成功起着重大作用。然而，由于亨达公司的代表手中缺乏这方面的材料，无法给对方满意的答复，导致会议没有取得任何结果，只得暂时休会。

2. 提问

（1）为什么会出现暂时休会、无法继续洽谈的情况？

（2）如何避免上述问题的出现？

（二）模拟训练

在上述案例中，假设王林准备了充足的材料，请对洽谈会进行模拟。

任务二　销 售 礼 仪

一、任务提出

上海康城公司的张总不慎将手机丢失，因此想在北京购买一部新手机。手机推销员小王接待了张总，一开始由于小王没有准确了解张总的需求，推荐的机型并不符合张总的意愿，经过一番沟通后，张总才买到了满意的新手机。

二、教学实施建议

将学生分组并为他们指定待销售商品，让学生根据商品的特性和购买者的需求特点进行销售模拟，让学生体会销售的气氛，遵循销售礼仪。

三、任务分析

根据张总的性别、年龄、身份及购买需求等，销售时需要注意以下几项内容：

1. 销售中对待顾客的言谈礼仪。
2. 销售中对待顾客的交往礼仪。

四、知识要点

比尔·盖茨说过："在市场竞争条件下，企业竞争首先是员工素质的竞争。"就产品销售来说，企业的竞争也就是销售人员素质的竞争。

销售人员可以通过礼仪塑造完美的个人形象，给顾客留下最好的第一印象，并在销售开始之前就赢得顾客的好感。礼仪同时贯穿在销售的每个环节，它可以帮助销售人员从细节上区分顾客的心理，从而使销售人员和顾客打交道时更加得心应手。礼仪更能让销售人员获得顾客的好感、信任和尊重。

销售礼仪就是要把"无形的服务有形化"，使有形规范的服务和销售过程进行完美的结合。礼仪在销售中就是完善自身的点金棒，和顾客交往的润滑剂，成功交易的催化剂。

（一）销售礼仪概述

1. 销售礼仪的含义

销售礼仪是指营销人员在营销活动中，用以维护企业或个人形象，对服务对象表示尊重和友好的行为规范。它是一般礼仪在营销活动中的运用和体现。

2. 销售礼仪的特征

销售礼仪属于企业营销活动的组成部分，能够反映企业形象，是围绕企业营销目标而运转的企业化个人行为。销售礼仪既重视情感沟通，也注重信息交流，在保证产品质量的前提下，企业的营销人员应针对不同的民族和不同信仰的公众，采取适合当地风土人情的令人愉悦的销售礼仪，从而使企业的产品、服务和企业形象为当地人们所接受。

3. 销售礼仪的本质

销售礼仪是企业在尊重、诚信、宽容和平等基础上形成的现代礼仪方式。它的本质是企业形象的一种宣传形式和宣传手段。销售礼仪体现在企业的营销活动和日常工作中，包括企业和销售人员的行为或程序礼仪，应把个人的礼仪融入企业的销售礼仪之中，自觉维护自身的形象，为企业的发展尽职尽责。

（二）提高销售礼仪的修养

1. 提高销售礼仪认识

从事现代营销活动，就应了解与现代营销活动相适应的销售礼仪。通过学习、评价、认同、模仿和实践过程，逐渐学习、构造、完善自己的社交礼仪规范体系，并以此来评价他人的行为，调整自己的交际行为和交往行为。

2. 明确角色定位

提高销售礼仪修养的目的之一是要通过礼仪修养使个人的言行在营销交往活动中与自己的身份、地位、社交角色相适应，从而被人理解与接受。销售活动中的角色则是指在销售活动中处于某一销售关系状态的人，或者说是指某一个体在营销关系系统中所占的一定地位。每个营销人员一方面要重视营销活动中角色的定位，增强角色意识；另一方面要加强自己的礼仪修养，以适应多种角色的不同礼仪要求。

3. 陶冶礼仪情感

销售人员在正确认识销售礼仪的基础上，还需要得到感情上的认可，才会自觉地去遵守礼仪规范。如果没有真挚的情感，即使凭理智去遵循礼仪规范，也会显得不自然。陶冶情感包括两个方面：一是形成与应有的礼仪认识相一致的礼仪情感；二是要改变与应有的礼仪认识相抵触的礼仪情感。

4. 锻炼礼仪意志

要想使遵循礼仪规范变成自觉的行为，没有持之以恒的意志是办不到的。销售人员只有自觉地坚持修养一些基本的行为规范，才能使这些规范行为成为自觉的行为。将这种礼仪行为持之以恒，就能取得良好的效果。因此，礼仪修养除了需要提高礼仪认识、陶冶礼仪情操之外，还要注意锻炼自己的礼仪意志。

5. 养成销售礼仪习惯

提高销售礼仪修养的最终目标就是让人们养成按礼仪要求去做的行为习惯，通过一些看得见的礼仪训练，让销售人员通过模仿、学习提高自己的实际操作能力进而养成良好的礼仪习惯，这对以后的销售礼仪实践将有所裨益。

（三）销售中的言谈礼仪

1. 交谈的基本原则

（1）态度诚恳，语言准确。

诚恳热情是人际交往的基本原则。交谈也应如此，在此基础上还应注意语言表达的准确性，准确的语言能给人以清晰的美感。

（2）待人平等，语言亲切。

要以自然平等的态度与人交谈。交谈的双方可能身份、地位不同，但不论在何人面前，交谈的态度都应该是坦诚平等的。在交谈的过程中，要理解和信任对方，建立和谐的人际关系。交谈时采用亲切友好、轻松愉快的语言也意味着平等、和谐、坦率和诚实。

（3）举止大方，语言幽默。

与任何人交谈时都应该落落大方，即使是在陌生人面前，也要表现得从容不迫，不要扭捏不安，即便做不到谈笑风生，也不要躲躲闪闪、慌慌张张。在交谈时，应注意语言的幽默感。幽默感是一个人内在涵养的表现，幽默不同于一般的玩笑，更不同于戏谑。幽默，实际上充满着敏锐、机智、友善和诙谐，在会心的笑声里能启人心智，因此具有幽默感是一种能力的表现。

（4）使用礼貌用语，保持口语流畅。

交谈中应随时注意使用礼貌用语，这既是一种习惯，更是一种修养。交谈中还应注意语言的流畅性，尽量避开书面语言，用口语交谈。

（5）使用令顾客舒适的语言。

如果顾客讲方言，而你又正好熟悉他所讲的方言，就可以用方言与顾客交谈，这样既能使气氛融洽，又能拉近双方的心理距离，增进双方的感情；如果不熟悉顾客的方言，就用普通话交谈；若是同时有多人在场，又并非所有人都讲同样的方言，最好用普通话交流。

(6) 多采用通俗的语言。

通俗易懂的语言最容易被大众所接受。所以，在语言使用上要多用通俗化的语句，少用书面化的语句。如果故意咬文嚼字或使用深奥的专业术语，会令顾客感到费解，这样不仅不能与顾客顺利沟通，还会在无形之中拉大与顾客之间的距离。

(7) 说话把握分寸。

与顾客交谈时，有的销售人员说到高兴时就忘乎所以，没有了分寸，这不但不礼貌，还非常有损个人形象。切记，在交谈中，有些敏感的雷区要小心避免。所以，请留意如下事项：

① 当顾客谈兴正浓时，要倾心聆听，不与顾客抢话头。

② 对于你不知道的事情，切忌不懂装懂，以免说错了贻笑大方，给顾客留下不专业、不诚恳的印象。

③ 不可在顾客面前谈论其他商家的缺陷和隐私。爱搬弄是非的人，是不会受欢迎的。

④ 不可谈论容易引起争执的话题，以免与顾客产生冲突。

2. 常用礼貌用语

(1) 称呼语。

称呼语是指在交往中与他人交谈或沟通信息时恰当使用的称呼。如"先生""太太""阿姨""刘处长"等。

(2) 熟悉问候语、敬语、委婉语、幽默语的使用。

① 问候语。

问候语是见面时最先向对方传递的信息，它是作为社交场合的"开场白"来被使用的。如"您好，很高兴认识您！""见到您非常荣幸！"

② 敬语。

敬语与谦语相对，是对听话人表示尊敬的语言手段。如"请""您""贵公司""包涵""拜托"等。

③ 委婉语。

委婉语指在商务活动或交际工作中用来表达不宜直言的人或事物的言语，常常在一些正规的场合以及一些有长辈和女性在场的情况下，代替那些比较随便或私密性的话语。如想要上厕所时，宜说："对不起，我去一下洗手间。"

④ 幽默语。

在商务活动或谈判中，恰当的幽默语可以营造一个轻松愉快的交谈氛围，有助于工作的顺利开展和进行，但注意使用幽默语有三忌二不：一忌长幼不分，二忌男女不分，三忌场合不分；不拿别人的缺点或短处开玩笑，不开低俗玩笑。

(四) 与顾客交往中的礼仪

在与顾客交往的过程中，会涉及打电话、介绍、握手、递名片等诸多行为，而这些细节在不知不觉中会给对方一些暗示，并传递出不同的信息和情感，同时也直接影响着你的形象。

约见顾客时不应贸然提出要与顾客立即见面的要求，这是对顾客基本的尊重。因此，会面之前应进行预约。

(1) 避免约在顾客工作、生活繁忙或休息时间，这极其容易引起对方的反感。

(2) 会面的要求应尽早提出，并且说明占用对方时间的长短，使得顾客有宽裕的时间提前安排好自己的活动。而且要在登门前半天打电话确认，这样既可预防对方的临时变故，也能体现专业和涵养。

五、知识拓展

(一) 委婉表达

在与人交谈时，如果遇到不方便直接表达的话语，可以采取一些委婉的方式来表达，掌握这样的技巧会显得更加礼貌：

1. 旁敲侧击

不直接切入主题，而是通过"提醒"语言让对方"主动"提出或说出自己想要的。

2. 比喻暗示

通过形象的比喻让对方展开合理准确的联想，从而领会你所要传达的意图。

3. 间接提示

通过密切相关的联系，"间接"地表达信息。

4. 先肯定，再否定

有分歧的时候，不要断然否定对方的全部观点，而是要先肯定对方观点的合理部分，然后再引出更合理的观点。

5. 多用设问句，不用祈使句

祈使句给人的感觉像是在发布命令，而设问句给人的感觉是在商量问题，所以后者更容易让人接受。

6. 表达留有余地

不要把问题绝对化，从而使自己失去回旋、挽回的余地。

(二) 语言细节

1. 发音准确

在交谈中要求发音标准。读错音、念错字、口齿不清、含含糊糊都让人听起来费劲，而且有失自己的身份。

2. 口气谦和

在交谈中，说话的口气一定要做到亲切谦和、平等待人，切忌随便教训、指责别人。

3. 内容简明

在交谈时，应言简意赅、要点明确，少讲或者最好不讲废话。切忌啰里啰唆、废话连篇。

4. 少用方言

在公共场合交谈时，应用标准的普通话，不能用方言、土话，这也是尊重对方的表现。在一般交谈中，应讲中文，讲普通话。

六、应用与考核

（一）案例分析

1. 案例分析

美国有位著名的女企业家，她想购买一辆福特牌小轿车。24岁生日那天，她兴冲冲地走进一家福特轿车经销店，询问轿车情况。售货员见她衣着普通，以为她只是问问而已，应付了几句就转身而去，接着用午餐。那位女企业家只得出门溜达，准备等售货员用完午餐后再登门。在闲逛时，她发现在附近另有一家轿车经销店，就顺便入内询问。这家经销店的售货员相当热情，不但回答她的询问，还和她拉家常，得知她是趁24岁生日购买轿车后，就非常客气地说："小姐，请稍等片刻。"随即转身出门。不一会儿，店员拿着一束玫瑰花回来，真诚地说："小姐，您在生日之际光临本店，是本店的荣誉，我代表本店赠您一束玫瑰花，祝您生日快乐。"这位女企业家十分感动，于是进一步询问了该店经销轿车的型号、性能后，用较高的价格购买了轿车，并把该店推荐给了周围的朋友，很快，这家经销店的五辆车都因她的介绍而卖了出去。

2. 提问：这位女企业家后接触的售货员在言谈和对客交往礼仪中注重了哪些方面而促使销售成功？

（二）模拟训练

请模拟上述销售情境。

任务三　签字仪式礼仪

一、任务提出

> 北京中茂集团与上海康城消防技术有限公司谈判成功,两家企业即将合作共建一个烟感探测系统。经双方协商,决定于9月12日上午在中茂集团会议室现场签订合同。中茂集团将会场布置得庄重大方,签字流程安排得井井有条,最终合同成功签订。

二、教学实施建议

引导学生通过头脑风暴的方法总结出签字仪式所需物品,然后分组模拟签字仪式。

三、任务分析

根据两家公司的背景及其工作内容的需求,需要注意以下几项内容:
1. 主客方的签字桌要并排放置,并注意主客方就座位置。
2. 签字所需的物品,如笔、文本、鲜花、酒水等。
3. 签字时双方的表情、动作及语言组织。

四、知识要点

商务签字礼仪通常是指订立合同、协议等重要文本时所举行的仪式。这种礼仪规范严格,要求策划者全面精细地安排各个环节。

(一) 合同的准备

1. 合同内容的准备

依照商界的习惯,在正式签署合同之前,应由举行签字仪式的主方负责准备待签合同的正式文本。并应会同有关各方一道指定专人,共同负责合同的定稿、校对、印刷与装订。

按常规,应为在合同上正式签字的有关各方,均提供一份待签的合同文本。必要时，还可再向各方提供一份副本。

2. 签署涉处商务合同

按照国际惯例，待签的合同文本应同时使用有关各方法定的官方语言。此外，亦可同时使用有关各方法定的官方语言。

3. 待签的合同文本

应用精美的白纸印制，按大八开的规格装订成册，并以高档质料如真皮、金属、软木等作为封面。

（二）签字的准备工作

1. 签字厅的准备

签字厅要庄重、整洁、清静。室内应铺设地毯，正规的签字桌应为长桌，桌上最好铺设深绿色的台布。签字桌应横放于室内，在其后可摆放适量的座椅。签署双边性合同时，可放置两张座椅，供签字人就座。签署多边性合同时，可以仅放一张座椅，供各方签字人签字时轮流就座，也可以为每位签字人提供座椅。签字人就座时，一般应面对正门。

2. 文具的准备

在签字桌上，遵循惯例应事先安放好待签的合同文本以及签字笔、吸墨器等签字时所用的文具。

3. 国旗的摆放

与外商签署涉外商务合同时，还需在签字桌上插放有关各方的国旗。插放国旗时，在其位置与顺序上，必须按照礼宾序列。例如，签署双边性涉外商务合同时，有关各方的国旗需插放在该方签字人座椅的正前方。

（三）签字时的座次安排

1. 签署双边性合同

应请客方签字人在签字桌右侧就座，主方签字人则应同时就座于签字桌左侧。双方各自的助签人，应分别站立于己方签字人的外侧，以便随时对签字人提供帮助。双方其他随员，可以按照一定顺序在己方签字人的正对面就座。也可依照职位的高低，依次自左至右（客方）或是自右至左（主方）列成一行，站立于己方签字人的身后。当位置不够时，可按照以上顺序并遵照"前高后低"的惯例，排成两三行或四行。原则上，双方随员人数应大体上相当。

2. 签署多边性合同

一般仅设一个签字椅。各方签字时，须依照有关各方事先同意的先后顺序依次上前。助签人应随之一同行动。在助签时，依"右高左低"的规矩，助签人应站立于签字人的左侧。有关各方的随员，应按照一定的顺序，面对签字桌就座或站立。下图为我国较为常用的形式：

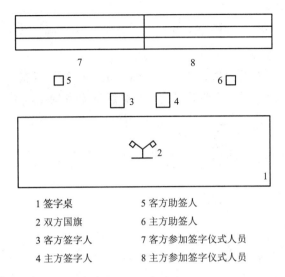

1 签字桌	5 客方助签人
2 双方国旗	6 主方助签人
3 客方签字人	7 客方参加签字仪式人员
4 主方签字人	8 主方参加签字仪式人员

（四）签字程序

签字仪式的正式程序一共分为四项，分别为：

1. 签字仪式的正式开始

有关各方主要人员进入签字厅，在既定的位次上就位。

2. 签字人正式签署合同文本

通常的做法是，先签署己方保存的合同文本，接着再签署他方保存的合同文本。

商务活动规定：每个签字人在己方保留的合同文本上签字时，按惯例应当名列首位。因此，每个签字人均应先签署己方保存的合同文本，然后再交由他方签字人签字。这一做法在礼仪上称为"轮换制"，它的含义是指在位次排列上，轮流使有关各方均有机会居于首位一次，以显示机会均等，各方平等。

3. 签字人正式交换已正式签署的合同文本

此时各方签字人应热烈握手，互致祝贺，并相互交换各自一方刚才使用过的签字笔，以示纪念。全场人员应鼓掌表示祝贺。

4. 共饮香槟酒互相道贺

交换已签的合同文本后，有关人员尤其是签字人应当场饮一杯香槟酒，这是国际上通行的用以增添喜庆色彩的做法。

在一般情况下，商务合同在正式签署后应提交相关部门进行公证，此后才正式生效。

（五）服务人员礼仪

1. 迎候客人

站立在签字厅门口，迎候出席的签字人员。待主签字人到达时要敬语相迎，并引领至签字桌后，拉椅让座。然后引领其他人员按顺序就位站立。

2. 签字仪式开始

两名服务人员手托摆有香槟酒杯的托盘，分别站立在签字桌两侧约 2 米远处。

3. 签字完毕

在主签字人起立，准备交换文本并握手时，迅速将签字椅撤除。然后将香槟酒杯端至主签字人面前，并说"请"。接下来从签字桌后站立者的中间开始，向两边依次分让香槟酒。待双方人员干杯后，立即上前用托盘接收酒杯。

4. 礼送客人

签字仪式结束后，为出席签字仪式的人员打开签字厅大门，引领其到电梯口并送上电梯，用敬语送别。

应特别注意：签字仪式上的服务人员，可以穿工作制服或者旗袍一类的礼仪服装。有些签字仪式会有几组主签字人分别在几个协议上签字，服务人员须事先掌握情况，不能在第一组签字完毕时就上前撤签字椅、敬酒，否则就失礼了。服务人员动作要轻快、利索，撤椅不及时会影响双方交换文本和握手，香槟酒上得慢会造成冷场、破坏气氛。敬酒顺序要分明，不能不分主次，更不能有遗漏。

（六）主签字人礼仪

1. 签字准备

主签字人行至本人座位前，应站立等候。其他人员分主客方按身份顺序在本方签字人背后站立成一排，主要领导居中。双方助签人分别站立在本方主签字人外侧。来宾和新闻记者可站在签字桌前边，并保持一定距离。

2. 签署文本

双方主签字人就座，然后双方助签字人将协议文本翻至应签字的页面，并指示签字处。双方主签字人先签署应由己方保存的协议文本。必要时，助签字人可用吸墨器吸干墨迹，以防污损。然后双方助签人交换协议文本，由双方主签字人签署应由对方保存的协议文本。

3. 交换文本

双方主签字人起立，交换文本并握手，互敬祝贺。可交换签字笔，以作纪念。全体人员热烈鼓掌，以示祝贺。

4. 饮酒庆贺

交换文本后，出席签字仪式的人员一般应当饮香槟酒，并与对方人员干杯，这是一种国际通行的庆贺方式。然后可以留影纪念，也可由双方主要领导做简短讲话，然后仪式结束。

应特别注意：主签字人是签字仪式上的主要角色。主签字人应符合以下条件：一是具有一定的资格，二是职位对等。为了表示对谈判成果的重视与祝贺，签约各方可以派出身份较高的领导人参加签字仪式，但也要职位对等。如果签字仪式上安排了致辞、祝酒等活动，应当设置一位主持人，主持人一般由仪式主办方指派具有一定身份的人士担任。主签字人在由己方保留的协议文本上签字时，应当名列首位。

五、知识拓展

草拟合同的正规做法

从格式上讲，草拟合同有一些规定。它的首要要求，是目的要明确，内容要具体，用词要标准，数据要精确，项目要完整，书面要整洁。违反了上述各项要求中的任何一点，都有可能会给己方带来恶劣的影响。

从具体的写法上来说，合同大体上有条款式与表格式两类。所谓条款式合同，指的是以条款形式出现的合同。所谓表格式合同，则是指以表格形式出现的合同。

条款式合同与表格式合同，在写法上都有各自的具体规范，对此必须遵守。一般来说，标的、费用与期限被称做合同内容的三大要素。在任何一项合同中，都应当三者齐备，缺一不可。如果从具体的条款撰写上来讲，则一项合同至少需要具备标的、数量或质量、价款或酬金、履约的期限与地点及其方式，违约责任等五大基本内容。对于这种规范，商界人士必须自觉地遵照执行。

在草拟合同时，除了在格式上要标准、规范之外，同时还必须注意遵守法律、符合常识、顾及对手等方面。

首先，草拟合同必须遵守法律。

在商务交往中，所有正式的合同都具有法律约束力。它一旦订立，任何一方都不可擅自变更或解除。因此，商务人员必须熟悉国家的有关法律与法规，才能充分地运用法律来维护己方的正当权益。从操作中的实际情况来看，商务人员在拟定合同时，必须遵守的有关法律、法规，主要涉及商品生产、技术管理、外汇管制、税收政策以及商检科目五个方面。在草拟涉外商务合同时，还必须遵循我国法律与国际条法。遵循我国法律，是国家主权原则的体现，也是为了不损害我国的社会公共利益。遵循国际条法，则是为了在对外交往中更好地与国际社会接轨，在国际经济合作中少走弯路。

其次，草拟合同必须符合惯例。

在草拟合同时，必须优先遵守法律、法规，尤其是必须优先遵守我国的法律、法规。遇到有关法律、法规尚未规定的内容，则可采用国际惯例。所谓商务交往中的国际惯例，是指那些被国际社会所普遍接受的、约定俗成的常规作法。一般而言，国际惯例是维系商务交往正常化的一大基石，所以商界人士在草拟合同时，应当以它来协调自己的行动。对此不应贸然行事，否则会吃大亏。

再次，草拟合同必须符合常识。

在草拟合同时，有必要使合同的一切条款合乎常识，坚决不要犯常识性错误。商界人士在草拟合同时应当具备的常识，是指与其业务有关的专业技术方面的基础知识，包括商品知识、金融知识、运输知识、保险知识和商业知识，等等。具备了这些方面的常识，有助于商业人士的日常工作，并且更好地被交往对象所尊敬。

最后，草拟合同必须顾及对手。

在进行与合同有关的谈判时，在具体条款上，商务人员不仅要有原则，还要灵活。在坚持根本利益的前提下，灵活地变通，适当地让步，恐怕获利只会多，而不会少。通常，合同的成立生效，需要履行一定的手续。依照我国的有关法律规定：当事人就合同条款的书面形式达成协议，并且签字，即为合同成立。唯有经过有关当事人正式签字，合同才正式成立并生效。

六、应用与考核

（一）案例分析

1. 案例

经过长期洽谈之后，我国南方某市的一家公司终于同美国的一家跨国公司谈妥了一笔大生意。双方在达成合约之后，决定正式为此举行一次签字仪式。因为当时双方的洽谈在我国举行，故此签字仪式便由中方公司负责。在仪式正式举行的那一天，让中方公司出乎意料的是，美方公司差一点要在正式签字之前"临场变卦"。原来，中方公司的工作人员在签字桌上摆放中美两国国旗时，误以中国的传统做法代替了目前所通行的国际惯例，结果让美方公司人员恼火不已，他们甚至因此而拒绝进入签字厅。这场风波经过调解虽然平息了，但给公司的员工留下了一个教训：在商务交往中，对于签约的礼仪不可不知。

2. 提问：中方公司工作人员如何摆错了国旗位置？

（二）模拟训练

按照正确的流程及方法模拟上述情境

任务四　庆典仪式礼仪

一、任务提出

北京中茂集团和上海康城消防技术有限公司签约成功，双方在京建成了烟感探测系统项目的合作基地。在合作基地建成之日，双方举行了隆重的庆典仪式。庆典现场喜庆热闹，活动举办得非常成功，舆论反响也很好。

二、教学实施建议

首先用图片及短片向学生展示庆典仪式场景，然后分组模拟，并互相点评。

三、任务分析

根据北京中茂集团和上海康城消防技术有限公司的背景及工作内容要求，需要注意以下几项内容：

1. 庆典日期的时间安排。
2. 舆论宣传工作。
3. 开业典礼的各项程序。

四、知识要点

庆典是各种庆祝仪式的统称。在商务活动中，商务人员参加庆祝仪式的机会是很多的，既有可能为本单位组织一次庆祝仪式，也有可能应邀去出席外单位的某一次庆祝仪式。各单位所举行的各类庆祝仪式，都要做好充分准备。

（一）庆典仪式的分类

1. 本单位新成立或成立周年庆典

即在本单位成立及成立五周年、十周年以及它们的倍数时进行的庆典。

2. 本单位荣获某项荣誉的庆典

当单位本身荣获了某项荣誉称号、单位的"拳头产品"在国内外重大展评中获奖之后，基本上均会举行这类庆典。

3. 本单位取得重大业绩的庆典

例如千日无生产事故、生产某种产品的数量突破10万台、经销某种商品的销售额达到1亿元等，这些来之不易的成绩往往都是要庆祝的。

4. 本单位取得显著发展的庆典

当本单位建立集团、确定新的合作伙伴、兼并其他单位、分公司或连锁店不断发展时，自然也值得庆祝一番。

（二）准备工作

1. 精心确定庆典的出席人员名单

庆典的出席人员名单不应当随意确定或是让名单上的人员勉为其难。确定庆典出席者名单时，始终应当以庆典的宗旨为指导思想，一般来说，庆典的出席者通常包括如下人士：

（1）上级领导。

地方党政领导、上级主管部门的领导，大都对单位的发展给予过关心、指导。邀请他们参加，主要是为了表示感激之情。

（2）社会名流。

社会各界的名人对于公众最有吸引力，能够请到他们将有助于更好地提高本单位的知名度。

（3）大众传媒。

当今社会，邀请报纸、杂志、电视、广播等大众媒介参与，主动与他们合作，将有助于本单位的成就被他们公正地介绍出去，有助于本单位被社会更好地了解和认同。

（4）合作伙伴。

在商务活动中，合作伙伴通常是与本单位同呼吸、共命运的。请他们来与自己一起分享成功的喜悦是完全应该的，也是必要的。

（5）社区关系。

社区关系是指那些与本单位在同一区域，对本单位具有种种制约作用的社会实体。例如，本单位周围的居民委员会、街道办事处、医院、学校、幼儿园、养老院、商店以及其他单位等。请他们参加本单位的庆典，会使对方进一步了解本单位、尊重本单位、支持本单位，或是给予本单位更多的方便。

（6）单位员工。

员工是本单位的主人，本单位每一项成就的取得都离不开他们的兢兢业业和努力奋斗。具体名单一旦确定，就要发出邀请。

2. 精心安排好来宾的接待工作

成立对此全权负责的筹备组。在庆典的筹备组之内，应根据具体的需要，下设若干专项小组，在公关、礼宾、财务、会务等各方面，各筹备组应各负其责。

3. 精心布置好举行庆祝仪式的现场

（1）地点的选择。

（2）环境的美化。

为了烘托出热烈、隆重、喜庆的气氛，可在现场悬挂彩灯、彩带，张贴一些宣传标语，并且张挂标明庆典具体内容的大型横幅。

4. 精心拟定好庆典的具体程序

庆典活动举行的成功与否，与其具体的程序有很大关系。仪式礼仪规定拟定庆典的程序时有两条原则必须坚持：第一，时间宜短不宜长。大体上讲，应以一个小时为限。这既为了确保良好的效果，也是为了尊重全体出席者，尤其是为了尊重来宾。第二，程序宜少不宜多。

（三）庆典程序

1. 宣布庆典正式开始，全体起立、奏乐

2. 本单位主要负责人致辞

其内容是对来宾表示感谢，介绍此次庆典的缘由等，重点应是报捷以及庆典的可"庆"之处。

3. 邀请嘉宾讲话

出席此次庆典的上级主要领导、协作单位及社区关系单位，均应派代表讲话或致贺辞。对外来的贺电、贺信等，可不必一一宣读，但对其署名单位或个人应当公布。

4. 安排文艺演出

这项程序可有可无，如果准备安排，注意不要有悖于庆典的主旨。

5. 邀请来宾进行参观

如有可能，安排来宾参观本单位的有关展览或车间等。

五、知识拓展

商界人士礼仪规范

作为东道主的商界人士在出席庆典时，应当严格注意的问题涉及以下七点：

1. 仪容要整洁

所有出席本单位庆典的人员，事先都要洗澡、理发，男士还应刮光胡须。无论如何都不允许本单位的人员蓬头垢面、胡子拉碴、浑身臭汗，有意无意去给本单位的形象"抹黑"。

2. 服饰要规范

有统一式样制服的单位应要求以制服作为本单位人士的庆典着装。无制服的单位，应规定届时出席庆典的本单位人员必须穿着礼仪性服装。即男士应穿深色的中山装套装，或穿深色西装套装，配白衬衫、素色领带、黑色皮鞋。女士应穿深色西装套裙，配长筒肉色丝袜、黑色高跟鞋，或者穿深色的套裤。绝不允许本单位人员在服饰方面自由放任，把一场庄严隆重的庆典，搞得像一场万紫千红的时装或休闲装的"博览会"。

3. 时间要严守

遵守时间是基本的商务礼仪之一。对本单位庆典的出席者而言，更不得小看这一问题。上到本单位的最高负责人，下到级别最低的员工，都不得姗姗来迟，无故缺席或中途退场。如果庆典的起止时间已有规定，则应当准时开始、准时结束。

4. 表情要庄重

在庆典举行期间，不允许嬉皮笑脸、嘻嘻哈哈，或是愁眉苦脸、一脸晦气、唉声叹气，否则会使来宾产生很不好的想法。在举行庆典的整个过程中，都要表情庄重、全神贯注、聚精会神。假若庆典之中安排了升国旗、奏国歌或唱"厂歌"的程序，一定要依礼行事：起立，脱帽，立正，面向国旗或主席台行注目礼，并且认认真真、表情庄严肃穆地和大家一起唱国歌或唱"厂歌"。

5. 态度要友好

这里指的主要是对来宾态度要友好。遇到来宾要主动热情地问好。对来宾提出的问题，都要立即给予友善的答复。不要围观来宾、指点来宾，或是对来宾持有敌意。当来宾在庆典上发表贺辞时，或是随后进行参观时，要主动鼓掌表示欢迎或感谢。

6. 行为要自律

在庆典上，主方人员有义务以自己的实际行动来确保庆典的顺利与成功。主方人员在举止行为方面应当注意，讲礼仪，重形象。

7. 发言要简短

商务人员在庆典活动中发言，谨记四个重要的问题：一是上下场时要沉着冷静；二是要讲究礼貌；三是一定要在规定的时间内结束，而且宁短勿长，不要随意发挥，信口开河。四是要少做手势。

六、应用与考核

（一）案例分析

1. 案例

某大酒店开业前夕，酒店的经营者们就开始寻找开展公共关系活动的机会。他们利用的第一个时机就是开业典礼。他们把活动日期定在了"十一"国庆长假期间，活动的当天，他们邀请了社会各界共数百人参加了典礼，其中包括在当地颇有影响力的电台、报刊等媒体记者。客人进场后，受到了热情的招待，并且每人都得到了一个小手包，上面印有酒店开业纪念的字样。开业典礼上，宾客们欢声笑语，主持人在介绍了酒店的经营目标、服务理念、未来发展等情况后，由经营酒店的负责人宣布："本店开业后，凡持有纪念包的客人入住，均享受八折优惠。"话音刚落就获得了满堂喝彩，开业典礼圆满结束。

2. 提问：上述庆典活动之所以能成功举办，取决于哪些因素？

（二）模拟训练

模拟上述开业庆典现场活动。

任务五　商务剪彩礼仪

一、任务提出

> 北京中茂集团和上海康城消防技术有限公司签约成功，双方在京建成了烟感探测系统项目的合作基地。在合作基地建成之日，双方举行了现场剪彩仪式，活动举办得隆重而成功，为今后双方的合作打下了基础。

二、教学实施建议

首先用图片及短片向学生展示庆典仪式的场景，然后将学生分组并以竞赛的方式让他们画出参加剪彩的所有人员的站位。

三、任务分析

根据北京中茂集团和上海康城消防技术有限公司的背景及工作内容要求，需要注意以下几项内容：

1. 剪彩仪式中，两个公司的最高领导应居中，其他剪彩人员根据身份高低按先左后右顺序排列；双方合办的剪彩仪式，则按主左客右的惯例排列。
2. 剪彩需要准备的工具，如剪刀、彩球、地毯、话筒等。
3. 剪彩时双方的表情、动作及语言组织。

四、知识要点

剪彩仪式上有众多的惯例、规则必须遵守，其具体的程序也有一定的要求。剪彩仪式指的是商界的有关单位为了庆贺公司的成立、企业的开工、宾馆的落成、商店的开张、银行的开业、大型建筑物的启用、道路或航线的开通、展销会或展览会的开幕等，而隆重举行的一项礼仪性程序。因其主要活动内容，是约请专人使用剪刀剪断被称之为"彩"的红色缎带，故被人们称为剪彩。

（一）剪彩仪式的准备

1. 运用媒介宣传，邀请知名人士

剪彩仪式前，要运用各种媒介广泛宣传，造成轰动效应。目的是使剪彩仪式能够引起社会上众多人士的注意，扩大宣传效果，提高企业的知名度；也可以向有关单位和个人发送请柬，特别是对剪彩者应发出郑重邀请。剪彩者一般是由上级领导、主管部门负责人，或是某一方面的知名人士来担任。因此，应由举办剪彩仪式的单位领导亲自出面或委派代表专程前往邀请。

2. 剪彩仪式的会场布置

会场一般选在展览会馆、展销会馆门口。如果是新建设施或新安装设备竣工、启用，剪彩会场一般安排在新设施、新设备前面空地处。会标上可写"某某剪彩典礼"，或"某某剪彩大会"等字样。会场四周可插彩旗，悬挂气球。

3. 剪彩仪式上所需的用具用品

剪彩仪式需要诸如红色缎带、新剪刀、白色薄纱手套、托盘以及红色地毯等用品。应仔细地选择红色缎带，即剪彩仪式中的"彩"。

花团的数目较在场剪彩者的人数多一个。可使每位剪彩者总是处于两朵花团之间，尤显正式。

特殊准备的新剪刀是专供剪彩者在剪彩仪式上正式剪彩时所使用的。现场剪彩者必须人手一把，而且剪刀必须是崭新、锋利而顺手的。

白色薄纱手套是专为剪彩者准备的。在正式的剪彩仪式上，剪彩者剪彩时最好戴上一副白色薄纱手套，以示郑重。

托盘在剪彩仪式上是被托在礼仪小姐手中的，用来盛放红色缎带、剪刀、白色薄纱手套。

红色地毯主要用于铺设在剪彩者正式剪彩时的站立之处，其长度可视剪彩人数的多少而定。

（二）剪彩人员礼仪

1. 剪彩者

剪彩者是剪彩仪式的主角，一定要注意仪容仪表。根据惯例，剪彩者可以是一个人，也可以是几个人，但是一般不应多于五人。通常剪彩者多由上级领导、合作伙伴、社会名流、员工代表或客户代表所担任。剪彩者一般都具有极高的威望，深受大家尊敬和信任。剪彩过程中，要使自己保持稳重的姿态、洒脱的风度和优雅的举止。

（1）当主持人宣布开始剪彩时，剪彩者要面带微笑，步履稳健地走向被剪彩礼仪小姐扯起的彩带旁。

（2）当礼仪小姐用托盘呈上剪彩用的剪刀时，可用微笑来表示谢意并随即拿起剪刀。然后聚精会神、严肃认真地把彩带一刀剪断。同时还应和礼仪小姐配合，注意让彩球落入托盘内，然后将剪刀放回托盘内。

（3）剪彩之后的参观或聚会要虚心、认真。参观时要耐心听取主办单位介绍，对其所取得的成就应给予肯定和赞许。

2. 助剪者

助剪者指的是在剪彩者剪彩的一系列过程中从旁为其提供帮助的人员。一般而言，助剪者多由东道主一方的女职员担任。

3. 其他人员

引导者的任务是在进行剪彩时负责带领剪彩者登台或退场。

服务者的任务是为来宾尤其是剪彩者提供饮料，安排休息之处。

拉彩者的任务是在剪彩时展开、拉直红色缎带。

捧花者的任务则是在剪彩时手托花团。

托盘者的任务则是为剪彩者提供剪刀、手套等剪彩用品。

礼仪小姐的最佳装束应为：化淡妆、盘起头发，穿款式、面料、色彩统一的单色旗袍。

（三）剪彩的程序

通常包含六项基本程序：

1. 请来宾就位

在剪彩仪式上，通常只为剪彩者、来宾和本单位的负责人安排座席。在剪彩仪式开始时，敬请大家在已排好顺序的座位上就座。剪彩者应就座于前排。有多位剪彩者时，应按剪彩时的位置就座。

2. 宣布仪式正式开始

在主持人宣布仪式开始后，乐队应演奏音乐，现场可燃放鞭炮，全体到场者应热烈鼓掌。若剪彩者仅为一人，则其剪彩时居中而立即可。若剪彩者不止一人时，则其同时上场剪彩时位次的尊卑就必须予以重视。一般的做法是中间高于两侧，右侧高于左侧，距离中间站立者越远位次便越低，即主剪者应居于中央的位置。

3. 奏乐

演奏本单位标志性歌曲。

4. 发言

发言者依次应为东道主单位的代表、上级主管部门的代表、地方政府的代表、合作单位的代表等。其内容应言简意赅，每人不超过三分钟。重点分别应为介绍、道谢与致贺。

5. 进行剪彩

此刻全体应热烈鼓掌，必要时还可奏乐或燃放鞭炮。剪彩时剪彩者应起立稳步走向彩带，有多位剪彩者时，应让中间主剪者稍在前走，其他剪彩者紧随其后向自己应处的剪彩位置走去。主席台上的人员一般要尾随于剪彩者之后 1~2 米站立。大会服务人员应及时撤离所有座位。

6. 进行参观

剪彩之后主人应陪同来宾进行参观。展览会、展销会应由举办单位主要负责人陪同参观；新设施、新设备可向来宾介绍性能、优点等。仪式至此宣告结束。

五、知识拓展

剪彩现场的音乐

放音乐的目的一是热场，二是吸引人们的注意力，让人们知道在什么地方要干什么，也起到宣传效果。音乐推荐民族音乐，建议选民族音乐时考虑歌颂祖国、歌颂人民和歌颂幸福生活的歌曲。比如《好日子》《好运来》《红红的日子》《红旗飘飘》《开门红》等。若有领导讲话，则可以在领导上台时播放《团结友谊进行曲》等。当安排了其他活动时可以适当给些背景音乐，可以用《喜洋洋》或者《花好月圆》等。在活动结束时可以播放《花好月圆》或者《步步高》《欢送进行曲》等。

六、应用与考核

（一）案例分析

案例：

8月8日是北方某市新建云海大酒店隆重开业的日子。这一天，酒店上空彩球高悬，四周彩旗飘扬，身着鲜艳旗袍的礼仪小姐站立在店门两侧，她们的身后是摆放整齐的花篮，所有员工服饰一新，面目清洁，精神焕发，整个酒店沉浸在喜庆的气氛中。开业剪彩仪式在店前广场举行。上午11时许，应邀前来参加庆典的有关领导、各界友人、新闻记者陆续到齐。正在举行剪彩之际，天空突然下起了倾盆大雨，典礼只好移至厅内举行。一时间，大厅内聚满了参加庆典的人员和避雨的行人。剪彩完毕，雨仍在下着，厅内避雨的行人短时间内根本无法离去，许多人焦急地盯着厅外。于是，酒店经理当众宣布："今天能聚集到我们酒店的都是我们的嘉宾，这是天意，希望大家能同敝店共享今天的喜庆，我代表酒店真诚邀请诸位到餐厅共进午餐，当然一切全部免费。"霎时间，大厅内响起雷鸣般的掌声。虽然酒店开业额外多花了一笔午餐费，但酒店的名字在新闻媒体及众多顾客的宣传下却迅速传播开来。

2. 提问： 上述的剪裁仪式在安排上出现了哪些问题？

（二）模拟训练

按照正确的流程模拟剪彩仪式。

项目七　公 共 礼 仪

技能目标

要求学生了解、掌握公共场所应遵守的礼仪,包括校园礼仪及乘坐交通工具礼仪等。

素质目标

培养学生的公共道德意识,在学习礼仪的基础上,自查、自律、自省,提高道德水平。

任务一　公共场所礼仪

一、任务提出

> 　　在某境外海边的无人咖啡馆,一切饮品都是自助,饮用完毕也是自己掏钱付款了事。偏偏在咖啡机边挂了块醒目的告示牌,上面写着"爱心守则"几个大字,内容为:亲爱的中国游客,为了咖啡馆的顺利运作,请您尊重咖啡馆文化,并请按照指示的价格付费;请将使用过的物品整理收拾干净;树立主人公意识,请勿大声喧哗。
> 　　一项国际旅行网站的调查显示,有钱、爱花钱的中国游客在世界不受欢迎程度调查中"屈居"亚军;而另一个国际组织对各国游客的形象进行评比,结果中国游客的形象名列倒数前三甲。
> 　　这样的"爱心守则"和网站的调查结果,给我们敲响了警钟:中国人作为一个群体在走向国际时,却给外国人留下了如此恶劣的印象,值得我们大家共同反思。

二、教学实施建议

分组讨论，让学生说一说身边有哪些不文明的现象，总结在公共场合应该怎么做才是正确的。

三、任务分析

1. 公共场合不要大声喧哗，要控制好说话的音量。
2. 遵守当地的公共礼仪。

四、知识要点

公共场所是可供全体社会成员进行各种活动的社会公用的公共活动空间，如：楼梯、街头、巷尾、公园、走廊、码头、车站、机场、卫生间、商厦、邮政设施、娱乐场所、交通工具等。公共场所的特点是公用性和共享性，它为全体社会成员服务，是全体社会成员进行社会活动的处所。

公共场所礼仪体现社会公德。在社会交往中，良好的公共礼仪可以使人际之间的交往更加和谐，使人们的生活环境更加美好。公共场所礼仪的总原则是遵守秩序、仪表整洁、讲究卫生、尊老爱幼。

出入公共场所，在较正式场合应注意以下几个方面：

1. 在公共场所的大厅内需要注意

在公共场所的大厅内，比如酒店的大堂、剧院的休息厅、车站的候车室等，都不宜逗留过久。办完事情应尽快离开。如果需要等人或者等车，应保持安静，不大声喧哗，嬉笑打闹。

2. 不要阻挡、妨碍他人通过

不要在公共场所与人拉手、挽臂、勾肩、搂抱而行。携带的东西，应抱在身前，或以一只手提拎；若是随身携带的包裹很多也不能随意乱放，应该摆放整齐，以免影响他人。

3. 不要手舞足蹈、高声谈笑

由于公共场所行人太多，因此不要做出不必要的动作，如猛然挥手、踢脚蹬腿等，以免引起事端。公共场所与人交谈，切记降低音量，不要大喊大叫，大吵大闹。

4. 房门要轻开、轻关

在公共场所，为了不影响其他人，房门要轻开、轻关，不能出现肘推、脚踢、臀拱、膝顶等不文明的现象。

5. 注意面部朝向

当房间里面有人时，进出房门时，都应该正面朝向对方，而不是留下一个背影，让人"浮想联翩"。

6. 注意顺序

公共场所的房间，若是门很宽阔，一般情况应请长者、女士、来宾先进入房门；若是需要开关房门，门又不是很宽，需要我们根据房门的开关方向来确定谁先行；若出入房门时遇到对面有人，应侧身礼让。

（二）排队礼仪

排队在很多情况下对全体人员来说是效率较高的解决问题的方式之一，任何人没有特权不排队。排队，简单来说，就是人们按照先来后到的顺序一个挨一个地排列成队，以便依次从事某事。在排队时，应当遵守的礼仪规范有下列几条：

1. 自觉排队

自觉排队，不要起哄、拥挤、夹塞或破坏排队。排队自觉与否，能反映出一个人的素质。

2. 遵守顺序

排队的基本顺序是：先来后到、依次而行。

3. 保持适当间隔

排队时应缓步而行，人与人之间最好保持0.5米左右的间隔，至少不能前胸贴着后背，否则会让人很不舒服，甚至会影响他人所办的事情。

4. 不横穿排好的队伍

不要从别人排好的队伍里横穿过去。不得已的情况下，应先说声"对不起"。

5. 不同场合的排队礼仪

银行：在银行办理相关业务时，应按照银行划定的区域按顺序排队。在前人临近窗口办理业务时，后者应在1米线后等待。窥视、越步上前询问或未等前人办完就争抢办理业务，都是非常不礼貌的行为。

车站：等候公共汽车时应按顺序排队。登车时不要拥挤占座，应该有秩序地礼让乘车。在机场、火车站等场所，等候出租车时应该到指定区域排队上车。

餐厅：在餐厅或食堂排队等候需要有一定的耐心，不要敲击碗筷，制造不安的气氛。

（三）观看演出礼仪

观看演出、比赛或电影时需要注意以下礼仪规范：

1. 凭票入场

对于需要凭票入场的演出，一定要凭票入场。不能随便闯入，不准携带宠物、瓜果壳类食品及含糖饮料。若请人观看演出，入场券可由本人保管，不必一一发至被邀请者手中。

2. 穿着正装

在观看正式演出时，比如古典的歌剧、新年音乐会等，应自觉地穿正装。不要着浅色衣服出席，因为浅色服饰会分散台上演员的注意力。

若观看演出需要携带家人同往时，不仅在着装上要合乎规范，还要注意与家人的着装相协调，切勿"泾渭分明"，对比太大。

若观看电影，着装要适宜、整洁，不宜穿背心、拖鞋等。

3. 尽早入场

一般的演出场所大都提前15分钟检票，观看演出要求尽早到场，不要迟到，以免妨碍其他观众对演出的欣赏。

如果迟到，应先就近入座或在外厅等候，等到幕间休息时再入场；如果入座时打扰了他人，应表示歉意。如果戴着帽子应摘下，以免影响后排观众。

4. 对号入座

演出的预备铃响起，即应当立刻进入演出厅，在自己的座位上对号就座。

5. 交际适度

观看演出时的交际主要是一种无言的精神上的交流，而不一定非要借助交谈。如果有话要谈，可在演出开始前、中场休息时或是演出结束后进行。

6. 维持秩序

在演出进行期间，要自觉维持演出秩序，不随意走动、不拍照摄像、不乱扔废物、不大声说话或交头接耳，应将手机关闭或调成静音状态，不吃带皮带壳和其他会发出声响的食物。

7. 尊重演员和选手

观看演出时，每逢一个节目终了或一幕结束，应热烈鼓掌，但不要喝倒彩、鼓倒掌。在演出全部结束后，应当起立鼓掌。在演员谢幕之后，井然有序地退场。交响音乐会中乐队演奏完一支乐曲时、歌剧中独唱结束时、芭蕾舞独舞结束时方可鼓掌。

（四）宾馆礼仪

入住宾馆需要注意以下礼仪内容：

1. 预约的礼仪

外出旅行要提前预订宾馆，既方便自己，又利于宾馆的管理。预订宾馆的方式多种多样，电话、上网、信函、电传均可，告知你的要求以及入住和停留的时间，入住的人数，房间的类型，申请住房人的姓名和到达饭店的大概时间，并问清房费，万一比预定时间晚了，应尽快打电话联系宾馆的相关人员，以免预定被取消。

2. 登记入住的礼仪

进入宾馆，首先到前台出示相关证件，登记入住。遇到雨雪天气，要收好雨伞，把脚上的泥去干净再进入宾馆。

3. 客房的礼仪

入住宾馆要爱护公共设施，注意卫生。不在客房内接待普通关系的异性客人。如若接待，要敞开房门，时间不超过半小时。去他人客房拜访时，应先按门铃，不要推门而入。

4. 离店的礼仪

不能从宾馆拿走毛巾、睡衣或其他物品。如果不小心弄坏了宾馆的物品，要勇于承担责任加以赔付。结完账，礼貌地致谢，道别。

（五）KTV礼仪

KTV起源于日本，是一种提供卡拉OK影音设备与视唱空间的场所，也是现代人沟通交流、休闲娱乐的重要场所。在KTV里唱歌需要注意以下几个方面：

1. 点歌礼仪

点歌尽量要遵循一人一首的原则，尽量避免连续点两首或两首以上的歌，应该照顾到大多数人，特别是让活动策划人、尊长、核心客人、实力派演唱者优先。如果作为组织者或情绪调动者，为了激发大家的积极性，填补空档，可以连唱，但最好不要超过三首。

在点歌时，尽量选择不同的歌手或类型，切忌千篇一律。不要重复别人唱过的歌，否则会给人以较劲的感觉。

2. 唱歌礼仪

在唱歌的过程中，不要和别人抢歌唱，未经允许不得跟唱。唱歌时，感情要投入，恶搞要适度。

五、知识拓展

（一）如何选择酒店住宿

1. 交通要方便。
2. 收费要经济。

（二）住宿安全注意事项

1. 最基础的就是贵重物品要随身携带，离开房间时关好房门。
2. 住宿期间，旅客如有贵重物品而又不便携带，可交到服务台办理保管手续。
3. 不要在酒店房间内使用电炉、电饭煲、电熨斗等电器，也不要躺在床上吸烟。
4. 易燃易爆品、放射性危险品是不能带进酒店的。万一发生失窃，尽快通知服务台。
5. 入住酒店后，应熟悉酒店的安全门、安全出路、安全楼梯的位置、安全转移的路线。

6. 检查酒店配备的用品是否齐全，有无损坏。

7. 贵重物品应存放于酒店服务总台保险柜，不要随身携带或放在房间内。

8. 不要将自己住宿的酒店房号随便告诉陌生人；不要让陌生人或自称酒店的维修人员随便进入房间；出入房间要锁好房门，睡觉前注意门窗是否关好，保险锁是否锁上；物品最好放于身边，不要放在靠窗的地方。

9. 游客入住酒店后需要外出时，应告知随团导游；在酒店总台领一张饭店房卡，卡片上有饭店地址、电话；如果迷路，可以按卡片地址询问或搭乘出租车，安全顺利返回住所。

10. 遇紧急情况，千万不要慌张。发生火灾时不要搭乘电梯或随意跳楼；镇定地判断火情，主动地实行自救。若身上着火，可就地打滚，或用重衣物压火苗；必须穿过有浓烟的走廊、通道时，宜用浸湿的衣物披裹身体，捂着口鼻、贴地、顺墙爬走；大火封门无法逃出时，可采用浸湿的衣物披裹身体，被褥堵门缝或泼水降温的方法等待救援或摇动色彩鲜艳的衣物呼唤救援人员。

（三）就诊礼仪

在医院，无论是门诊检查还是住院治疗，应自觉遵守有关礼仪并注意以下细节：

1. 在门诊看病应排队挂号。如有特殊情况需要马上看急诊应向前面的人说明原因，求得谅解和同意。不应在候诊室里喧哗吵闹、随意走动、大声呻吟、吸烟、随地吐痰、乱丢杂物等。

2. 在就医的过程中，应尊重和信任医生，如对医生的诊断有怀疑，可委婉礼貌地向医生说明原因，请医生再作考虑。如果自己认为医生对疾病做了不当处理，应认真询问处理依据。即使确认属于医生的责任事故，也不可纠集亲友聚众寻事，而应通过恰当的途径来解决问题。

（四）吸烟礼仪

有吸烟习惯的人应特别注意文明吸烟，自觉遵守吸烟相关礼仪，并注意以下细节：

1. 注意场合

（1）凡是在贴有"禁止吸烟"或"无烟室"等字样的地方和有空调的房间、没有摆放烟灰缸的房间以及公共场合（如飞机、影剧院、展览馆、医院病房等），应自觉禁烟。

（2）在工作、参观、谈判和进餐中，一般不应吸烟或少吸烟。

（3）与长者或女士共处一室时，最好不要吸烟，要吸烟也应先征得别人的同意。在私人住宅，如果主人不吸烟，又未请客人吸烟，客人最好不要吸烟。

2. 注意文明

（1）吸烟时，烟灰、烟蒂、火柴棒不能乱丢，应放入烟灰缸内。丢烟头时，应将烟掐灭放入烟灰缸内，不要让烟头在烟灰缸里继续冒烟。

(2) 吸烟时，不应一直吸到烧手或吸到滤嘴边缘；不应将烟雾向别人直喷过去；不应从鼻孔里往外吐烟；不应当众吐烟圈；不应使劲并发出声响；不应叼着烟与人谈话；不应走着路吸烟，不应把烟夹在耳朵上；也不应在电扇和空调的上风吸烟。

3. 讲究礼节

(1) 敬烟时应先敬长者，先敬女士。手不应碰到过滤嘴，不可用手取出一支递给对方，更不可将烟扔给对方，而应把数支烟抖出烟盒递给对方，请对方自取。

(2) 点烟时，应先给对方点。如有女士吸烟时，男士应主动为女士点烟。当别人为自己点烟时，应躬身相迎，烟点完后，应向对方致谢。

(3) 自己如果不吸烟，当别人吸烟时，应尽量克制自己，不应露出厌恶的神色。

(五)《中国公民出境旅游文明行为指南》

中国公民，出境旅游，注重礼仪，保持尊严。
讲究卫生，爱护环境；衣着得体，请勿喧哗。
尊老爱幼，助人为乐；女士优先，礼貌谦让。
出行办事，遵守时间；排队有序，不越黄线。
文明住宿，不损物品；安静用餐，杜绝浪费。
健康娱乐，有益身心；赌博色情，坚决拒绝。
参观游览，遵守规定；习俗禁忌，切勿冒犯。
遇有疑难，咨询领馆；文明出行，一路平安。

六、应用与考核

(一) 案例分析

王峰在大学读书时学习非常刻苦，成绩也非常优秀，几乎年年都拿特等奖学金，为此，同学们给他起了一个绰号"超人"。大学毕业后，王峰顺利获取了在美国攻读硕士学位的机会，毕业后又顺利地进入了美国公司工作。一晃8年过去了，王峰已成为公司的部门经理。

今年国庆节，王峰带着妻子女儿回国探亲。一天，在大剧院观看音乐剧，刚刚落座，就发现有三个人向他们走来。其中一个边走边伸出手大声地叫："喂！这不是'超人'吗？你怎么回来了？"这时，王峰才认出说话的人正是他的大学同学贾征。贾征大学没考上研究生，自己跑到南方去做生意，赚了些钱，如今回到上海注册公司当起了老板。今天正好陪着两位从香港来的生意伙伴一起来看音乐剧。这对生意伙伴是他交往多年的较他年长的香港夫妇。此时，王峰和贾征彼此都既高兴又激动。贾征大声寒暄之后，才想起了王峰身边还站着一位女士，就问王峰身边的女士是谁。王峰这才想起向贾征介绍自己的妻子。待王峰介绍完毕,贾征高兴地走上去,给了王峰妻子一个拥抱礼。这时贾征想起了该向老同学介绍他的生意伙伴。大家相互介绍、握手、交换名片和简单的交谈后,就各自回到自己的座位上观看音乐剧了。

问题:上述场合中有不符合礼仪的地方吗?若有,请指出来,并说明正确的做法是什么。

(二)模拟训练:

学校举办了一场学术讲座,而你因事迟到了,讲座已经开始了。你应该如何进入会场?之后你在合适的时候进入会场听讲座,期间你的老师打来电话,你看到手机在振动,你应该怎么办?

任务二 校园礼仪

一、任务提出

某学校举办元旦晚会,观众大多是学生,在学生的头脑中似乎还没有丝毫的"观剧礼仪"意识,他们有的把会场当成了休闲娱乐场,时而乱走,时而使劲摇座椅;有的则带了零食饮料进场,演出进行中,还不时听到各种器物碰撞摩擦的声响,时而还有喧哗声、口哨声。演出结束后工作人员往往要花上大量时间清理满地的垃圾罐、果皮、包装纸等。因为秩序混乱,演出水准大打折扣。

二、教学实施建议

课前收集校园生活的真实照片或视频,课上让学生观看,让学生说一说哪一个是他们平时生活的写照,分组讨论并总结出校园中学生们应该遵守的礼仪。

三、任务分析

1. 观看演出时不要随意走动、吃东西及大声喧哗。
2. 观看演出时将通信工具调至静音状态。
3. 演出结束后带走垃圾。

四、知识要点

古人云"不学无礼，无以立"。校园礼仪是同学之间、师生之间以及学校人员间的行为规范要求，体现师生的仪表仪态。校园礼仪不但有助于维护学生的形象，提高学生自身的素质，而且更能使学生正确处理人际关系。

（一）教室礼仪

教室是学生们学习的地方，一个学生学习礼仪的好坏直接反映了其学习观念和学习态度，而且直接影响其学习的效果。21世纪是知识经济的年代，要掌握知识，强大的"学习力"是一个必备的素质，要具备强大的"学习力"，首先从掌握教室礼仪开始。

1. 尊敬老师，遵守课堂纪律

中国素有礼仪之邦的美称，"尊师重教"也是我们中华民族的传统美德。

在老师上课问问题时，学生们应该积极配合。学生在回答问题时，首先应该举手，在老师允许的情况下，方可站起来回答问题。在起立回答问题的时候，学生应该态度严肃认真，身体端正，说话声音洪亮，语速适中，吐字清晰，目光注视老师。在别人回答问题时不能随便抢话、插话，在别人回答不出问题时更不能讥笑嘲讽。

尊敬老师，不仅仅表现在以上两个方面，其实上课睡觉、吃零食、接电话、发短信等不良现象也是不尊重老师的表现。

2. 穿着适当，行为得体

目前，有些学生不注意自己在教室里的形象和行为，穿着拖鞋、背心、短裤在教室里大摇大摆、大声喧哗，甚至吃零食、娱乐嬉戏，他们忘记了教室是学习知识的地方，不仅是在课上，课下同样也要保持安静，自己的形象、行为也要处处注意。所以，在教室里学生们的衣着要整洁、大方，行为要得体。

3. 保持教室卫生，拒绝课桌文化

教室是学生们所待时间最长的地点之一，良好的卫生环境，可以使学生们保持愉悦的心情投入到学习中。作为学生，有责任保持教室的整洁。

知识链接：学生在老师课堂教学中应注意的礼仪

1. 为教师做好课前准备。如擦干净黑板、讲台，搬教学仪器等。

2. 教师宣布上课，班长喊"起立"，同学起立站好对老师行注目礼；老师向同学告别说"同学们再见"，同学向老师告别说"老师再见"，待老师离开后，同学再自由活动。

3. 同学起立向老师问候时姿态要端正。具体要求如下：

（1）头正，双目平视，嘴角微张，下颌微收，面容平和自然。

（2）双肩放松，稍向下沉，人体有向上的感觉。

（3）躯干挺直，做到挺胸、收腹、立腰。

（4）双肩自然下垂于身体两侧，手指贴拢裤缝。

（5）双腿直立，并拢，脚跟相靠，脚尖分开成60°。

4. 班长喊"起立"的声音要洪亮有力。同学们问候的声音要大声清楚，并对老师充满尊重。

5. 为了上好每堂课老师都要花费很多的心思。因此，学生应以饱满的情绪，集中精神，积极思考，听好每一堂课。

6. 老师提问，学生应该站起来回答，答不上来的问题应说"对不起，我还没考虑好"。有疑问需要提问，应先举手，经老师允许后发言，不应边举手边说问题。

7. 老师布置的作业，是课堂教学的延续，同样倾注了老师的苦心，学生应该按时、认真、独立地完成各种作业，并且认真体会老师批改作业中的细心之处。

8. 对老师讲述的内容有异议时，最好下课后单独找老师交换意见，共同探讨。若非提不可也要注意场合和方式，态度要诚恳、谦虚，不可扰乱课堂秩序，影响老师的授课计划。

9. 虚心接受老师的批评教育，并认真地改正自己的缺点错误。若老师的批评与事实有出入时，要在老师讲过后平心静气地加以解释，或在事后寻找适当的场合、时机加以说明。若与老师发生矛盾，不要顶撞老师，更不要在课下散布对老师不满的情绪，发泄无理言辞。

10. 上课迟到的同学应先在教室门外喊"报告"，待老师允许后再进入教室，未经允许不得擅自进入。

11. 对老师的相貌和衣着不要指指点点，要尊重老师的人格和习惯。

请教老师问题时要注意的礼节：

1. 事先把请教的问题梳理清楚，以便明确地向老师提问。

2. 请教的态度要谦虚，不要随意打断老师的讲述，若观点不同，可用征询语气委婉地说出自己的想法，谦虚地与老师探讨。不要反问和质问老师。

（二）公寓礼仪

公寓是学生们课余生活的场所，也是学生们沟通感情的场所。在公寓中，同学们要互敬互爱，相互交往时要注重如下礼节。

（1）在学生宿舍里，同学们要自觉遵守作息时间，按时起床，按时熄灯就寝，起床、就寝动作要轻，说话声音要小，尽量避免打扰别人。

（2）进出公寓切忌隔门高呼、用力敲门，要轻轻关门，尤其是不能用脚踹门。

（3）在公寓中，不要熬夜、娱乐，手机要尽量调成震动或低音状态，以免影响室友或周围人员的休息。若影响到了其他室友，要立即道歉。

（4）如有家人或同学来访，应先征得室友的同意。不要在宿舍嬉戏、打闹、喧哗，以免影响其他同学的休息、学习。

（5）对来拜访的同学要礼貌友善。对同学家长的到来要礼貌周到地接待。

（6）不随地吐痰、乱扔垃圾，而且要按时打扫卫生，保持公寓卫生，不在公寓内抽烟。

（7）在公寓中，不要乱动别人的东西。当要借用别人的东西时，要先征得对方的同意，千万不能先斩后奏。

（8）自觉保持宿舍卫生，既要搞好个人卫生，又要热心主动地搞好室内的卫生。

（9）不要随便在他人的床上坐卧。未经主人允许不要随便动用他的茶具、碗筷、毛巾等用具。不要随便翻阅他人的书信、日记等。

（10）爱护宿舍的公共财物及各种用品，主动打开水，搞好宿舍同学的团结，互帮互助，严于律己，宽以待人。

（三）校园礼仪

学生在校园中的行为反映一个学校的校风、校纪和学校成员的精神面貌，学生在校园中的行为也反映了学生的自身修养。作为一名大学生，要懂得校园礼仪，遵守校园礼仪。

1. 出入校门要下车

大学生出入校门时要下车，最好不要不下车出入。

2. 行为举止要得当

大学生要规范自己的行为，要时时检查自己的行为是否符合学生的身份。比如：在校园里，见到老师要主动上前打招呼；在校园里不能吸烟、喝酒、说污言秽语；男生、女生行为不能过于亲密；不能乱扔垃圾，当办完活动时，要立即清扫现场，保持校园环境的整洁；要爱护花草，不能任意践踏；要爱护公共财物。

3. 服饰穿着要得体

在校园中，大学生穿着一定要整洁、大方，不能穿过短、过紧、过透的奇装异服。

（四）图书馆礼仪

图书馆是学生们精神的宝库，是获取知识的神圣殿堂，明亮的房间，丰富的藏书，安静的环境，学生们尽情地吮吸着知识的甘露，提高自身的素质。所以，在图书馆中学生们更应该注意文明礼貌。

（1）进入图书馆要保持安静，进门出门要轻声，就座时移动椅子不要发出声音，走路时要轻，阅读时不要出声，尽量不要相互交谈，遇见熟人点头即可。如果要交谈，说话音量要小或离开图书馆找不影响他人的地方交谈。

（2）穿着要整齐大方，切忌穿拖鞋、背心等。

（3）维持公共卫生和公共秩序，办理借还书手续及进馆要按次序。

（4）不要为朋友占座位，不要在阅览室睡觉。

（5）查阅卡片和图书时要轻翻、轻放，不能私自剪裁图书资料，要保持书的完整和整洁。

（6）对开架书刊应逐册取阅，不要同时占有多份，阅后立即放回原处。

（五）食堂礼仪

食堂就餐有口诀：取饭菜，排队买；待工友，语和蔼；剩饭菜，倒桶内；相碰撞，莫责怪。下面我们就谈一谈在食堂就餐时应注意的礼节。

1. 买饭要懂礼

食堂买饭要自觉排队，不要拥挤、插队；取饭菜时要使用礼貌称呼和礼貌语言，如"师傅""请""麻烦你""谢谢""对不起"等。

2. 吃饭要讲礼

在食堂吃饭要保持安静，吃饭时要注意吃相。

3. 饭后知礼

在吃饭前要先估算一下自己的饭量，不要浪费每一粒粮食。饭后，应立即离开食堂。如果餐具不需要自己清洗，饭后要将餐盒摆放到指定地点，动作要轻，要爱护餐具。

（六）集体活动礼仪

（1）参加集体活动要准时，宁可提前十分钟，也不能迟到一分钟。

（2）仪态举止要符合活动要求，一言一行都要做到自然大方，不要哗众取宠，有失涵养。

（3）穿着应得体，不能穿拖鞋、背心等。

（4）在活动中要保持安静，不能交头接耳、摇头晃脑，不能吃零食，要把移动通信设备关机，或调成静音、振动。

（5）当活动中途出现失误的时候，要安静地等待工作人员的处理，不能讥笑嘲讽，更不能鼓掌起哄。

（6）活动中途，尽量不退场。

五、知识拓展

（一）与外国学生交往的礼节

1. 按时守约。这是国际交往中非常重要的礼貌。参加外国活动和赴约，要按时到达，因有不可避免的原因不能到达，应想办法提前通知并致以诚挚的歉意。

2. 仪表整洁得体。衣着要整齐大方，衣领袖口要干净，皮鞋要上油擦亮，男士要穿西装打领带，梳好头发，刮净胡子，修好指甲。

3. 举止要大方，端庄稳重，表现要自然，站有站相，坐有坐相。

4. 言谈要文雅。言谈的态度要诚恳、自然、大方，语气要和蔼可亲，表现要得体，不要询问婚姻、资产、工资等敏感话题。

5. 尊重各国风俗习惯。不同国家、民族，由于不同的历史、文化、宗教等因素，各有其特殊的风俗礼节，在社会交往中要予以重视。不要随意谈论国家的内政、外交、宗教等问题。

6. 送礼不必有太多谦卑之词，礼品不必太贵重，但包装一定要精美，送礼要公开大方。

（二）进出办公室的礼节

1. 学生进老师办公室一定要敲门，得到允许时方可进入。
2. 进入后应向看到的其他老师点头致意。
3. 注意不要坐在其他老师的座位上，也不要随便乱翻办公室的东西。
4. 事情办完，立即离开办公室并礼貌地与老师告别。告别一般是先谢后辞，如说"谢谢老师，再见！"。
5. 进出办公室的动作要轻，不要大声喧哗，以免影响其他老师工作。
6. 到办公室找领导，一定要预约，并要按时到达。

（三）与老师交谈的礼仪

1. 与老师交谈态度要诚恳，说话要实实在在，实事求是。客套太多也是一种失礼的表现。
2. 认真倾听老师的讲话，与老师交流的时间应有50%以上，注视位置大致在老师的双肩与头的三角区，必要时点头应和老师的讲话。
3. 交谈中少打手势，音量适中。手势过大、声音过大都是不礼貌的。一般来讲，手势的幅度应上不过肩，下不过腰。
4. 距离适中。交谈距离1.5米左右，太近和太远都是不礼貌的。
5. 不要随便打断老师。谈话中如果有急事需要先离开，应向老师打招呼表示歉意。
6. 当你不赞成老师的观点时，不要直接顶撞，更不要反问和质问老师，应婉转地表示自己的看法。如可以说"这个问题值得我考虑一下，不过我认为似乎……"等。

六、应用与考核

（一）案例分析

在一次讲座上，老师正在讲台上认真讲课，突然从学生中间传出了"汪、汪、汪"的狗叫声，老师惊诧地问："谁带小狗上课了？"同学们哄堂大笑道："老师，这是最新的手机铃声。"

讨论：学生在课堂上的行为有何不妥之处。

（二）模拟训练

刚开学，发新书了，你在宿舍边喝水，边看书，不小心弄倒了杯子，把小李的书弄湿了，水洒得满地都是。这时，小李刚好回到宿舍，看到了这一情形，她很生气地说："你弄湿了我的书，太过分了，你要赔我，把我的桌子都弄湿了。"你该怎么办才能解决问题？

任务三 行走礼仪

一、任务提出

> 小李刚参加工作不久，学校举办了一次全国高校校长联席会议，要求国内很多高校校长参加。小李被安排在接待工作岗位上。接待当天，小李早早来到机场，当等到来参加会议的人时，他便开口说："您好！是来参加全国高校校长联席会议的吗？麻烦说一下您的单位及姓名，以便我们安排好就餐与住宿问题。"小李有条不紊地做好了记录。后来在会场，小李帮客人引路，一直小心翼翼，虽然自己一向走路很快，但这次他放慢步伐，并注意与客人的距离不能太远，一路带着客人，电梯上下，小李也是走在前面，做好带路工作。原本心想是件很简单的事情，却几次被上级批评。

二、教学实施建议

情景模拟，通过学生的实际操练，掌握行走与上下电梯中应该注意的礼仪。

三、任务分析

1. 引导客人行进应遵循的原则。
2. 陪同客人出入电梯时应遵循的原则。
3. 接待客人的礼仪要点。

四、知识要点

一个人在日常工作、学习和生活中，离不开行走。在这平常的"走路"中，同样包含着一系列的礼仪要求。

（一）行走的基本规则

1. 遵守交通法规

2. 行走要讲究相互礼让

路上车水马龙，人来人往，比肩接踵，因此要提倡相互礼让。遇到老、弱、病、残、孕要照顾他们；在人群拥挤的地方，要有秩序地通过；万一不小心碰到了别人，要主动道歉；若是别人碰到了自己，应表现出良好的修养，切不可口出恶言，厉声责备，而应该宽容和气地说："慢一点，别着急。"

3. 爱护道路环境

4. 保持正确的走姿

5. 路上交谈不要妨碍交通

走路时遇到亲朋好友、同事故知，主动热情地打个招呼，可以招手致意，也可以点头致意。如果在路上碰到好友要长久交谈，则应选择路边人少的地方，以免妨碍交通。

6. 礼貌问路

问路需要礼貌，也需要技巧。首先选择好对象和时机，然后根据对方身份使用尊称，当打扰对方时要说"劳驾""抱歉"，问路语言要简短清晰准确，获得答案应诚恳致谢，未获答案也需表达谢意。

（二）行走礼仪

1. 行走的方位礼节

在行走时方位礼节有两种常规做法：

（1）并行。

两人并行时，应该让客人在路的内侧行走；多人并行时，应该让最尊贵的客人在中间行走。

（2）单行行进。

单行行进时，应该让客人走在前面。

总之，并行时，中央尊于两侧，内侧尊于外侧；单行时，前方尊于后方。当和客人是单行行进，且客人对道路不甚了解时，主人应该走在客人右前方半步，并侧身做引导。

2. 行走的仪态

在行走时，每个人都要做到仪态优雅，风度不凡，要做到稳健、自如、轻盈、敏捷，要保持脊背上腰部伸展放松，脚跟平稳着地。

（三）上下楼梯的礼仪

（1）上下楼梯步伐要轻，注意姿态、速度，不能拥挤、奔跑。

(2) 上下楼梯，靠右单行，不应多人并排行走。这是国际通行的惯例。

①上下楼梯顺序。

在上楼梯时，应让客人走在前面；下楼梯时，应该让客人走在后面，且靠右侧行进。

②上下楼梯陪同礼仪。

在客人认路的情况下，客人在前，陪同人员跟在客人左后方 1～1.5 米处；在客人不认路的情况下，陪同人员要在客人左前方 1～1.5 米处带路，身体侧向客人，左手引导方向。

(3) 乘坐滚梯要遵循靠右站立的原则，左侧留给急行的人。

(4) 引导受尊重的人，比如老人、女士、客户等上楼梯时，请对方走在前面，下楼梯时自己走在前面，这样可以保证对方的安全。

(5) 上下楼梯，尽量少交谈，更不应站在楼梯上或楼梯转角处深谈。

(6) 上下楼梯，保持与前后人员的距离，以防碰撞。

(7) 若携带较多物品上下楼梯应等楼梯上人较少时再走，以免相互影响。

(四) 进出电梯的礼仪

1. 注意电梯内卫生

电梯内是严禁吸烟的。携带刺激性气味的物品或者吃东西、喝饮料也是不雅的行为。

2. 注意安全

轻按按钮，不随意扒门，不乱蹦乱跳，不超载运行，遇到故障及时拨打救援电话。

3. 出入顺序

与陌生人同乘电梯，要依次进出，不要抢行。与客人或领导同乘电梯，当有人值守的时候，应后进后出；当无人值守时，应当先进后出，并及时按住控制按钮，以便控制好电梯。

4. 电梯内的站位

当与陌生人同乘电梯时，或者电梯内人数很多时，所有人都要依次"面门而立"；当引领一两位客人同乘电梯，而电梯内又无其他人时，应让对方面向门站在里侧，自己则站在电梯控制面板处，侧身与对方呈 45°站立。

五、知识拓展

(一) 乘坐扶梯礼仪

入自动扶梯前，系紧鞋带，要留心拖曳的长裙、礼服等衣物，防止被梯级边缘、梳齿板等挂住或拖曳。在入口处，还要讲顺序，不推挤，帮助老人、儿童、残疾者先行站立。

乘坐自动扶梯，应靠右侧站立，空出左侧通道，以便有急事的人通行；如需从左侧急行通过时，应向给自己让路的人致谢。在自动扶梯上，不能将头部、四肢伸出扶手装置以外，以免受到障碍物、天花板、相邻的自动扶梯的撞击；也不能将拐杖、雨伞尖端或者高跟鞋尖等尖利硬物插入梯级边缘的缝隙中或者梯级踏板的凹槽中，以防损坏梯级并造成人身意外事故。

在扶梯缓缓上升中，随身携带的箱包、手提袋等不要放在梯级踏板上或手扶带上，以防忘记提携时东西滚落得到处都是；也不要蹲坐在梯级踏板上，不在梯级上乱扔烟头，丢弃果皮、瓶盖、雪糕棒、口香糖、商品包装等杂物。

（二）国外乘电梯的礼仪习惯

1. 日本

在日本，电梯分"上座"和"下座"。"上座"是在电梯按钮一侧最靠后的位置，其次是这个位置的旁边，再其次是这个位置的斜前方，最差的"下座"就是挨着操作盘的位置，因为这个人要按楼层的按钮，相当于"司机"。大家一般会把"上座"让给领导或老人，一些年轻人进入电梯后，则会主动站在"下座"的位置。

2. 美国

美国人进入电梯后习惯反复按"开门键"等人，直到确认无人进电梯，才会松开"开门键"，不过，没有人会去按"关门键"，因为在美国人心里，一进电梯就按"关门键"的人是粗鲁和刻薄的。

六、应用与考核

（一）案例分析

一天，一位客人乘坐酒店观光电梯准备下到大堂。当电梯行至酒店行政办公楼层时，走进来两位着酒店制服、正准备去参加每月生日会的员工。两位员工边聊边随手按了一下电梯按钮。但员工随即发现错按了五楼，因为员工生日会通常在三楼或二楼举办。于是员工改按了三楼的按钮。当到达三楼，电梯门打开后，员工发现三楼好像没有来参加生日会的人，那生日会应该是在二楼举办，于是员工又按了二楼。员工的行为引起一同乘坐电梯的客人的不快，当电梯到达大堂后，客人向大堂副经理投诉，认为酒店员工不应该乘坐客用电梯，且员工乱按电梯完全不考虑客人的感受。

讨论：对于员工的做法，你有何感想？

（二）模拟训练

有嘉宾要来学校，学院领导让你去办公楼底下接待。你给嘉宾带路，把他引领到领导办公室。路线：门口→楼梯（电梯）→走廊→领导办公室→介绍→离开。你应该怎么做？

任务四　乘坐交通工具礼仪

一、任务提出

> 某公司总经理要外出考察，让公关部杜经理和王先生跟随。出发前，由于司机小王乘火车先行到省城安排一些事务，尚未回来，所以，他们临时改为搭乘董事长驾驶的轿车一同前往。上车时，王先生很麻利地打开了前车门，坐在驾车的董事长旁边的位置上，董事长看了他一眼，当时王先生并没有在意。
>
> 会后从省城返回，车子改由司机小王驾驶，杜经理由于还有些事要处理，需在省城多住一天，同车返回的还是四人。王先生吸取了来时的教训，于是他打开前车门，请总经理上车，并坚持让总经理坐在前排才肯上车。

二、教学实施建议

上课初始让学生们谈一谈日常生活中乘坐的交通工具，以及乘坐时的注意事项。

三、任务分析

1. 不同人员作为驾驶员开车时的乘车礼仪。
2. 不同车型的乘车位次礼仪。

四、知识要点

（一）乘轿车礼仪

1. 上下车的姿态

上车下车，看似简单，其实大有学问，对于女士而言，则尤显重要。女士上下轿车，要采用背入式或正出式，即将身子背向车厢入座，坐定后随即将双腿同时缩入车厢。如穿长裙，在关上门前应先将裙子理好；准备下车时，应将身体尽量移近车门，车门打开后，先将双腿踏出车外，然后将身体重心移至双脚，头部先出，然后再把整个身体移离车外。这样可以有效避免"走光"，也会显得姿态优雅。

如穿低胸服装，不妨加披一条围巾，以免弯身下车时出现难为情的局面，也可把钱包或手袋轻按胸前，并保持身体稍直。

2. 座次有别

在比较正规的场合，乘坐轿车时一定要分清座次的尊卑，并在自己合适之处就座。而在非正式场合，则不必过分拘礼。

座次礼仪规则可概括为"四个为尊，三个为上"。"四个为尊"是客人为尊、长者为尊、领导为尊、女士为尊，此四类人应为上座；"三个为上"是方便为上、安全为上、尊重为上，以这三个原则安排座次，其中"尊重为上"原则最重要。

轿车上座次的尊卑，在礼仪上来讲，主要取决于下述三个因素。

(1) 轿车的驾驶者。

驾驶轿车的司机一般有两种人：一种是轿车主人，另一种是专职司机。国内目前所见的轿车多为双排座与三排座，车上座次尊卑的差异如下：

① 主人亲自驾车时：

当主人或领导亲自驾车的时候，此时一般称之为社交用车，上座为副驾驶座。这种情况，一般前排座为上，后排座为下；以右为尊，以左为卑。这种坐法体现出"尊重为上"的原则，体现出客人对开车者的尊重，表示平起平坐，亲密友善。

A. 双排五人座轿车，顺序是：副驾驶座→后排右座→后排左座→后排中座。（见图1）

B. 双排六人座轿车，顺序是：前排右座→前排中座→后排右座→后排左座→后排中座。（见图2）

图1

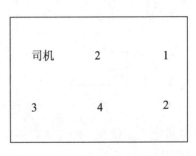

图2

C. 三排七人座轿车，顺序是：副驾驶座→后排右座→后排左座→后排中座→中排右座→中排左座。（见图3）

D. 三排九人座轿车，顺序是：前排右座→前排中座→中排右座→中排中座→中排左座→后排右座→后排中座→后排左座。（见图4）

乘坐主人驾驶的轿车时，最重要的是不能冷落主人，也就是不能令前排座位"虚位以待"，一定要有人坐在那里，以示相伴。由男士驾驶自己的轿车时，若夫人或女友在场，她一般应坐在副驾驶座上。

由主人驾车送其友人夫妇回家时，其友人之中的男士，一定要坐在副驾驶座上，与主人相伴，而不宜形影不离地与自己的夫人坐在后排，那将失礼之至。若同坐多人，中途坐前座的客人下车后，在后面坐的客人应改坐前座，此项礼节最易疏忽。

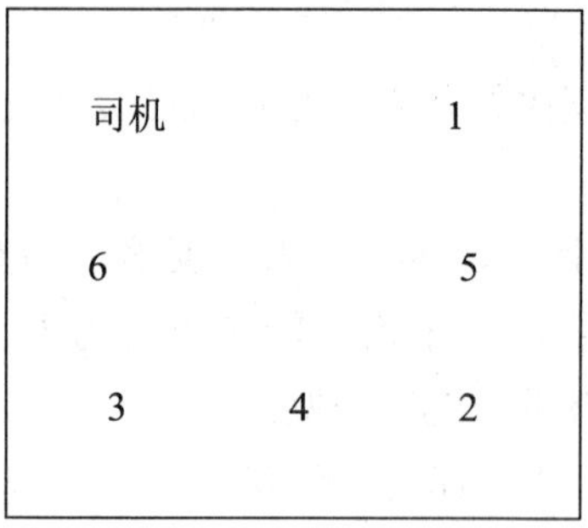

```
司机        1              司机    2    1
6        5                 5   4   3
3   4   2                  8   7   6
```

图3 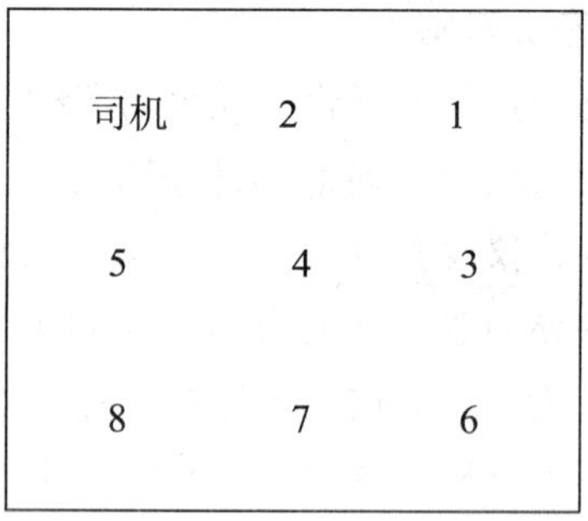   图4

② 专职司机驾车时：

由于右侧上下车更方便，因此要以右尊左卑为原则，同时后排为上，前排为下。在接待非常重要客人的场合，上座是司机后座。

　A．双排五人座轿车，顺序是：后排右座→后排左座→后排中座→副驾驶座。（见图5）

　B．双排六人座轿车，顺序是：后排右座→后排左座→后排中座→前排右座→前排中座。（见图6）

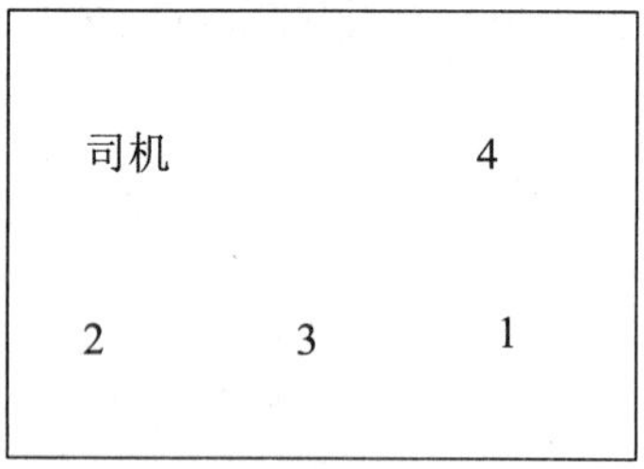

```
司机        4              司机    5    4
2   3   1                  2   3   1
```

图5 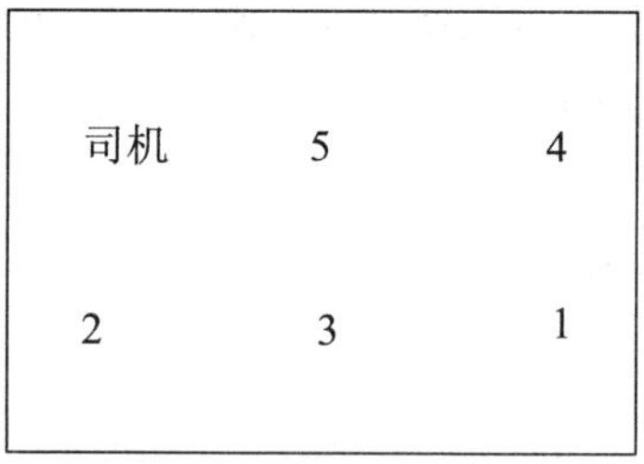   图6

　C．三排七人座轿车，顺序是：后排右座→后排左座→后排中座→中排右座→中排左座→副驾驶座。（见图7）

　D．三排九人座轿车，顺序是：中排右座→中排中座→中排左座→后排右座→后排中座→后排左座→前排右座→前排中座。（见图8）

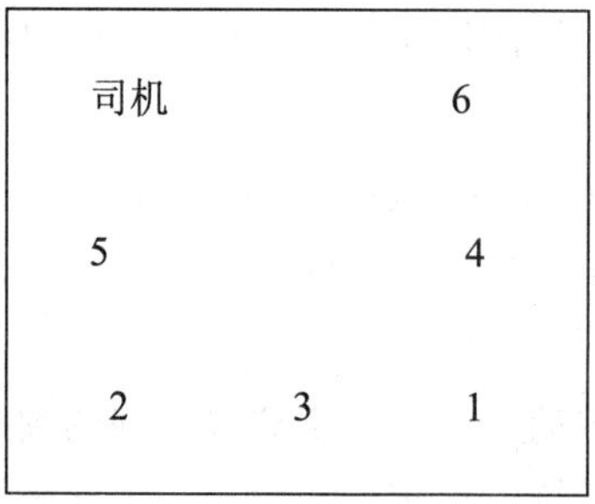

```
司机        6              司机    8    7
5        4                 3   2   1
2   3   1                  6   5   4
```

图7 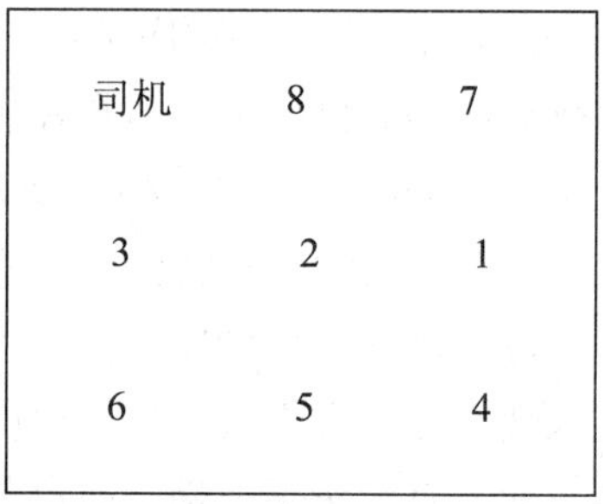   图8

礼仪提示：在轿车上女性不宜坐于异性中央。

（2）轿车的类型。

上述方法，主要适用于双排座、三排座轿车，对一些特殊类型的轿车并不适用。

吉普车，简称吉普，它是一种轻型越野轿车。它大都是四座车。吉普车底盘高，功率大，主要功能是越野，减震及悬挂太硬，坐在后排颠簸得厉害。不管由谁驾驶，吉普车上的座次由尊而卑依次是：副驾驶座、后排右座、后排左座。

多排座轿车，指的是四排以及四排以上座次的大中型轿车。其不论由何人驾驶，均以前排为上，以后排为下；以右为尊，以左为卑；并以距离前门的远近，来排定其具体座次的尊卑。

以一辆六排十七座的中型轿车为例，依次应为：第二排右座→第二排中座→第二排左座→第三排右座→第三排中座→第三排左座→第四排右座……

（3）轿车上座次的安全系数。

从某种意义上讲，乘坐轿车理当优先考虑安全问题。在轿车上，后排座比前排座要安全得多。最不安全的座位，当数前排右座。最安全的座位，则当推后排左座（驾驶座之后），或是后排中座。

当主人亲自开车时，之所以以副驾驶座为上座，既是为了表示对主人的尊重，也是为了显示与之同舟共济。由专人驾车时，副驾驶座一般也叫随员座，通常坐于此处者多为随员、译员、警卫，等等。

有鉴于此，一般不应让女士坐于专职司机驾驶的轿车的前排座，孩子与尊长也不宜在此座就座。

（4）轿车上嘉宾的本人意愿。

通常，在正式场合乘坐轿车时，应请尊长、女士、来宾就座于上座，这是给予对方的一种礼遇。然而，更为重要的是，应尊重嘉宾本人的意愿和选择，并将这一条放在最重要的位置。应当认定：必须尊重嘉宾本人对轿车座次的选择，嘉宾坐在哪里，即应认定哪里是上座。即便嘉宾不明白座次，坐错了地方，也不要轻易地指出或纠正。这时，务必要讲"主随客便"。

3. 车内礼仪

与他人一同乘坐轿车时，虽然轿车的空间很小，但那也是一处公共场所。由于这个移动的公共场所的特殊性，所以更有必要注意相应的礼仪。

（1）上下轿车相互礼让。

上下轿车，要井然有序，相互礼让。轿车上的座位有的宽敞舒适，有的位置相对狭小。不能按照自己的意愿抢占座位，也不能替别人占座。

① 上车礼仪。

如果陪客人坐一辆车，主人不能先上车，应该帮助客人先上车。具体做法为：先为客人打开轿车的右侧后门，并用手指示车篷上框，提醒客人注意，等客人坐好后方可关门。对于信奉伊斯兰教和佛教等宗教的客人，不能用手挡车篷，以免犯了忌讳。

② 下车礼仪。

到达目的地后，主人应先下车，并为客人打开车门，用手挡住车篷上框，协助其下车。

（2）乘坐轿车动作要优雅，注意分寸。

在轿车上，更要注意举止。因为轿车的空间相对较小，空气流动相对不顺畅，遇到天冷或者天热的情况，车内温度可能不尽如人意。因此，在轿车内不要东倒西歪，嬉笑打闹，也不能因为温度过高随意脱掉衣衫。尤其有异性同乘轿车更要注意保持距离、把握分寸，以免给人"轻薄"之感。

（3）格外注意轿车内卫生。

尽量不要在车上吸烟，也不能在车上连吃带喝，随手乱扔杂物，更不能将杂物抛出车外。在车上脱鞋、脱袜、换衣服，都很不雅。一定不可将脚伸向前方，或者伸出窗外。

（4）乘坐轿车时刻注意安全。

与驾驶者交谈，要注意分寸，避免其走神。不要让驾驶者接听手机或看报刊等。协助老人、女士、来宾上车时，可为之开门、关门、封顶。车门要轻开轻关，注意别夹伤人。自己上下车时，应先看后行，避免疏忽大意、造成事故。

2. 上下车顺序

上下轿车，看似简单，其实大有学问，也是有礼可循的。倘若条件允许，须请尊长、女士、来宾先上车、后下车。具体而言，又分为多种情况，主要包括：

（1）主人亲自驾车。

主人驾驶轿车时，出于对乘客的尊重和照顾，应后上车、先下车。

（2）分坐于前后排。

乘坐由专职司机驾驶的轿车时，坐于前排者，大都应后上车、先下车，以便照顾后排者，因为此时，后排客人是受尊重的一方。

（3）同坐于后排。

应请尊长、女士、来宾从右侧车门先上，自己再从左侧车门后上车；下车时，自己先从左侧车门下，从车后绕过来帮助其他人。

若车停于闹市，左侧车门不宜开启，则于右门上车时，自然里座先上，外座后上；下车时相反。总之，以方便易行为宜。

（4）折叠座位的轿车。

为了上下车方便，坐在折叠座位上的人，应当最后上车，最先下车。

（5）乘坐多排轿车。

乘坐多排轿车时，通常应以距离车门的远近为序。上车时，距车门最远者先上，其他人随后由远而近依次而上。下车时，距车门最近者先下，其他人随后由近而远依次而下。

3. 乘车需注意的几点事项

（1）女士上轿车最得体的方法是先轻轻坐在座位上，然后再把双腿一同收进车内；下车时，要双脚同时着地，万不可一前一后。

（2）最尊贵的客人上车后不管坐在哪里都不算错，不要请他挪动位置。

（3）如果宾主不乘同一辆轿车，则主人的坐车应当行驶在客人的坐车之前，为其开道。

（4）如果主人亲自驾车，同坐多人。坐前座的客人中途下车后，原来坐在后面的客人应改坐前座。

五、知识拓展

（一）乘公共汽车的礼仪

1. 遵守乘车秩序，先上后下，排队上下车。对于老弱病残孕，要予以帮助。

2. 上车时要及时买票，下车时要及时出示车票及月票，积极配合售票人员的检查。

3. 下车时，要提前准备，并在车停稳后方可下车。

4. 乘车时要主动地给老弱病残孕和行动不方便的人让座，对于对方的感谢要以礼回应，比如说"不用谢""别客气"。

5. 在车厢内与其他乘客发生碰撞时，要友好相待，切不可出言不逊。

6. 下雨天乘车，上车时要将雨具收起来，以免沾湿他人的衣服，乘车也不能携带危险品。总之，乘车要替别人着想。

（二）乘出租车的礼仪

要对出租车司机讲礼貌，尽量使用礼貌用语"请""谢谢"等。在出租车上，不要没话找话分散司机的注意力，也不能催促司机加快车速。

（三）乘飞机礼仪

1. 登机前的礼仪

（1）提前一段时间去机场。

（2）行李要尽可能轻便。

手提行李一般不要过重、过大，其他行李要托运。国际航班上，对行李的重量有严格限制，一般为32~64千克（不同航线有不同的规定）。如果行李超重，要按一定的比价收费。应将金属物品装在托运行李中。

（3）乘坐飞机前要领取登机牌。

大多数航班都是在登记行李时由工作人员为你选择座位卡的。登机牌要在候机室和登机时出示。如果你没有提前购买机票或未定到座位,需在大厅的机票柜台买票登记。

如果航班有所延误,需要听从工作人员的指挥,不能乱嚷乱叫,造成秩序的混乱。

(4) 通过安全检查。

礼仪警示:乘飞机要切记安全第一,不要拒绝安全检查,更不能图方便而从安全检查门以外的其他途径登机。

乘客应配合安检人员的工作,将有效证件(身份证、护照等)、机票、登机牌交安检人员查验。放行后通过安检门时,需要将电话、钥匙、小刀等金属物品放入指定位置,手提行李放入传送带。

当遇到安检人员质疑自己所携带的物品时,应积极配合。若有违禁物品,要妥善处理,不应妄加争辩,扰乱秩序。

乘客通过安检门后,注意将有效证件、机票收好,以免遗失,只需持登记卡进入候机室等待即可。

对于乘客所携带的液体物品的数量,航空公司有严格的限制。当需要携带过多的饮料、酒等物品时,请提前与相关部门确认。

2. 乘机时的礼仪

登机后,旅客需要根据飞机上座位的标号按秩序对号入座。

乘务员通常给旅客示范表演如何使用氧气面具和救生器具,以防意外。当飞机起飞和降落时,要系好安全带。飞机上要遵守"禁止吸烟"的信号,同时禁止使用移动电话、AM/PM 收音机、便携式电脑、游戏机等电子设备。

在飞机上使用盥洗室和卫生间要注意按次序等候,并保持清洁。不能在供应饮食时到洗手间去,因为餐车放在通道中,其他人无法穿过。如果晕机呕吐,要吐在清洁袋内,如有问题,可打开头顶上方的呼唤信号,求得乘务员的帮助。

3. 停机后的事项

停机后,要等飞机完全停稳后,乘客再拿出行李箱,带好随身物品,按次序下飞机。飞机未停稳前,不可起立走动或拿取行李,以免摔落伤人。

国际航班上下飞机时要办理入境手续,通过海关便可凭行李卡认领托运行李。许多国际机场都有传送带设备,也有手推车以方便搬运行李。还有机场行李搬运员可协助乘客。在机场除了机场行李搬运员要给小费外,其他人不必给小费。

(四) 乘坐火车礼仪

自觉排队检票。进站后,站在安全线后面等候。火车停稳后,在指定车厢排队上车。

在火车上要对号入座,不要抢占认为好的座位。火车上座位的尊卑顺序:靠窗为上,靠边为下;面向前方为上,背对前方为下。

上铺和中铺的旅客不要长时间占用下铺床位。需要坐时,要先询问对方,得到允许后,要道谢。上下床时,动作要轻。休息时,要注意姿态得体、衣着文明,看管好自己的随身物品、管好孩子。有吸烟习惯的人，要到列车的吸烟区或两节车厢间的过道去吸烟。

下车要提前做好准备，避免手忙脚乱，忘记物品。出站要主动出示车票，以便查验。

（五）乘坐地铁礼仪

地铁作为一种快捷的现代交通工具给我们的出行带来了极大的方便，不过我们在享受地铁带来的方便的同时也应遵守乘坐地铁的礼仪及规定。

1. 凭票乘车，阅读乘车说明

2. 保持安静，举止文雅

在月台上，要遵守"按线候车"的规则，切勿越过黄色安全线。同时也要注意自己的言行举止，不要在站内大声喧哗，不要在站台上奔跑。候车时，坐在车站提供的椅子上等候。如果没有椅子或座位已满，即使很想休息，也不要坐卧或蹲在站台上。有些人习惯于靠着墙休息，此时千万不要把脚踏在墙上，避免破坏或污染地铁及环境。

3. 遵守规定，不带禁物

乘坐地铁时，严禁携带的物品有：

（1）易燃、易爆、有毒、腐蚀性、放射性和杀伤性等危险品（如雷管、炸药、鞭炮、汽油、柴油、煤油、油漆、电石、液化气、管制刀具、各种酸类等）以及其他危害公共安全的物品。

（2）超长（1.8米以上）、易碎（如玻璃及易碎玻璃制品等）、笨重（如自行车、洗衣机、电视机、台式电脑显示器、电冰箱等）、妨碍公共卫生、妨碍车内通行和容易污损地铁设备和站、车环境的物品及动物。

4. 先下后上，注意礼让

排队上车时，如果遇到老人、病人、残疾人、孕妇和带小孩的妇女，应该让他们排到自己的前面。人多的时候，除了注意遵守安全法则外，也别忘了遵守文明礼仪规范。拥挤的情况下，不要推撞他人。

5. 衣冠整洁，严守站台规定

地铁站内禁止的行为：严禁跳下站台；禁止在站、车内追逐打闹；禁止在站台、大厅、出入口、通道久留，禁止在出入口平台上坐卧；禁止在地铁出入口及车站内存放物品；禁止在站、车内行乞、表演、擅自销售物品和发放宣传品。

6. 注意安全，遵守文明乘车行为礼仪

候车时禁止越过黄色安全线或倚靠屏蔽门；按线排队候车，先下后上；车门或屏蔽门开、关过程中，禁止强行上下列车；车门或屏蔽门关闭后，禁止扒门；乘车时禁止手扶、挤靠车门；严禁在车厢连接处上下车。

六、应用与考核

(一) 案例分析

某商贸公司经理武力为了与新亚公司洽谈一笔重要生意,即将前往新亚公司所在的A城。武力准备乘火车去A城,顺便给他在A城的朋友带些土特产。上了火车,武力找到自己座位后便急忙将行李和两袋子土特产平行摆了一排,然后又将放洗漱用品的袋子挂在了衣帽钩上。列车启动了,武力想喝水,可暖瓶中水不多,武力便不断地喊叫列车员。喝过水后,武力又拿出些水果来吃。吃了水果,他顺手将果皮扔到窗外。火车继续前行,武力感到有些疲乏,于是脱了鞋,把脚放在席位上,鞋与袜子立即散发出一股难闻的气味。周围的乘客厌恶地皱着眉头,捂着鼻。坐在他对面的中年男士目睹了这一切。到了A城,武力几经周折终于找到了新亚公司。进了经理室,武力发现端坐在老板席上的人竟是火车上坐在他对面的那位男士。这时,中年男士也认出了他。接下来任武力把话说得天花乱坠,中年男士也不同意与他合作。

讨论:请运用礼仪知识分析武力此次洽谈未取得成果的原因。

(二) 模拟训练

小张毕业后在B公司总经理办公室工作。A公司是B公司的主要客户。这天,A公司的刘副总经理到B公司来洽谈新的合作项目。小张陪同B公司李经理到机场迎接。

角色:刘副总经理、李经理、小张、司机

项目八　面试礼仪

技能目标

要求学生掌握面试前的礼仪准备、面试过程中的现场礼仪以及面试结束后需注意的礼仪事项。

素质目标

能够为面试做好充分的准备，在面试过程中从容应对，成功步入职场。

任务一　面试前的礼仪准备

一、任务提出

应届毕业生孙菲收到了一家很有知名度的广告公司的面试通知。面试这天为了确保万无一失，她做了精心的形象准备：化了当下最流行的彩妆，做了前卫的发型，戴了自己最喜爱的个性首饰，穿了一身明黄色无袖雪纺连衣裙。看着镜子里的自己，孙菲非常满意，况且她的对手只是一个相貌平平学历也没有她高的女孩，所以她觉得今天的面试志在必得。她特意提前半个多小时到达公司，主动跟进进出出的工作人员攀谈。面试时间到了，自信满满的她开始还能应答如流，当问到公司的愿景时，她的手心开始冒汗了，招聘者让她提供个人的简历和求职资料，她两手空空，什么也拿不出来。心情一下子沉到谷底。心里想："糟了糟了，这些我都没有准备……"

请同学们讨论一下，孙菲在面试的准备阶段哪些方面做得不妥？

二、教学实施建议

1. 先请全班同学讨论面试准备阶段应做好哪些准备。

2. 然后结合观看短片和案例教学，提出面试准备阶段的注意事项。
3. 要求学生分组讨论，共同点评。

三、任务分析

1. 面试前要从各方面做好充分的准备工作。准备工作做不好，只能失败。
2. 面试前形象准备的关键是要符合职业特征，得体大方。恰当的着装、仪容、仪态、礼貌用语等必要的准备，有备而来可以让自己增强信心，同时给用人单位留下良好的第一印象。
3. 面试要进行全面的知识准备。面试的成败与否，并不完全取决于现场的表现，前期的准备是否充足，是否有针对性，也是决定面试能否成功的关键。

四、知识要点

（一）面试的着装准备

面试时，不可小视着装的影响。"人靠衣装"，第一印象往往是由一个人的衣着仪表和外在气质形成的。个人的仪表形象就像一张名片，上面贴着与你个性匹配的标签。面试官会根据你的穿着形成对你初步的评价和判断。

1. 面试着装的基本原则

（1）要根据面试的公司性质和职位特点着装。

无论面试者平时以什么样的装扮示人，但进入了职业领域，其装扮就必须与他的角色身份相符，因为一个人的装扮代表着公司的形象。

去金融、政府机关、外企面试穿着要保守庄重。在面试一些比较保守或者很看重权威与资历的公司时，在穿着上让自己显得成熟干练一些，有助于提高自己的可信度。因此，利落大方的职业套装是上好的选择。面试着装的必备单品：合体的西装、利落的衬衫、色彩柔和的针织衫、束腰的中长款风衣、百搭款的船鞋、大方得体的拎包、带有温馨感觉的围巾、有设计感的亮色配饰。颜色不一定非要选择深色。对女士而言，当全套服装是深色系列时，可添加精致的胸针或者系别致的亮色丝巾来点缀突出自己的年轻朝气。

去传媒、广告、艺术等行业面试，穿着可以比较休闲，适当突出个性元素。虽然面试着装不能随意，但也不能完全丧失自己的风格，尤其是在比较重视艺术品位的行业中，遵循行规，以众人认同的和谐合拍为前提，以符合个人特殊气质的风格画龙点睛，获得经理、同事、客户的认同。善用小饰品，并且灵活搭配不同的颜色，能给面试官眼前一亮的效果。

(2) 面试中女士的着装。

女士面试时不要穿太华丽的衣服，要穿简洁大方、给人清新感觉的套装或套裙。女士套装可以在不同套之间进行搭配，但总的原则是以深色为宜。不同季节和不同区域可以适当变通，秋冬季节宜选深色，春夏颜色可稍浅，南方可穿浅色，北方深色更适宜，但不论什么季节和地区，如果只买一套正装，深色套装是最稳妥、最保险的。

衣服必须干净，没有褶皱和气味。女性的裙装不能太短、太暴露，开襟不能太高。将双手垂于身体两侧，如裙子下摆不及指间，就说明裙子太短了。女士以穿长袖衬衫为宜。袖口可以稍稍从外套袖口露一点出来，这样给人一种职业的感觉。

可以戴一条精致简约的项链来突出你的套装，但切忌佩戴假首饰或华而不实的珠宝。

黑色的鞋子最为传统，也最为保险，鞋子上不要有太多的花式点缀。鞋跟高度在3~5厘米为宜，不能太高，鞋跟太高每走一步都小心翼翼的，会显出你的不自信；但鞋跟也不能太低，平底皮鞋比较休闲，在正规场合不合适。

面试时女性需随身携带能放下简历和其他资料的公文包，里面还要准备补妆用的工具、身份证和钱包。

(3) 面试中男士的着装。

男士在面试中的常规装束是西装套装、黑色皮鞋、领带。

最基础的正装颜色只有两种选择：藏青色或深蓝色。

衬衫要选择白色或浅蓝色，与西装合理搭配。衬衫要选择样式简单、没有格子或条纹等图案的。任何季节都要穿长袖衬衫，最好选择没有格子和条纹的白色、浅蓝色衬衫。衬衫如有扣，最好选择式样简单的那种。

领带很重要，花色一定要与西服相配。传统的花纹、宽条纹、水珠图案，轻便风格的纯真丝领带都可。领带结要打结实，下端不要长过腰带。

男士的鞋子要求黑色，漆皮是禁忌。在面试进场出场的过程中，鞋子只要不刺眼，不破坏整体感觉就没有问题，系带与否都不太重要。

2. 面试着装的六个禁忌

禁忌1：脏污和皱褶

禁忌2：装饰可爱或太花哨

禁忌3：浑身名牌

禁忌4：太过性感或裸露

禁忌5：不化妆或过度浓妆艳抹

禁忌6：露趾鞋

(二) 面试的仪容准备

女性面试前应化淡妆，妆容与服装相协调。适宜的淡妆会让考官赏心悦目，同时避免因素面朝天给人"面黄肌瘦""灰头土脸"的印象。清爽自然、明快轻松的淡妆，会使面色看起来红润、朝气蓬勃，显得人更有亲和力，切勿浓妆艳抹。发型要中规中矩，如果是长发最好束起来，如果散开一定要保证头发干净顺滑，最好不要烫发。切忌擦拭过多的香水。指甲一定要保持整洁，不要染指甲。

男性要将头发梳理整齐，最好面试前去洗手间整理一下。指甲长短要适当，并保持清洁。保持口气清洁，刮干净胡须，随身带手包或公文包。浓重的体味、口臭属大忌，刮胡水是男性香水适当的替代品。

（三）面试的资料准备

1. 了解用人单位的基本信息

知己知彼，百战不殆。面试之前，一定要对公司有一个全面的了解。收集应聘单位各方面的资料与信息。要了解公司愿景、企业文化等信息，重点要了解招聘单位的基本情况和应聘岗位的具体要求，做到有的放矢。

2. 准备好自己的个人求职资料

去面试时，应把毕业证书、学位证书、专业资格证书、获奖证书、身份证、推荐信等资料有条不紊地放在一个公文包里随身带去，以便招聘者随时查看。准备一个公文包会使你井然有序，看上去办事得体有方，值得信赖。公文包里除了放置上述个人资料外，还可以装一些有关工作或有助于谈话的资料，说不定这些资料在面试中会产生惊人的效果。

3. 简历的准备

多准备几份你的中英文简历，以备不时之需。同时准备中英文的自我介绍，时间控制在三分钟之内。

简历需要注意以下几点：

（1）简历要"简"。

招聘者面对众多简历，是不可能一一仔细阅读的。所以，内容简洁、易懂、清楚的简历是最不容易被漏掉的。

（2）简历要突出"经历"。

用人单位最关心的是应聘者的经历，因为经历可以反映一个人的经验、能力和发展潜力。所以，在简历中一定要重点写出你所学过的东西和做过的事情。

（3）简历要突出所要应聘的职位的要求。

招聘单位最关心的是应聘人员是否胜任拟聘的岗位，所以，招聘者只对和职位有关的信息感兴趣。

（四）面试的时间准备

准时代表着一个人的修养。不准时的人，会让人感觉没有责任感。如果是因为堵车或者地方不好找，面试者应该立即与招聘公司取得联系，讲明情况。如果面试者有事不能参加面试，要尽早向招聘单位讲明情况。如果无故不参加面试，招聘单位会认为面试者对该职位没有兴趣，一般不会再与之联系。如果面试者迟到，那么不管面试者有什么理由，也会被视为缺乏自我管理和约束能力，即缺乏职业能力，这会给面试者留下非常不好的印象。不管什么理由，迟到会影响自身的形象，这是对人、对自己的不尊重。而且大公司的面试往往一次要安排很多人，迟到了几分钟，就很可能永远与这家公司失之交臂了，因为这是面试的第一道题。

提前 5~10 分钟到达面试地点，能表现出求职者的诚意，给对方以信任感，同时也可熟悉一下环境，调整自己的心态，做一些简单的仪表准备，以免仓促上阵，手忙脚乱。为了达到这一点，一定要牢记面试的地点，有条件的同学最好能提前去一趟。如果路程较远，宁可早到很长时间。但早到后不要提早进入办公室，不要提前 10 分钟以上出现在面试地点，否则聘用者很可能因为手头的事情没处理完而觉得很不方便。外企的管理者往往是说几点就是几点。当然，如果事先通知了许多人来面试，早到者可提早面试或是在空闲的会议室等候，那就另当别论了。对距离比较远，地理位置比较复杂的面试地点，可以提前去一趟，熟悉交通线路、地形，了解路上所需的时间，甚至事先搞清洗手间的位置，这样有助于缓解紧张。

招聘人员如果迟到了，千万不要太介意，如果他们有不妥之处，求职者应尽量表现得自然一些，这样往往能使坏事变好事。否则，招聘人员一迟到，求职者的不满情绪就溢于言表，面露愠色，招聘人员对其的第一印象就会大打折扣，甚至会导致求职者满盘皆输。因为面试也是一种人际磨合能力的考查，你得体、周到的表现，自然是有百利而无一害的。

（五）面试的心理准备

面试的最佳结果是招聘者全面而准确地了解到面试者的优势所在，但在面试的特定情景中，多数的面试者经常是面试还未开始，就已经进入混乱状态了，这主要是由于认知的偏差、焦虑、紧张等情绪引起的。在面试之前，面试者应该挖掘自身潜在的能力，用积极的心态消除负面心理的影响，满怀信心地在面试中展示自己的风采。

1. 克服不良心态

能否在求职面试中克服不良心态，是成功面试的重要条件。求职者应尽量避免以下几种不良应试心态。

（1）自视清高的心态。

这种心态的表现为求职者通常自我评价过高，自认为学历、能力、长相等各方面条件很好，肯定能顺利通过。但是，在聘用单位诸考官面前，面对他们的一连串提问、追问、反问，就紧张了。谈及个人的业务专长时，自以为了不起的神态让人反感，而触及个人的弱点问题时，却又遮遮掩掩、吞吞吐吐，令主考官感到其人不够成熟，很难担起重任。用人单位对这种自视清高的应聘者，肯定会拒之门外。

（2）无所谓的心态。

这类求职者把面试当成一个"撞大运"的机会，面试前不充分准备，面试时表现出一种大大咧咧、满不在乎的神态，回答问题不够重视，含含糊糊，语无伦次，既不认真推销自己，展示自身的优越条件，也不认真了解对方的需求，不知自己是否能够胜任这个岗位。存在这种无所谓、碰运气的侥幸心态，肯定是不能应聘成功的。

（3）自惭形秽的心态。

这类求职者还没有"上战场"就感到自己不行，紧张得不得了。特别是在多人面试场合，看到别人的学历、能力比自己高，自己心理就有压力，到自己面试时，手发抖、心发慌、头发涨，这就是我们所说的"面试恐惧症"。

克服面试恐惧症的几种办法：

① 正视缺陷，一分为二地对待自己。

世界上没有天生完美的人，任何求职者都有缺陷（弱点）。据一则材料揭示：我们人类大约有13 000种不同的技能，平均每个求职者大概有700种技能，这已经算是很多的了。不过，这意味着每个求职者还缺乏另外12 300项技能。所以，每个人都有不同方面、不同程度的缺陷。我们在求职过程中需要面对的是"我的缺陷、弱项是什么""面试暴露了多少""自己是以什么心态对待这些不足之处的"。

② 合理选择用人单位，大胆推销自己。不要认为用人单位根本不会要你。其实用人单位只有两种考虑：一种是因为介意你的缺陷（弱点）而不录用你；另一种是不在乎你的缺陷（弱点），只要你符合招聘条件，适合那份工作，便会录用你。

因此，当你遇到第一种用人单位，可以作为锻炼自己的机会。面对用人单位，明知不大可能被录用也不要有挫败感，因为许多人都有面试失败的经验，问题是个人要有跌倒再爬起来的勇气与毅力。

2. 具备良好的心态

具备良好心态的求职者，就会在面试过程中精神饱满、意气风发，充满自信，讲起话来语意肯定、语气恳切，操纵言辞得心应手，从而为成功应聘打下良好的基础。

（1）积极进取的心态。

有积极进取心态的求职者，总会把每个面试机会看成是千载难逢的好机遇。于是，在面试前认真做准备，打电话咨询，查资料掌握情况，对每一个可能要问的问题的细节都仔细思考准备，这样，在面试时就会正常发挥。有这种积极心态的人，不怕负面消息的干扰。找工作其实是找机会，而机遇又从来不是唾手可得的。有的机遇往往稍纵即逝，不去捕捉，定会失去良机。

（2）双向选择的心态。

求职应聘者参加面试，要做好两种心理准备：用人单位在挑选你，你也在考察用人单位。你是在接受用人单位的考试、考察，看你的条件是否符合招聘的要求。同时你也在审查用人单位，看看他们给的条件能不能吸引你，工作及环境是否适合你，双向选择。有了这种心态，你才能以沉着、稳健的姿态面对主考官那一连串的问题，从而表现出一种自信的态度。

(3) 输得起的心态。

面试时如果有了不怕挫折、不怕失败，能输得起的心态，就会增强面试的信心。遇到比自己强的竞争者，也不会自惭形秽，而是抱着一种"一山还比一山高""我也要成为他那样的人"的积极心态来对待。有了这种输得起的思想准备，终会找到比较称心的工作。

五、知识拓展

作为一名职业女性，应该具有柔美、大方、靓丽、干练的气质。面试者应掌握自然大气的化妆原则。下面几种方法不妨一试：

1. 露出额头可使面试者看上去更干练

许多人虽拥有宽而丰腴的额头，却喜欢用头发加以遮掩，其实不妨试着梳起额发，将会发觉自己看上去更利落。

2. 露出耳朵可使脸部更明朗

用头发遮盖住双耳通常给人一种黯然无光的感觉，而露出双耳可使整个人显得精神焕发，即使只露半边耳朵，效果亦佳。

3. 底色无痕

要给人一种负责任、知性的感觉，不妨保持本色、淡妆出场。底妆要选择有保湿效果的粉底。尽量选用接近自己肤色的自然色彩。倘若肤色偏白或偏黄，则在粉底外，再扑上些粉红色、粉紫色的蜜粉，营造白里透红的光彩。

4. 画出自然眉

用眉刷沾上眉粉在眉上轻轻扫，较淡的眉毛可以用眉笔在较淡的部位点画，再用眉刷扫开，切忌用眉笔涂描，否则易将眉毛画重，与办公室气氛不协调。眉粉也不可一次性扫画，一点一点地将眉粉扫上是让眉毛显得自然的关键。

5. 眼部要提神，但眼影切忌浓艳

眼影以搭配服装色彩为选择依据，以最容易展现出色泽感的珠光银色眼影为重点。刚劲有力的眼线可以使眼睛更有神采。整体端庄的造型，重在体现个人的气质与个性。

6. 腮红选柔和暖色可增加亲和力

面试妆的颜色应以暖调为主，为使肤色更明快，应选择粉红色或橙红色。腮红颜色不可强于唇彩，腮红的作用在于利用柔和的色彩使整个妆容更加靓丽，气色更好。晕染的位置一般在颧骨的下方，外轮廓用修容饼修饰。

7. 唇部保持清爽是关键

有透明感的唇彩，可以不用勾勒唇线，选择接近或比自己唇色略深的色泽，轻而薄地涂于唇上。记住唇线不要太明显，否则会显得品位很差。同时，在选择口红颜色的时候，一定要掌握分寸，以不抢眼为好。口红的清爽画法是将口红各点在上下唇中央部位，然后再轻轻抿开。

女生面试时除了保持妆容的洁净优雅，也要注意与化妆相关的礼貌礼仪。应当避免过量地使用芳香型化妆品，注意不要当众化妆或补妆。

六、应用与考核

（一）案例分析

1. 小李是某校文秘专业的应届毕业生。在同学们的眼中，她择业优势太多了：学习好、学生会干部、号召力强等，而更让一些女生羡慕的是她天生丽质，再配上前卫的装束，在校园中，堪称是"鹤立鸡群"。一家著名的大公司要招聘文秘人员，小李递交了简历。公司很快通知她去面试。小李立即"行动"起来。她几乎试穿了衣橱中应季的所有衣服，最终选定了时下最流行的那套"韩装"，连她自己都觉得镜中的人太酷了。接着，她又精心地搭配了一对同样是时下最流行的耳环，使她看上去更加光彩夺目，酷似韩国的一位明星。

小李满怀信心地走进考场，按照预先的准备，镇定地回答了几位考官的提问，出来的时候，她觉得自己势在必得。但结果却恰恰相反，她没有被录用。

请结合案例，分析小李没有被录用的原因。

（二）模拟训练

如果你去公司应聘面试，应该做哪些面试前的礼仪准备呢？

任务二　面试中的现场礼仪

一、任务提出

> 应届毕业生小王准备去一家公司应聘行政助理。几个应聘者在一楼接待处办好手续，接待人员让他们一起到三楼人力资源部去面试，上楼梯时，一位怀抱文件的工作人员急冲冲地下来，跟他们撞在了一起，文件散落了一地。小王停下来帮着捡文件，其他人都毫不犹豫地奔向三楼。最终的结果是，小王被录用了。
>
> 请同学们讨论一下，小王为什么能被录用？如果是你，你会怎么做？

二、教学实施建议

1. 分组讨论面试过程中的注意事项，以及可能会遇到的各种情况和对策。

2. 情景模拟面试场景，师生共同点评。

三、任务分析

1. 当应聘者做好了心理和外包装的准备后，就要有的放矢地应对面试中的种种情况。

2. 根据自己应聘的职位、岗位职责以及在工作中会遇到的情况、应该怎么处理等，进行准备充分，来应对面试中考官的各种"测试"，赢得考官的认可。

3. 题中应聘者应聘的是公司的行政助理，而对于散落在地上的文件置之不理的行为，显然不是一名合格助理的处理方法。因此，求职者的仪表仪态、行为举止、待人接物的态度可以反映出一个人的整体素质，通过这些表现，招聘者也可以准确地判断出你是否能够胜任这个职位。这就需要应聘者掌握面试过程中的礼仪知识，适时地展示个人的素质修养，从而使应聘获得成功。

四、知识要点

（一）进入面试场合的礼仪

1. 走进面试单位

走进面试公司之前，应将嘴里的口香糖或香烟都处理掉，把手机关机或调成静音。进入办公区以后，径直走到面试单位或部门，不要四处张望。若有前台，开门见山说明来意并将自己的名字报上，按照指示到指定区域落座；若无前台，找工作人员求助。这时要注意用语文明，"你好""谢谢"是必说的；假如有工作人员告诉你面试地点及时间，应当表示感谢。

2. 等待面试

到达面试地点后应在等候室耐心等候，并保持安静，注意坐姿要正确。如果此时有的单位为使面试能尽可能多地略过单位情况介绍这一步骤，尽快进入实质性阶段，准备了公司的介绍材料，应聘者应该仔细阅读以尽快了解其情况。应聘者也可自带一些试题重温。不要询问单位情况或向其索要材料，也不要驻足观看其他工作人员的工作，或在落座后对工作人员所讨论的事情发表意见或评论，以免给人多事、不稳重的印象。不要来回走动，也不要与别的面试者聊天。如在接待室等待时恰巧遇到朋友或熟人，一定避免旁若无人地大声说话或笑闹，因为这都会成为你应聘失败的因素。如果企业没有等候室，就在面试办公室的门外耐心等候。

3. 把握好进入面试办公室的时机

如果没有人通知，即使前面一个人已经结束面试，也应该在门外耐心等待，不要擅自走进面试房间。听到自己的名字被喊到，有力地答一声"是"，然后再敲门进入，敲两三下是较为标准的。敲门时千万不可敲得太用劲，用里面听得见的力度就好。听到里面说"请进"后，要回答"打扰了"，再进入房间。如果里面有人帮你把门打开，也应有礼貌地说声"打扰了"。然后向考官表明自己是来面试的，绝不可贸然闯入。

4. 给面试官留下良好的第一印象

进入面试考场时开门、关门要尽量轻些，进门后应转过身去正对着门，用手轻轻将门合上。回过身来将上半身前倾30°左右，向面试官鞠躬行礼，面带微笑称呼一声"您好"或"老师您好"。彬彬有礼而大方得体，不要过分殷勤、拘谨或谦让。

走进办公室时，应抬头、挺胸、面带微笑，目光注视考官，不瞻前顾后，不左顾右盼，男士步伐应矫健、端庄、自然、大方，给人以沉着、稳重、勇敢、无畏的印象，女士步伐应轻盈、敏捷，给人以欢悦、柔和之感。当考官问名字时，以爽朗的声音回答。需递送个人资料时，应站起身双手捧上，字面向考官，表现出大方、谦逊和尊敬。

（二）面试时的表情和仪态

1. 表情自然、亲切、自信

① 面带微笑。

面试是面对面的情感交流。面部表情比语言表达得更丰富、更深刻，可以加深考官对你的印象和好感。面试时应该面带微笑，因为微笑是自信的第一步，也能为你消除紧张。亲切和蔼、谦虚虔诚、有问必答，表现出真诚友善以及爱岗敬业的态度。真正的微笑是发自内心的，渗透着自己的情感，表里如一、毫无做作的微笑才有感染力。

面带微笑会增进与面试官的沟通，会有效提高你的外部形象，改善你与面试官的关系。赏心悦目的面部表情能提高应聘的成功率。听对方说话时，要时有点头，表示自己听明白了，或正在注意听，同时也要不时地面带微笑。

如果实在因为紧张而笑不出来，也不要勉强。自然的表情比僵硬的笑容更能让人接受。一切都要顺其自然，微笑要由心而发才能感染他人。

② 目光有神。

对面试官应全神贯注，目光展现出自信以及对对方的尊重。眼睛是心灵的窗户，恰当的眼神能体现出智慧、自信以及对公司的向往和热情。注意眼神的交流，不仅是相互尊重的表示，也可以更好地获取一些信息，与面试官的动作达成默契。正确的眼神表达应该是礼貌地正视对方，注视的部位最好是考官的鼻眼三角区（社交区）。目光平和而有神，专注而不呆板。

如果有几个面试官在场，说话的时候要适当用目光扫视一下其他人，以示尊重；回答问题前，可以把视线投在对方背面的墙上，约两三秒钟做思考，不宜过长，开口回答问题时，应该把视线收回来。考官有两位以上时，回答谁的问题，你的目光就应注视谁，并应适时地环顾其他主考官，以表示你对他们的尊重。谈话时，眼睛要适时地注意对方，不要东张西望，显得漫不经心，也不要眼皮低垂，显得缺乏自信。

2. 专业化的握手

若主考官站起与你握手，应聘者应热情地把手伸过去。若面试考官没有伸出手，不要主动伸手。面试时，握手是最重要的一种身体语言。专业化的握手能创造出彼此平等、信任的和谐氛围。你的自信也会使人感到你能够胜任而且愿意做这份工作。因为这是你与面试官的初次见面，这种手与手的礼貌接触是建立第一印象的重要开始，不少企业把握手作为考察一个应聘者是否专业、自信的依据。因此，这是创造好的第一印象的最佳途径。

在面试时考官的手朝你伸过来之后，应握住对方的手，有力地摇两下，然后把手自然地放下。握手应该坚实有力，有"感染力"。双眼要直视对方，自信地说出你的名字，即使你是位女士，也要表示出坚定的态度，但不要太使劲，更不要使劲摇晃。注意不要用两只手握对方的手；应聘者的手应当保持干燥、温暖、有力。如果他伸出手，却握到一只软弱无力、湿乎乎的手，这肯定不是好的开端；握手时长时间地拖住面试官的手、偶尔用力或快速捏一下手掌说明你过于紧张且缺乏自信，对方会认为应聘者无法胜任这份工作。

3. 入座

主考官示意面试者坐下后，方可落座。如果主考官没有示意坐下，绝对不可以坐下。坐下时应轻轻坐下。若坐的是椅子，坐满椅子的三分之二，上身正直，微向前倾，目光注视主考官的眼部和脸部以示尊重，双手放在扶手上或交叉于腹前，双腿自然弯曲并拢，双脚平落地面；若是软沙发靠椅，也应尽量控制自己，不要陷下去，要挺腰坐直，很稳重地坐在主考官面前，全神贯注地面对考官，接受他对你的全方位考察。

4. 适度恰当的手势

说话时做些手势，适当加大对某个问题的描述力度，是很自然的，而过多的手势会分散人的注意力。交谈很投机时，可适当地配合一些手势讲解，但不要频繁耸肩，手舞足蹈。有些求职者由于紧张，双手不知道该放哪儿，有些人则过于兴奋，在侃侃而谈时舞动双手，这些都不可取。不要有太多小动作，切忌抓耳挠腮、用手捂嘴说话，这样会显得紧张或不专心。

（三）面试时的语言

1. 认真聆听，流利回答

主考官向你介绍公司情况或职位要求时，要认真聆听，眼神与之互动。对其提出的问题要逐一回答，要做到口齿清晰，发音准确，语言文雅大方。交谈时还要注意控制说话的速度；答话要简练、完整，不要用简称、方言、土语和口头语。对方在谈话时可以在适当的时候点头或提问、答话，但一般不要打断主考官的问话或抢问抢答，那样会给人急躁、鲁莽、不礼貌的印象。问话完毕，听不懂时可要求重复，当不能回答某一问题时，应如实告诉主考官，含糊其辞和胡吹乱侃则会导致面试失败。

2. 语气平和，语调恰当，音量适中

面试时要注意语气、语调的正确运用。语气是指说话的口气，语调则是指语音的高低轻重。自我介绍时，最好多用平缓的陈述语气，声音的大小要根据面试现场情况而定。以每个主考官都能听清你的讲话为原则。

3. 注意听者的反应，及时调整

求职者面试不同于演讲，而是更接近于一般的交谈。交谈中，应随时注意听者的反应。比如：听者心不在焉，可能表示他对你的这段话没有兴趣，你得设法转移话题；侧耳倾听，可能说明由于你的音量过小使对方难于听清；皱眉、摆头可能表示你的语言有不当之处。根据对方的这些反应，要适时地调整你的语调、语气、音量以及陈述内容，这样才能取得良好的面试效果。

4. 使用规范恰当的语言

面试不同于闲聊，应聘者对每个词的运用都要慎重地选择。不少面试者，由于语言选择不恰当，往往引起考官的反感。例如，在面试时不要说"你们公司"，而应使用敬辞说"贵公司"。

（四）面试者回答问题的技巧

1. 把握重点，简洁明了，条理清楚，有理有据

一般情况下回答问题要结论在先，议论在后，即先将自己的中心意思表达清晰，然后再做叙述和论证，否则长篇大论会让人不得要领。面试时间有限，神经太紧张、话太多容易离题，会将主题冲淡或漏掉。

2. 讲清原委，避免抽象

主考官提问总是想了解一些应试者的具体情况，切不可简单地以"是""否"作答。针对所提问题的不同，作细节回答，有的需要解释原因，有的需要说明程度。不讲原委、过于抽象的回答，不会给主考官留下具体的印象。

3. 确认提问内容，切忌答非所问

面试中，如果对主考官提出的问题一时摸不到边际，不知从何答起或难以理解对方问题的含义，可先将问题复述一遍，然后把自己对这一问题的理解向对方请教以确认内容，对不太明确的问题，一定要先搞清楚再作答，这样才会有的放矢，不至于答非所问。

4. 有个人见解，有个人特色

主考官接待应试者若干名，相同的问题问若干遍，类似的回答也要听若干遍。因此，主考官会有乏味，枯燥之感。只有独到的个人见解和有个人特色的回答，才会引起对方的兴趣和注意。

5. 知之为知之，不知为不知

面试遇到自己不知、不懂、不会的问题时，回避闪烁、默不作声、牵强附会、不懂装懂的做法，只会导致面试失败。诚恳坦率地承认自己的不足之处，反倒会赢得主考官

的信任和好感。

（五）礼貌结束面试谈话

在交谈中，人们往往重视开头，忽视结尾。应届毕业生的面试一般在 3~5 分钟以内结束。在主考官暗示结束之后，面试者应礼貌告辞，可以微笑地主动说一句美好祝愿的话，然后同考官握手表示感谢。离开房间时，要轻轻带上门。同时注意，如果有接待人员，也不要忘了向他们道谢告辞。

五、知识拓展

（一）面试的三个注意事项

1. 迟到不吭声——不为他人想

面试迟到是经常发生的事，但不是不能挽救。面试官也是常人，他们会理解面试者交通堵塞、路上遇到一些意外等情况，而且相信大多数应聘者面试迟到不是故意的。面试官通常在一段时间内要面试好几个人，一个人迟到 10 分钟，下一个面试者的时间就会拖延。站在面试官的立场想想，他也会心急。因此如果面试迟到，一定要通知面试官，讲明原因，让对方早做安排。一般迟到的面试者会排到最后一个。

2. 开口问薪水——冲钱来工作

面试时能不能问薪水？答案是可以。但是不要开口第一句话就直接问。面试官也能理解毕业生工作后要自谋生活，还有很多学生要补贴家庭，收入多少是很重要的事。但是在目前严峻的就业形势下，毕业生找工作时要先想清楚自己能做什么。一般来说，每个公司每个职位都有薪资标准，上下浮动范围不过几百元钱。急着问薪水意义不大，而且还会让面试官觉得这个学生是冲钱来的而不是冲公司、冲职位来的。企业的人力资源部门工作人员都是为用人部门招聘的，招聘时也担风险，如果员工入职后离职率过高，说明招聘人员不合格，因此招聘人员会特别在意这些细节。

3. 小组抢说话——缺团队精神

小组面试近年很常见，易考查出面试者的性格、素质、团队精神。小组面试时抢先发言，并占用时间滔滔不绝的人，基本会被面试官淘汰。因为这样的人会被视为爱表现、爱出风头，占用其他人时间，没有团队协作精神。在面试时，如果遇到滔滔不绝的"面霸"，其他面试者应该挺身而出，礼貌地说："让我们分享一下其他人的观点。"或者说："我赞同你的观点，但是有几点补充。"打断别人或者遇到不同意见时，一定要注意说话的方式和分寸，千万别互相争抢。

小组面试时，面试者应该认真听每一个人的发言，一个白眼、一次不屑的扭头或不耐烦地翻一页纸，都会被面试官看在眼里。这是不尊重别人的表现，会被轻易地淘汰。面试官还会特别注意面试者的眼睛、眼神。眼睛飘忽不定是不自信的表现。一般来说，想问题时眼神比较固定，说话时60%的目光看着问问题的人，40%的目光投向旁听者。这是比较自然、坦诚的表现。

（二）面试谈吐六忌

1. 忌滔滔不绝。例如，"我认为：一、二、三、四……""换句话说……"
2. 忌贬低他人，例如，"其他人肯定不如我，比我差远了……"
3. 忌狂妄自大，例如，"我觉得我总是对的……""你说的那些问题对我来说属于小儿科……"
4. 忌妄加评论，例如，"你们公司一定要……""我觉得你们必须……"
5. 忌出言不逊，例如，"老家伙看问题……"
6. 忌任意插话，例如，"……对对对，我要说……"

（三）面试时激发自信心的十种方法

1. 发扬自身的优点。
2. 喜欢自己和自己的外表。
3. 寻求别人的支持。
4. 从别人那里得到积极的反馈。
5. 学会减轻压力，消除焦虑。
6. 从目标中找勇气。
7. 只关注有可能发生的事情。
8. 记住人不是万能的，别人也有弱点。
9. 做决策时把风险最小化。
10. 打理好自己的时间。

（四）面试中出现过的部分问题

1. 请告诉我你最大的优点，你将给我们公司带来的最大财富是什么？
2. 你最大的缺点是什么？
3. 你最喜爱的工作是什么？你的上司对你的工作起了什么作用，使这项工作完成得与众不同？
4. 你最不喜欢的工作是什么？当时你的上司在你的工作中扮演了什么样的角色？
5. 5年以后，你会在哪里？
6. 你有什么出众之处？
7. 在你最近的工作中，你做了些什么，来增加你们企业的营业收入？
8. 你做了些什么来降低你们部门的经营成本或节省了时间？
9. 你最富有创造性的工作成果是什么？
10. 你现在的上司认为你对他们最具价值的是什么？
11. "某职位"的一般职责是什么？

12. 你认为你工作中的哪些方面是至关重要的？

13. 为了完成工作，你发现每周必须工作几小时？

14. 你的职位同你的部门或公司的整体目标有什么关系？

15. 明年你需要提高哪些方面的技能？

16. 有多少雇员被同时解雇？

17. 有多少人没有被解雇？

18. 在你被解雇之前，你逃过了几次被解雇的风险？

19. 发展对你意味着什么？

20. 如果你得不到这个工作，你在你目前的公司将有什么不同的表现？

21. 请描述一下你的职位晋升情况以及你是如何得到你目前公司的职位的？

22. 你是如何不断使你的工作更有价值的？

23. 为了满足公司不断变化的需求，你是如何再次创新或重新定义你的工作的，为了增加自己岗位上的产出，你不得不采取哪些保障措施？

24. 请区别一下你在目前供职的公司中所经历的纵向的职位晋升和横向的职责范围的扩展。

25. 在你目前供职的公司中，你在升职方面的顺理成章的变动是什么？

26. 你善用何种指导风格的培训？你是理所当然地将职责授予他人，还是期望你的直接下属主动要求更多的职责？

27. 你最后供职的公司弊病是什么？对于一家公司的缺陷和前后矛盾，你有多少忍耐力？

28. 你需要什么样的组织安排、指导和反馈，才能出色地完成工作？

29. 在管理方面，你是"期望"多于"检查"，还是相反？

30. 你是如何从协调事业与个人生活的角度来对待工作的？

31. 如果我们聘用你，请描绘一下你将营造的企业文化。你会采取一种将权力集中在少数几个人手里、更为集权的、家长式的运用方法，还是会经常将职权下放？

32. 你为什么选择这所学校（专业）？

33. 你的学位是？A. 是否为你在［某行业］找一份工作作好了准备或 B. 是否为你能成为一个出色的［某职务］员工做好了准备？

34. 除了学术方面以外，你还有哪些资历能使你成功地实现从理论到商务的转变？

35. 你是否认为你的成绩显示了你将在商业上获得成功的能力？

36. 目前你还在考虑应聘哪些公司的哪些职位？

37. 你如何评价自己预测需求的能力？换言之，你如何评价你的直觉、及时处理问题的能力和积极主动的业务风格？

38. 你认为你的技术能力属于初级、中级还是高级水平？你曾经应用各种软件程序，完成了一些什么项目？

39. 你通常对工作的哪些方面最缺乏耐心？
40. 你如何评价自己与上级管理层、客户和同事进行交流的能力？
41. 你通常以怎样的节奏从事工作？
42. 就业绩竞争力而言，你在其他业务员中名列第几？
43. 你面临的最常见的两大反推销的情况是什么？你会如何应付？
44. 如果你愿意的话，请和我进行角色演习。假定你是一家猎头公司的推销员，你通过电话向我介绍了你自己。然后你设法让我相信，你所推销的产品是值得我花时间聆听的。

六、应用与考核

（一）案例分析

小秦在报刊上看到了一则招聘专业服务人员的广告。抱着试一试的想法，他衣着整洁地走进招聘单位的大门。进门前，他环顾了一下四周，发现这家单位窗明几净，地上一尘不染。于是，小秦先擦了擦皮鞋，然后轻轻地推开面试室的大门，又轻轻地关上门。小秦进门后，先摘下帽子，并礼貌地问是否可以坐下。得到允许后，小秦坐下，然后微笑着开始回答面试考官的问题。面试即将结束时，面试考官像是不经意地把一本书掉在了地上，小秦马上俯身将书捡起来，轻轻放在了桌子上。然后他站起来微微向面试考官鞠了躬，走出面试室后，轻轻地将门带上。两天后，他接到了录用通知。

请思考，小秦在整个面试过程中，注意了哪些礼仪细节呢？

（二）模拟训练

假如你要去一家大公司参加面试，你要注意哪些面试的礼仪细节呢？想象可能出现的面试场景，进行模拟练习。

任务三　面试结束后的礼仪

一、任务提出

应届毕业生林露目前已经面试了6家企业，但是还没有找到合适的工作。面试礼仪她看了不少，但是当工作人员问到是否知道面试结束还需要注意什么时，她却摇头不知。很多毕业生都和林露一样只留意到面试时的礼仪，而忽略了应聘后的善后工作。

那么，面试结束后还有哪些礼仪需要注意，你了解吗？

二、教学实施建议

1. 通过案例分析集体讨论面试结束以后还应注意的事项。
2. 请同学们在模拟面试结束后写一封感谢信，共同点评。

三、任务分析

1. 面试结束并不意味着你可以什么都不做了，也不意味着只需要在家等面试通知结果就可以了。
2. 当面试者走出屋子，其实后续工作才刚刚开始。诚恳的感谢信，适时地询问录取结果，良好的应对心态等都是面试成功不可或缺的关键因素。

四、知识要点

面试结束并不意味着应聘的终止，许多面试者只注意到面试时的礼仪，却忽略了面试后的礼仪。正确地运用面试后的礼仪也会加深考官对你的印象，从而提升求职的成功概率。面试结束后，求职者还应注意以下几点：

（一）致谢

面试结束后，为了加深招聘者对你的印象，或者弥补面试时候的不足，增加求职成功的概率，在面试后的两三天内，应该给主考人员打电话、写书面感谢信或发电子邮件致谢。三种形式以书面感谢信最佳。

面试结束后马上给主考官写一封书面感谢信，会给主考官留下很深的印象，从而进一步加深你在面试现场给主考官留下的良好印象，提高成功概率。

感谢信的写法如下：

（1）感谢信的开头要准确说明面试者的姓名，面试的时间地点、面试职位以及主考官的名字。要对主考官表示感谢，同时要感谢公司提供的面试机会。其间最好能说明面试中给你留下深刻印象的事情，表示出通过面试，自己收获了什么。

（2）感谢信的中间部分要重申你对该公司、该职位的兴趣，增加些对求职成功有用的内容，尽量修正你可能留给招聘人员的不良印象。

（3）感谢信的结尾可以表示你对自己的素质能符合公司要求的信心，并非常热切希望得到这个职位，会等待公司的回音，并再次致谢。

感谢信的篇幅要简洁，控制在三百字之内。可以在感谢信上附上一张和你求职简历同版的照片，以便主考官一目了然知道是哪位求职者。

（二）不急于打听结果

面试之后等待通知的时间对于求职者来说是漫长的，有的求职者面试之后为了尽快了解到自己面试的情况，过一两天就向公司打听，这样的行为反而会适得其反。在一般情况下，面试结束后，用人单位最终确定录用人选是需要一个过程的，都要进行讨论和投票，然后将结果送到人事部门汇总，最后再确定录用人选，这个过程一般要3~7天。因此，求职者在面试后一周或主考官许诺回复的时间到来之前，一定要耐心等候消息，不要过早打听面试结果。

（三）收拾心情

如果同时向几家公司求职，在一次面试结束后，要及时调整心态，全身心地投入下一个单位的面试，抓住每一次机会，赢得更好的选择。

（四）查询结果

一般来说，求职者在面试的一周后，或主考官许诺回复的时间已到但还没有收到回复时，就可以打电话给招聘单位，询问面试结果。在查询时间的掌握上，要注意你应聘的公司是哪个国家的、是什么类型的。比如，欧洲的公司回复是否录用的时间要相对长一些，而美国公司则会很快给回复；国有企业、外资企业、民营企业在人员录用上也是各有特点。因此，也要抓住面试公司的特点，恰到好处地适时打电话咨询结果。

咨询结果时要说明自己的姓名、面试时间、面试职位和考官姓名，请求得到回复。不管得到的结果如何，都要表示感谢。

（五）做好再次面试的准备

如果在面试的竞争中失败了，千万不要气馁，关键是要及时针对自身的不足总结经验教训，并针对这些不足重新做准备，争取在下次的面试中取得成功。

五、知识拓展

著名企业的招聘方式

汇丰银行：整理资料

汇丰银行的招聘，常常会要求面试者去整理资料，规定在一定时间内完成，不接受此项工作或整理得不够彻底的面试者均不予录用。公司希望借此来了解员工是否有吃苦耐劳的精神和脚踏实地的作风，而且通过此项工作来考察职员在整理过程中是否分得清资料的轻重缓急，以及在今后处理业务时是否能条理分明，处变不惊。

英国人寿：开自助餐会

英国人寿保险在大批招聘时，会组织应聘者参加一个自助餐会，公司员工也参加，在餐会上让应聘者与公司员工自由交谈。散会后，由公司员工根据应聘者的谈吐表现打分，以此确定最后的名单。

IBM：没有缺点请离开

IBM公司充分尊重员工个性，同时也承认人性中不可避免会有弱点。他们不信任一个自称没有缺点的人，也不欣赏一个不敢承认自己缺点的人。因此对于此道必答题，应聘者不说自己的缺点或将优点"技术处理"为缺点的人，他们会毫不手软地予以排除。

假日酒店：你会打篮球吗

假日酒店认为，那些喜欢打篮球的人，性格外向，身体健康，而且充满活力，富于激情。假日酒店作为以服务至上的公司，员工要有亲和力和饱满的干劲，要朝气蓬勃，一个兴趣缺乏、死气沉沉的员工既是对公司的不负责，也是对客人的不尊重。

壳牌石油：开鸡尾酒会

壳牌公司组织应聘者参加一个鸡尾酒会，公司高级员工都来参加，酒会上由这些应聘者与公司员工自由交谈，酒会后，由公司高级员工根据自己的观察和判断，推荐合适的应聘者参加下一轮面试。一般那些现场表现抢眼、气度不凡、有组织能力者会得到下一轮的面试机会。

西门子：考察能力占用时间最长

对于吸引、选拔人才，西门子有一套独特的操作模式。其招聘人才往往是能力考核占40分钟，考察经验花半个小时，而考察知识仅用5分钟就够了。因为，一个人的知识量，两三年的时间就会改变，经验也会随之改变，但是，能力持续期可能是二三十年或者一辈子。

微软：奇怪的题目

微软在每年的面试中都会出一些"怪题"。比如"为什么下水道的井盖是圆形的?""怎样才能移动富士山？"其实你是否能回答出正确的答案并不重要，重要的是答案反映出的面试者的综合能力。回答这些问题需要逻辑、推理以及归纳的能力，而这些能力在IT企业的工作中是最基本的。

奔驰：写离职信

德国奔驰公司在面试求职者的同时，会要求求职者当场写一封离职信。通过离职信中所陈述的辞职理由，可以更好地了解求职者应聘的动机，而且还能增强危机意识，使其在未来的工作中能更好地为公司服务。

摩托罗拉：拒答隐私者被录用

摩托罗拉公司会故意问你几个难堪的问题，如结婚否？啥时要小孩？选男朋友标准？你性开放吗？以问题为个人隐私为由拒答者，公司持赞赏态度，他们认为这些应聘者不会因个人的眼前利益而屈服于压力，有个性、有尊严，表现在工作上就会少受诱惑，坚持原则，始终以公司利益为先。

日产公司：请你吃饭

日产公司认为，那些吃饭迅速快捷的人，一方面说明其肠胃功能好，身强力壮，另一方面说明他们往往干事风风火火，富有魄力，而这正是公司所需要的，因此对每位来应聘的员工，日产公司都要进行一项专门的"用餐速度"考试——招待应聘者一顿难以下咽的饭菜，一般主考官会"好心"嘱咐你慢慢吃，吃好后再到办公室接受面试，那些慢腾腾吃完饭的人得到的都是离开通知单。

亚马逊书店：拉家常

亚马逊书店的考官在面试求职者时，经常会问些与面试无关的问题，比如"你家有几口人""你父亲和母亲谁在家里对大事做决定比较多""你在家做不做家务""平常喜欢在家干什么"，感觉就好像中国人的拉家常。其实考官就是通过这些轻松随便的问题来考察应聘者的反应能力、知识、素养、品质，等等。

统一公司：先去扫厕所

统一公司要求公司员工有吃苦精神以及脚踏实地的作风。凡来公司的应聘者，公司会先给你一个拖把叫你去扫厕所，不接受此项工作或只把表面洗干净者均不予录用。他们认为一切利润都是从艰苦劳动中得来的，不敬业者就是隐藏在公司内部的"敌人"。

六、应用与考核

（一）案例分析

孙勇投了几十份简历以后拿到了一家人力资源咨询公司的面试机会，这家公司的面试方法与众不同，除了正常的回答问题，还有大约三个小时的在电脑上完成的测评。面试结束后，考官通知他三天之内等通知。孙勇之前有做过人力资源工作的经验，因此被列在录取名单中，考官只等着最后与老板研究定下来。第三天下午一上班，前台就接到了孙勇打来的电话询问是否被录用，在被告知还需要等待最终结果后，孙勇说："结果没出来没关系，能不能把测评结果给我呢？"前台告诉他，公司的测评是公司用来选拔人才的，不给个人。孙勇又补充了一句："录不录用我没关系，我只想要我的测评结果，那是我做了三个多小时的呢！"放下电话，了解到孙勇这一言行的考官毫不犹豫地在录取名单上划掉了孙勇的名字。

请思考，孙勇的哪些行为导致了他的失败？

（二）模拟训练

应届毕业生董琦顺利地完成了某公司的初试复试，复试中她表现得不错，主考官告诉她会在两周之内给她通知。可是两周时间过去了，董琦还没有接到通知，她拨通了公司前台的电话……

如果你是董琦，你会怎么说？

参 考 文 献

[1] 卢如华. 社交礼仪 [M]. 大连：大连理工大学出版社，2009.
[2] 彭文武，刘杰. 社交礼仪 [M]. 西安：世界图书出版西安公司，2008.
[3] 赵冬梅. 现代社交礼仪 [M]. 北京：科学普及出版社，2009.
[4] 边露. 现代社交礼仪 [M]. 南京：南京大学出版社，2008.
[5] 张岩松. 现代交际礼仪 [M]. 北京：中国社会科学出版社，2006.
[6] 李秀兰. 社交礼仪跟我学 [M]. 呼和浩特：内蒙古人民出版社，2004.
[7] 金正昆. 社交礼仪教程 [M]. 第2版. 北京：中国人民大学出版社，2005.
[8] 张文菲. 青年礼仪教程 [M]. 北京：中国商业出版社，2005.
[9] 李柠. 现代商务礼仪与就业指导 [M]. 北京：中国财政经济出版社，1996
[10] 徐爱琴. 实用礼仪学 [M]. 杭州：浙江大学出版社，2005.
[11] 于明，田晓娜. 礼仪全书 [M]. 北京：国际文化出版公司，1993.
[12] 熊经浴. 现代商务礼仪 [M]. 北京：金盾出版社，2002.
[13] 北京康市经济发展研究所. 白领礼仪 [M]. 北京：中华工商联合出版社，2001.
[14] 方圆. 办公室文秘事务处理技巧 [M]. 北京：石油工业出版社，2001.
[15] 康德. 卡耐基语言应用学 [M]. 西安：陕西旅游出版社，2002.
[16] 王东耀，吴小桃. 人际关系与社会礼仪 [M]. 西安：陕西人民教育出版社，1992.
[17] 胡晓涓. 商务礼仪 [M]. 北京：中国人民大学出版社，2012.
[18] 刘跟科. 社交礼仪 [M]. 北京：中国商业出版社，1994.
[19] 徐新华. 最新礼仪必备 [M]. 北京：海潮出版社，2005.
[20] 金正昆. 商务礼仪教程 [M]. 北京：北京大学出版社，2009.
[21] 伊人视窗：http://www.winlady.com/
[22] 百度：http://zhidao.baidu.com/question/44314417.html